DIARIO DE UNA MAESTRA

BIBLIOTECA DE ESCRITORAS

CONSEJO EDITOR

Elena Catena
Marina Mayoral
Amparo Soler
Matilde Vázquez

DOLORES MEDIO

DIARIO
DE UNA MAESTRA

Edición, introducción y notas
de
COVADONGA LÓPEZ ALONSO

EDITORIAL CASTALIA
INSTITUTO DE LA MUJER

Copyright © Fundación Dolores Medio

© Editorial Castalia, S.A., 1993

Zurbano, 39 - 28010 Madrid - Tels. 319 89 40 - 319 58 57

Cubierta de Víctor Sanz

Impreso en España, Printed in Spain

por Unigraf, S.A. (Móstoles) Madrid

I.S.B.N. 84-7039-679-X

Depósito Legal: M. 30.513-1993

S U M A R I O

Introducción

Dolores Medio nace en Oviedo, el día 16 de diciembre de 1911, en el seno de una familia asturiana que marcó, profundamente, su vida y su escritura; resulta, por ello, difícil separar y desentrañar lo que pertenece al mundo vivido, y lo que es novelado.

Algunos de los datos más curiosos de sus antepasados, de su infancia, o los recuerdos más íntimos de su juventud, y la dolorosísima experiencia de la guerra nos llegan a través de su pluma. El primer libro de memorias, *En el viejo desván*,[1] relata la compleja historia de sus mayores: la vida de sus abuelos, los avatares de un padre, muy querido, que había hecho fortuna en América y que vuelve viudo, con una hija, Finy, para instalarse en Oviedo, como buen indiano.[2] Cuenta la boda de sus padres, los fracasos econó-

---

1. *En el viejo desván. (Memorias). Primer libro*, Oviedo, Biblioteca Caja de Ahorros Asturiana, 1991.

2. Tanto en la familia del padre, como en la de la madre, ha habido mucha emigración. En la novela, *El fabuloso imperio de Juan sin Tierra*, Madrid, Plaza y Janés, 1981, la autora crea la historia de un indiano cuyas aventuras hicieron de él un personaje mítico. A pesar de la trama totalmente ficticia de la obra, la autora rememora en ella algunas de las aventuras de su propio padre.

micos de la familia por la quiebra de la Banca Alvaré, el incendio del próspero negocio *Bodega Española*, y un obligado traslado a una casa más pequeña donde abren un nuevo comercio de ultramarinos,[3] más humilde. Incluso, describe su propio nacimiento:

> Claro está que de mi nacimiento no recuerdo nada, que de nada podía darme cuenta todavía, afortunadamente. [...]
> Y así, en una rama de los Estrada, en el hogar formado por doña María Teresa Estrada Pastor y don Ramón José Medio-Tuya y Rivero, nací yo, el día 16 de diciembre de 1911, y a una hora en la que toda la familia Estrada regresaba del Cementerio del Salvador, después de dar cristiana sepultura a tío Rogelio Claverol, esposo de tía Enriqueta Estrada, hermana de mi madre. Cumpliendo otro de sus deberes, todos acudieron a recibir a la recién nacida, vestidos aún de riguroso luto, como está mandado. Yo no podía darme cuenta todavía de lo que me rodeaba, que si hubiera podido observarlo, al ver aquella procesión de negros fantasmas rodeando mi cuna, seguramente me hubiera vuelto al claustro materno.
> Ahora bien, si recurrimos a Freud, conseguiremos tal vez encontrar en aquella negra escena, grabada en mi subsconsciente, ésta mi aversión al negro y a la muerte y a todos los símbolos que les representan.[4]

A los dos años, nace María Teresa, y las tres hermanas viven una infancia feliz, en el caserón de la calle de la Universidad, de donde la autora conserva, como ella dice, sus primeros "flashs":

---

3. En su obra, *Nosotros los Rivero*, Barcelona, Destino, 1953, relata, con un profundo acento autobiográfico, estas pérdidas y malaventuras familiares y cuenta, con vivacidad narrativa, la frustración y consecuencias sociales que provocaron estos acontecimientos en una ciudad provincial de principios de siglo.
4. *En el viejo desván. Memorias...* ob. cit., pp. 29-30. El leísmo del texto es de la autora.

El primer recuerdo claro que conservo de mi infancia es el del viejo desván de la vieja casa de la calle de la Universidad, en que yo nací. Una casa del siglo XVII, edificada sobre la muralla que en el siglo IX, encerraba al Oviedo de los Reyes Caudillos, muy propicia para que la imaginación de una niña se disparara creando mil fantasías.[5]

Su madre y su tía Lola —tía Mag en *Nosotros los Rivero*— vivían pendientes de ella y de sus hermanas, y esta niñez aparece evocada, con frecuencia, en la escritura de la autora:

Las historias que tía Lola nos narraba, eran como cuentos, que hoy calificaríamos de realistas, si bien se mezclaba a veces la fantasía en estos relatos, no porque tía Lola tuviese imaginación para adornar los sucesos con seres fantásticos, como hacía mi hermana Finy, sino porque las historias que nos contaba pertenecían a los "antiguos", que ella decía, y por aquellos tiempos, la fantasía y la realidad andaban tan mezcladas en las sencillas mentes de las gentes sencillas, que resultaba casi imposible determinar qué cosas habían sucedido en la realidad y cuáles otras pertenecían al reino de la fantasía, de los milagros, de las supersticiones. [...]

La Dama Blanca, creación de mi hermana Finy, que convivía con nosotros en el desván de nuestra casa, era para nosotros un ser tan real, como cualquiera de nuestros vecinos o de las amistades que frecuentaban nuestras tertulias. Y reales eran las xanas, el ñuberu, los trasgos y todas las deidades de la mitología asturiana, que poblaban los relatos de nuestro padre, de estirpe campesina.[6]

Sus primeros años parecen transcurrir en perfecta armonía con las costumbres provincianas de Oviedo: en Año

5. *En el viejo desván...* ob. cit., p. 31. La autora revive también estos escenarios de su infancia en *Nosotros los Rivero*; esta novela describe, con gran precisión, la calle de la Universidad, lugar en el que transcurre la mayor parte de la historia de la protagonista.

6. *En el viejo desván...* ob. cit., p. 32.

Nuevo, las visitas a familiares y amigos, el día de Reyes, recoger los regalos en casa de su tío don Joaquín, cura párroco, hermano de su padre; describe con acierto y humor las fiestas de San Blas y la Candelera en febrero, las carrozas de Carnaval con el Entierro de la Sardina, la Semana Santa y sus procesiones, la Ascensión, las romerías y fiestas veraniegas y, de nuevo, la Navidad:

> Entonces se bajaban del desván las viejas figuritas de barro para limpiarlas, retocarlas en su pintura y reponer las inservibles. De este trabajo se encargaba Finy, con su paciencia y sus manos de Hada. A nosotros, a los niños, se nos confiaba el traer del Campo de San Francisco arena y piedrecitas, así como la pinocha que caía de los árboles y colocábamos en el Belén. [...] Tal vez se me reproche esto como un resabio de romanticismo trasnochado, pero yo sigo defendiendo la ilusión en la vida y he procurado siempre despertarla y sostenerla en las personas con las que trato y sobre todo en los niños. Una vez más, repito, que una infancia feliz, alegre, repleta de fantasía, como corresponde a esta etapa de la vida, cimenta una vida adulta generosa, sin envidias ni rencores, sin amarguras de una triste infancia. ¡Cuántas veces, las heridas de mi vida han cicatrizado con el bálsamo de los recuerdos de mi infancia feliz!...[7]

El realismo de estos relatos, impregnados de un fuerte sabor local, ofrece un retrato costumbrista de la sociedad asturiana de la época, y permite ir descubriendo la fuerte personalidad de la autora, su carácter obstinado, rebelde e indócil que rompe, desde muy temprana edad, con el molde esperado por su familia.

Empieza sus estudios primarios a los cuatro años, en el Colegio Recoletas, del que destaca "los malos tratos" y las "ineficaces maestras" y, también, asiste a clases de música y dibujo, en la Escuela de Bellas Artes. A los cinco, ingre-

---

7. *En el viejo desván...* ob. cit., pp. 145-46.

sa en el Grupo Escolar *Fermín Canella,* para hacer sus estudios primarios; de este centro guarda un imborrable recuerdo, especialmente de las profesoras Sánchez Tamargo, doña Adelaida Ahumada, doña Rosario Sánchez y doña María Cristina, esposa de don Leopoldo Alas. Parece ser que, a esa temprana edad, ya escribía cuentos, que ella misma ilustraba.[8] Estos años de formación general influyeron de forma crucial en su decisión de estudiar magisterio.

El 20 de junio de 1924 muere su padre, y los problemas económicos que se presentan llevan a la familia a trasladarse, durante un cierto tiempo, a casa de sus abuelos aunque, meses más tarde, se instalan en una pequeña casa en la calle San Bernabé y, finalmente, en un viejo caserón en la calle San José.[9] Todas estas circunstancias adversas, y los cambios de vida que traen consigo, maduran, prematuramente, a Dolores Medio, que empezó a hacer pequeños trabajos para contribuir a los escasos recursos familiares. Siendo muy joven, trabaja como institutriz en casa de los Marqueses de Villaverde de Limia, en Lugo y, también, pasa una temporada en Llanes, acompañando a doña Solita, anciana maestra de convencida ideología republicana.

En 1926 termina sus estudios primarios y, en junio de ese mismo año, aprueba el examen de ingreso en la Escuela Normal de Maestras de Oviedo.[10] Tal como se despren-

8. Datos que la propia autora me proporcionó en la entrevista realizada para esta edición, en febrero del 93.

9. En *Nosotros los Rivero* puede verse el aislamiento social que representó este cambio.

10. De acuerdo con su certificado de notas, el examen se realiza el 5 de junio, y obtiene la calificación de aprobado. En aquella época se hacía esta carrera sin necesidad de tener bachiller, y estos estudios se realizaban en cuatro años, con nueve o diez asignaturas por curso. Este sistema correspon-

de de sus notas, la autora sobresalía en lengua, literatura, historia y prácticas de la enseñanza.[11]

En junio de 1930, con 18 años de edad, obtiene su título de Maestra de Primera Enseñanza, y es nombrada profesora interina en el pequeño pueblo de Intriago, cerca de Covadonga, con un sueldo de 2.000 pesetas anuales.[12] En septiembre, pasa a la escuela de Cazanes, cerca de Villaviciosa y, en el verano del 31, hace los Cursillos de Formación en la Universidad de Oviedo. En enero de 1932, es nombrada maestra en Pravia, con 3.000 pesetas de sueldo.

Estas primeras experiencias profesionales, y sobre todo los nuevos sistemas de enseñanza fomentados durante la República, los rememora la autora en muchos de sus escritos; en ellos se trasluce el enorme placer y la gran dedicación con la que trabajó durante sus primeros años de docencia, en los que enseñaba a estudiar a los niños, jugaba con ellos, escuchaba sus problemas y, sobre todo, se esforzaba para que aprendieran a leer[13] y a escribir correctamente: "si se les enseña bien, los niños aprenden muy rápido, son muy listos... además, con los niños se pasan las horas casi sin darte cuenta".[14]

---

día al plan de estudios de 1914; se daba una formación de tipo general, y se insistía, sobre todo en la época de la República, en un buen conocimiento de los métodos de enseñanza.

11. En su expediente, aparecen varios aprobados y tres suspensos: Religión e Historia Sagrada y Costura, en primero, y Caligrafía, en segundo. Dolores Medio me explicó, en la entrevista que realicé para esta edición, que era costumbre hacer regalos a los profesores, y que su familia, en aquella época en la que ya había muerto su padre, no tenía medios económicos para hacerlos, lo que podría explicar tal vez estas notas.

12. Todos estos datos se desprenden de la Hoja de Servicios de Dolores Medio.

13. En 1948, y aplicando sus métodos de aprendizaje de lectura, publica *El milagro de la noche de Reyes*, colección de cuentos adaptados a la imaginación de los niños.

14. Datos de la Entrevista con Dolores Medio.

En esos cursillos del 31 conoce al que fue su gran amor de juventud, maestro y licenciado en pedagogía, de formación orteguiana, y muy influido por la Institución Libre de Enseñanza. El papel que este personaje ejerció en la formación e ideas políticas de la autora fue decisivo. Esta historia de amor y abandono se relata, de forma casi autobiográfica, aunque sin respetar las fechas, en *Diario de una maestra*.

En julio de 1934 ingresa, por oposición, en el cuerpo de Magisterio, y toma posesión en la escuela de Piloñeta, en Nava, con un sueldo de 4.000 pesetas. Sus métodos de enseñanza son innovadores, siempre está dispuesta a participar en todo lo que sea beneficioso para los alumnos, y sus ideas son muy apreciadas entre los compañeros, y por la propia institución republicana: poco antes de empezar la guerra fue propuesta por su amigo, Blanco White, para ocupar el puesto de directora del Orfanato Minero, nombramiento que nunca llegó a realizarse:

> Mi último acto social y profesional había tenido lugar el día 16 de julio, en el Grupo Escolar de Ceceda, en el que formé parte del Tribunal que debía examinar a los alumnos a final de curso. Por tratarse de una Escuela de Patronato, se nombraba un jurado calificador, constituido por el Alcalde de Nava y dos profesores del Municipio. Aquel año, los designados por el Alcalde, posiblemente por considerarnos personas de confianza, éramos José María Fernández Inclán y yo, y a Ceceda nos fuimos en cumplimiento de nuestro deber.[15]

En ese verano del 36, la guerra civil la sorprende en Oviedo, y este acontecimiento marcó su vida y, sobre todo, su escritura.

15. *Atrapados en la ratonera. Memorias de una novelista*, Madrid, Alce, 1980, p. 25.

Los críticos se refieren, con frecuencia, al carácter costumbrista de sus obras, a la marcada orientación social, a su pregonado origen asturiano. Sin embargo, creo que la significación profunda de sus escritos, en los que subyace una pesimista representación del mundo, está totalmente enraizada en la confrontación política, ideológica y social que provocó este grave suceso. Incluso, aunque el tema de la guerra aparece aislado y desdibujado en la mayoría de los cuentos y novelas, aún ahora, con 82 años, recuerda: "aquello fue terrible para todos, para los vencidos y para los vencedores. A todos, de una forma u otra, nos cambió la vida, la forma de vivir y, sobre todo, la forma de pensar".[16] Sus novelas describen una sociedad que acepta, sin luchar, una realidad que no es posible combatir. Esta temática de la resignación, impregnada de melancolía, es una constante en casi todos los escritores de la postguerra española. Así describe aquel final de curso del 36:

> Cuando nos despedimos hasta el nuevo curso, que empezaría en septiembre, estábamos lejos de sospechar que ya no volveríamos a vernos. Ellos, mis dos queridos amigos, iban a morir ante un piquete de ejecución, algunos meses más tarde, al derrumbarse en Asturias el Frente Norte. Yo, tal vez me libré de correr su suerte, por haberme sorprendido su caída en zona franquista, que, de haber trabajado como ellos, para la República —cosa que, naturalmente, hubiera sucedido si la guerra estalla dos o tres días antes, dejándome en zona republicana—, quizá me hubiera comprometido, en mi entusiasmo por renovar la Enseñanza, implantando aquel nuevo y atrevido Plan que habíamos elaborado para el próximo curso. Audaz para aquel tiempo. No olvidemos que los jóvenes maestros de la República teníamos la misión de ser los pioneros de una nueva filosofía de la educación.[17]

16. Datos de la Entrevista realizada en febrero de 1993.
17. *Atrapados...* ob. cit., pp. 26-27.

Dolores Medio escribe desde muy joven su diario, unas veces con largos relatos, otras, simplemente, con brevísimas anotaciones. En 1980, publica *Atrapados en la ratonera*, memorias que corresponden a estos años de la guerra. Así justifica la autora esta decisión de rememorar esa parte dolorosa de su existencia:

> En todo caso, ya metida en danza, piensa una que recordar, reconstruir su vida, hacer, en fin, balance de lo vivido, tanto de lo bueno como de lo malo, en lo que una ha acertado, como en lo que ha errado, puede ser provechoso y aleccionador para quien lo escribe y tal vez para quien lo lea, si pertenece al grupo minoritario de los que escarmientan en cabeza ajena. [...] También la guerra es un recuerdo amargo, más doloroso aún si se considera que, sobre todas las calamidades que una guerra civil trae aparejadas, yo me he quedado en el bando de los vencidos. (pp. 8 y 10)

En este texto pueden seguirse, casi día a día, el cerco de Oviedo y los meses de guerra civil, la actuación de los mineros, la sublevación de los militares, las victorias del Frente del Norte, las decisiones, a veces contradictorias, del gobierno republicano, las dificultades materiales, la degradación de la ciudad y, además de este documento histórico de indudable valor, el drama personal de la autora, tanto desde el punto de vista familiar como político:

> La mayor parte de los que habíamos quedado atrapados en la doble ratonera —supongo que, como en el sentido inverso ocurriría a la gente de derechas situada en zona republicana—, procurábamos pasar inadvertidos, aguantando el chaparrón que se nos venía encima. [...] la mayor parte de las personas de ideas liberales, sitiados doblemente dentro del sitio, permanecíamos inactivas, incomunicadas, desconectadas unas de otras, de las que, con frecuencia, ni sus ideas conocíamos, procurando, como he dicho, no descubrirnos, para salvar la vida, puesto que las detenciones se sucedían continuamente, sin que la

mayor parte de las veces existieran causas que las justificaran. (pp. 56-57)

Al encontrarse, en el 36, en Oviedo, y para poder seguir cobrando su sueldo, a pesar de sus firmes convicciones republicanas, se decide a firmar, después de muchas dudas, la adhesión al Movimiento; sin embargo, es detenida en agosto, junto con su hermana, sin razones aparentes. Pasa hambre, frío, miedo y dolor, pero, sobre todo, la crueldad y sinrazón de la guerra dejan en la autora un sentimiento de hermandad no partidista:

> ¿Por qué diablos tenía que morir aquella juventud, casi diríamos mejor, aquella adolescencia? ¿Por qué tenían que caer uno tras otro aquellos muchachos llenos de alegría, de vida y de ilusiones? ¿Por qué la torpeza de los políticos de colmillo retorcido había llevado a la muerte a aquella generación heroica, a la que más tarde iba denominarse "la generación quemada" de nuestro tiempo?
>
> Yo sentía la muerte de aquellos amigos, compañeros de juego de mi infancia, pese a que mis ideas no coincidían ya con las suyas, [...] Mi sentimiento y mi dolor, era el dolor y el sentimiento de millares de españoles de una y otra zona, que no podían odiar a un enemigo que en realidad no era su enemigo, sino, sencillamente, una persona que no pensaba como ellos y que, con frecuencia, pertenecía a su propia familia, a sus amistades de infancia y adolescencia y hasta a sus amores.[18]

Lo que más destaca en la personalidad de esta mujer es un sentimiento de solidaridad hacia el otro, y la profunda búsqueda de libertad y de igualdad social.

En ese septiembre del 36, no pudiendo incorporarse a sus clases, se ve obligada a permanecer en un Oviedo sitiado; la guerra, el hambre, la muerte y la peste sumen a la

18. *Atrapados...*, ob. cit., p. 98.

autora en un dolor sordo, que se agrava con la muerte de su madre, el 23 de octubre:

> Nuestra madre empeoraba cada día de aquella enfermedad que la iba consumiendo y que el doctor Fontán [...] no acertaba o no quería diagnosticar [...] su visita nos dejó decepcionadas, después de aguardarle tantos días porque nada le recetó, sino reposo, mucho reposo, y gran fe en Dios. Un remedio muy barato, pero que resultó muy poco eficaz. Fue en los últimos días de su vida, cuando, al descubrirnos que ya no había remedio, nos confesó que no tenía otra cosa que una extremada debilidad, debida al hambre que estábamos pasando y que no se había recetado nada porque lo único que en conciencia podía recetarle sería buenos alimentos, y eso, ¿dónde encontrarlos?

La retirada, en octubre, de las fuerzas republicanas, significó un primer final del sitio de Oviedo; por ello, en diciembre, Dolores Medio tiene que incorporarse a la escuela de Pereda, pequeñísima aldea de las Hurdes asturianas, en la Braña de Ayones, entre Luarca y Tineo, lugar totalmente aislado, al que sólo se tenía acceso a caballo, atravesando caseríos, aldeas y montes, como El Bachancho. En su cuento, *El Bachancho*, recrea en su protagonista, Manuel, a un personaje que conoció en esas tierras y, también, en *El Urogallo*, cuenta la historia del militar franquista que logra atrapar y matar al guerrillero republicano del bosque de Muniellos.

En las Navidades del 36, aunque ya empieza a funcionar la Comisión Depuradora, regresa a Oviedo, y consigue un salvoconducto que le permite llegar a Castropol, pueblo del occidente asturiano, en cuya cárcel está su novio:

> Se abría el locutorio sobre la misma celda, en la que se apiñaban un montón de hombres en condiciones casi infrahumanas. En seguida distinguí su cabeza rubia, destacándose sobre las otras. Quise gritar su nombre, pero se me quedó la garganta

seca. La emoción que me producía encontrarle, y encontrarle vivo, me había dejado varada. Fue él quien me descubrió, asombrado, cuando miraba indiferente a los visitantes que se apiñaban junto a la reja. En principio hizo un gesto indefinible, creyendo, posiblemente, que era víctima de una alucinación. [...] ¿Cómo, diablo, le había encontrado en aquel apartado rincón de Asturias? ¿Cómo me las había ingeniado para conseguir permiso de mi madre para visitarle, cuando sabía lo poco que nuestras relaciones le agradaban? ¿Cómo había conseguido atravesar la línea de fuego, que la gente temía tanto, y había viajado sola hasta el límite de la provincia, sin que me detuvieran si se informaban del propósito de su viaje? [...] Pero era una realidad que yo estaba allí, al otro lado de la alambrada y de las rejas, y se le iluminó la cara con una sonrisa ancha, de "buen sabor de vida", como decíamos bromeando, cuando la disfrutábamos, y disfrutamos de libertad y de tantas cosas buenas como habíamos perdido.[19]

En *Diario de una maestra*,[20] se pueden seguir todas las vicisitudes de este encuentro y, en especial, cómo un amigo de la familia la envía a Oviedo, para evitar que la detuvieran por suponerla "enlace de los rojos". Finalizadas las vacaciones, vuelve, de nuevo, a la aldea:

Pasé, aislada en las brañas, aquel primer invierno de la guerra y creo que fue el más triste de mi vida, el más angustioso y desesperante, por la tortura de la soledad en que me encontraba sin poder hablar con nadie y sin tener la menor noticia de lo que estaba ocurriendo al otro lado de las montañas que me rodeaban. [...]
[...] durante los primeros días de aquel mes de enero, la vida plácida, sin sobresaltos, disponiendo de sanos alimentos, go-

19. *Atrapados...*, ob. cit., p. 166.
20. *Diario de una maestra* se publicó en el 61, y *Atrapados en la ratonera* en el 80. En ambas obras se recoge esta visita a Castropol, incluso con los mismos diálogos. Lo interesante para el crítico es que, en la primera obra, este hecho lo presenta como novela y, en la segunda, como memorias.

zando de una relativa paz espiritual, entregada en cuerpo y alma a mis tareas escolares, me había resultado grata, de modo especial si la comparaba con la espantosa pesadilla que había vivido durante el sitio de Oviedo, pero a medida que los días iban pasando en aquella desesperante incomunicación, mi paz espiritual me iba abandonando. ¿Cómo podía olvidarme, egoístamente, de que estábamos viviendo en plena guerra, que mi madre se había muerto de hambre durante el sitio, que nuestra casa estaba destruida por la metralla, que mis otras viejinas[21] aún padecían el miedo y las privaciones de la vida en una ciudad-trinchera, que mucha gente pasaba hambre, terror y desesperanza, de que Él estaba en la cárcel, como tantos amigos y camaradas, y que millares de hombres morían cada día en los frentes, eran torturados, o caían ante el paredón de fusilamientos, en tanto que yo, egoístamente, me relajaba en una vida muelle?[22]

Lentamente, los reveses de la guerra sumen a la autora en una desazón y una tribulación profundas que se ven nutridas y acrecentadas por nuevos acontecimientos: en febrero del 37, la segunda batalla de Oviedo, la destrucción de Guernica, el traslado a paradero desconocido de su novio, la caída del ejército republicano, y los éxitos franquistas. Esto último fuerza a Dolores Medio a volver, de nuevo, a Oviedo, a finales de octubre, ante la obligación de tener que incorporarse a su escuela de Nava:

En tanto se producía la desbandada que ocasionó el desmoronamiento del Frente Popular en nuestra región, tía Lola y yo aguardábamos en Castañedo algún vehículo que nos transportara a Oviedo. [...]
Pensaba también cuál sería mi suerte, al tener que enfrentarme con las autoridades conservadoras (y resentidas, posiblemente) del pueblo donde ejercía mi profesión, ante las que te-

21. Se refiere a su tía Lola, que siempre vivió con su familia, y a su tía Aurina que, durante la guerra, estuvo con ellas.
22. *Atrapados...*, ob. cit., p. 175.

nía que comparecer para posesionarme de mi cargo. Si mi familia y mis viejas amistades habían decretado ya el "no eres de los nuestros", ¿qué opinarían sobre mi pensamiento y mi trabajo los que bien me conocían en el pueblo, los que habían criticado duramente mi labor renovadora al frente de la enseñanza? [...] confieso que tenía miedo. Mucho miedo.[23]

En Oviedo, se entera de la durísima suerte que han corrido la mayor parte de sus compañeros y amigos. Vuelve a su escuela de Piloñeta, donde es acogida bien por unos, pero muy mal por otros. Ante estas circunstancias, su amigo, el maestro Ángel González, le aconseja que abandone el pueblo, y recurra a la protección de su familia. Esta huida y la denuncia del párroco, Agustín Cué, contribuyen a que, en enero del 38, sea expedientada por la Inspección Provincial de la Enseñanza,[24] con un pliego de cargos[25] en el que se le acusa de: haber orientado la enseñanza en sentido izquierdista, haber atacado en público las ideas de religión, patria y moral, hacer alarde de ultramodernismo, no practicar la religión católica, simpatizar con los marxistas y, finalmente, haber hecho propaganda a favor de las izquierdas y de la Asociación de Trabajadores de la Enseñanza (A.T.E.A.).

Como castigo, la Inspección la envía, durante un año y medio, a la escuela de Villa, en Cancienes, cerca de Avilés. Allí vive en casa del cura párroco que la apoya, defiende y

23. *Atrapados...*, ob. cit., pp. 253-254.

24. El expediente está firmado por el alcalde el 17 de enero de 1938; en él se le hace saber que queda suspendida en el ejercicio del cargo en la escuela de Piloñeta, y que debe entregar las llaves al maestro D. Ángel González. Este documento me fue facilitado, y autorizada su publicación, por Dolores Medio.

25. Datos del pliego de cargos que la Comisión Depuradora de Primera Enseñanza de Oviedo hace a Dolores Medio. Documentación facilitada y autorizada su publicación por la autora.

da buenos informes, lo que le permite incorporarse, definitivamente, a su escuela de Piloñeta, en diciembre de 1940.[26]

De 1940 a 1945, Dolores Medio se ve sometida a un penoso ostracismo: la muerte de sus amigos, el hondo e injusto rechazo familiar por sus ideas izquierdistas y republicanas, las enormes dificultades y trabas administrativas para poder realizar su magisterio, y las continuas sospechas sobre todo lo que dice y hace la deciden a trasladarse a Madrid, y dedicarse a escribir. Además, su hermana Teresa, a la que siempre estuvo estrechamente unida, ya vivía, por esas fechas, en Madrid, y era maestra de la Organización Nacional de Ciegos.

A partir de estos años, la vida de Dolores Medio corre pareja con su obra: premios —Concha Espina (1945), Nadal (1952), Sésamo (1965)—, pensiones literarias de la Fundación March (1964, 1969), y continuas publicaciones. En 1956 funda *Ática*, revista de divulgación cultural y literaria.[27] La década de los 60 hace de ella una escritora consagrada, no tanto por la crítica como por los lectores. A finales de 1965, es seleccionada por TVE, y hace un cursillo de guionista. A partir de 1966, Dolores Medio adquiere una enorme popularidad al darse a conocer, en la pequeña pantalla, un gran número de sus novelas y cuentos. Sobre esta faceta dice la autora:

26. Se resuelve su expediente de depuración por orden Ministerial del 16 de noviembre, y firmado en fecha 23 de diciembre de 1940. Se hace constar, sin embargo, "que ha sido confirmada en su cargo con pérdida de los haberes que ha dejado de percibir durante el tiempo que ha estado suspendida provisionalmente". Documento cedido para esta publicación.

27. La revista cuenta con una serie de artículos sobre la actualidad literaria española e internacional, y una rúbrica fija: "cada mes un escritor". El primer número está dedicado a Carmen Laforet, y el segundo a Wenceslao Fernández Flórez. A pesar del interés de esta revista, la autora no consiguió ayuda económica para continuar con su publicación.

Pienso que los mejores escritores deben dar la cara en televisión. No vale sólo criticar y quejarse de la falta de adaptadores. El autor sabe mejor que nadie lo que puede cambiar en una novela para la "tele". Realmente es "recrear la obra", escribirla de nuevo.[28]

En 1975, reingresa[29] como maestra en la escuela de Cenicientos, en Madrid, en donde se jubila el 30 de abril de 1978.

En octubre de 1979 crea, a sus expensas, la Fundación Principado de Asturias, con un premio anual de novela, Premio de Novela Asturias, con la finalidad de ayudar, en sus comienzos, a los autores noveles, de lengua española. Aunque la escritura fundacional aparece con este nombre, tuvo que retirarlo para que no se confundiera con el de la Gran Fundación Príncipe de Asturias, y pasó a llamarse, desde 1981, Fundación Dolores Medio. A partir de estas fechas, dedicará mucho tiempo a todas las actividades intelectuales y administrativas de esta Fundación.

En 1987, el Ayuntamiento de Oviedo le concede el título de Hija Predilecta y en el 88, el Gobierno de Asturias le otorga la Medalla de Plata del Principado. En 1991, deja Madrid y se instala, definitivamente, en Oviedo.

Obra

Dolores Medio escribió desde muy niña, y nunca dejó de hacer su diario, aunque no se había planteado la escri-

28. Entrevista de Javier Montini para *La Voz de Asturias*, Oviedo, 21 de diciembre de 1966.
29. Datos de su hoja de servicios, en la que se hace constar que trabajó 21 años, 8 meses y 5 días, con servicios en propiedad, y 3 años, 2 meses y 12 días, en servicios interinos.

tura como profesión. La celebridad y la fama le llegaron de forma inesperada, casi sin darse cuenta.

En 1945, el *Diario Madrid*, convoca el Premio de cuentos "Concha Espina", al que sólo pueden concurrir mujeres. La autora presenta "Nina", con el seudónimo de Dulce, y resulta ser la ganadora. La recompensa económica es de mil pesetas y, además, se publica el cuento en el *Domingo*, suplemento dominical del periódico. Con "Nina", la autora inaugura la temática de la soledad, el abandono y la crítica social, mundos a los que vuelve, de formas distintas, en *Nosotros los Rivero*, *Mañana*, *El funcionario público*, y en la mayor parte de sus relatos y cuentos. Su dura y amarga experiencia de la vida, el mundo de los niños, así como Asturias y Madrid serán los grandes protagonistas de todos sus escritos.

Este premio es, en definitiva, el desencadenante de dos grandes cambios en la vida de Dolores Medio: se traslada a vivir a Madrid y decide, aunque sigue ejerciendo de maestra parvulista en un centro llamado "Caperucita Roja", dedicarse a escribir.

El director del periódico *Madrid*, le propone hacerse cargo del consultorio sentimental de la página semanal de la revista; acepta encantada, y empieza a publicar esta rúbrica con el nombre de "Amaranta". Incluso, al poco tiempo, llega a dirigir todo el dominical y, a pesar de su fama, continúa trabajando en este periódico hasta 1964,[30] fecha en la que se vende y cambia, por completo, de orientación.

---

30. De acuerdo con los informes de la autora, además de la página femenina, realizó una serie de reportajes y varias traducciones: "prácticamente hacía yo el periódico completo". En 1964 lo vendieron, "con malas artes y sin pagarme el último mes", por lo que entabló una demanda judicial. Ganó el pleito, defendida por la abogada Josefina Bartomeu, y el periódico tuvo que indemnizarla. Datos de la Entrevista realizada a la autora.

El vivir en Madrid, sueño que acariciaba desde su temprana juventud, le permite lograr una de sus anheladas y codiciadas ambiciones: estudiar pedagogía. En 1947,[31] se matricula en la Escuela Superior de Educación y, también, realiza un curso abreviado en la Escuela de Periodismo; en 1951, obtiene ambos títulos. Esta fue, sin embargo, una época dura para Dolores Medio: la escuela, la Universidad y el periódico ocupaban todas sus horas, y tenía poco tiempo para escribir. En *El pez sigue flotando* la autora evoca, bajo el nombre de Lena Rivero, esos años difíciles y bohemios.

A partir de 1951 la vida de la autora parece haber entrado en simbiosis con la escritura. No resulta, sin embargo, fácil elegir un criterio de clasificación de sus obras. Voy a atenerme a una distribución por géneros y fechas de publicación, ya que todos los escritos están estructurados como un todo histórico. Dolores Medio, para dar cuenta de su mundo personal, del realismo social de su época, y de ese universo de ficción al que va dando forma, recurre a cuatro géneros literarios: novela, cuento, biografía y memorias; en ellos va entremezclando, lábil e imperceptiblemente, su 'yo individual' e 'histórico' con el 'yo social' y 'ficcional' y, por eso, su escritura forma un conjunto continuo y homogéneo, en el que sólo se va ampliando o modificando el tema.

Hay que destacar, asimismo, sus artículos periodísticos, dos excelentes trabajos de tipo descriptivo —*Asturias* —colección de *Guías de España*— y *Oviedo en mi recuerdo*—, y una importante recopilación de conferencias —*¿Podrá la ciencia resucitar al hombre?*—, que es un testamento literario en el que asume una postura crítica frente a la literatura y a su propia escritura.

---

31. Fechas que se desprenden de su expediente.

Dolores Medio y el arte de novelar

En 1961, en una conferencia titulada "Cómo se escribe una novela",[32] propone una definición de este género, y aborda el problema del tema, los personajes y el estilo en la novela. Explica estos mismos puntos, con mayor precisión, en 1965, en una conferencia, "El autor enjuicia su obra",[33] pronunciada en el Ateneo de Madrid. La autora destaca tres formas de novelar:

> En la primera, el autor domina por completo a sus personajes, se mete dentro de ellos y les obliga a vivir su propia vida o alguna etapa de ella. [...] Esta forma, llamada autobiográfica, es la preferida por los autores noveles, por su sencillez... [...]
>
> En la segunda forma, el autor permanece como mero espectador, dejando a sus personajes vivir su vida con absoluta independencia. Todo es imaginación, todo es esfuerzo creador... Teniendo en cuenta esta limpia objetividad del novelista, esta forma de novelar se considera perfecta desde el punto de vista literario. [...]
>
> Hace algún tiempo [...] recuerdo que un periodista le preguntó a Hemingway cómo escribía sus novelas, [...]"No suelo tomar notas para escribir mis novelas. En todo caso, si se trata de un asunto de guerra, consulto planos y fechas para no incurrir en falsedad... Cuando trabajaba en *El viejo y el mar*, cada mañana me sentaba a escribir sin saber qué iba a pasar. El pez andaba por las cuartillas y yo no sabía si iba a picar o no." [...] Y esta es la tercera forma de novelar, en mi opinión la más perfecta.

Los personajes de las novelas de Dolores Medio parecen querer recorrer este largo camino. En unos casos, la

32. El día 11 de enero de 1961, en el Instituto de Estudios Asturianos, y publicada en *¿Podrá la ciencia resucitar al hombre?*, Oviedo, Fundación Dolores Medio, 1991, pp. 69-91.

33. El día 19 de mayo de 1965, y publicada en *¿Podrá la ciencia...*, ob. cit., pp. 41-66. Nota pp. 42-43.

escritora se inclina por la forma autobiográfica —*Nosotros los Rivero, El pez sigue flotando, Diario de una maestra*—, en donde las protagonistas —Lena e Irene— descubren un mundo de ilusiones y la triste realidad que les toca vivir. Otros relatos, sin embargo, entrarían en la segunda propuesta. La autora intenta dar completa libertad a los personajes, en una búsqueda —no siempre lograda— de objetividad. En este tipo de novelas, se puede observar el profundo sentimiento humanitario de Dolores Medio que, bajo un realismo descarnado y, a veces, excesivamente individualizado, parece ser una simple espectadora del drama, ante el que se siente ineficaz e impotente. Novelas como *Compás de espera, Mañana, Funcionario Público, El señor García, La otra circunstancia* se inscribirían en esta forma objetiva[34] de querer construir esos seres desventurados e infelices, víctimas de una sociedad injusta. El tercer modelo, tan valorado por la autora, está escasamente presente en su obra, siempre impregnada de realismo social; correspondería, quizá, a dos de sus últimas novelas, *Farsa de verano* y *El fabuloso imperio de Juan sin Tierra*.

Desde una lectura global, la escritura de Dolores Medio es esencialmente autobiográfica; incluso, ese esmero en describir el universo real la lleva a defender, en los textos de ficción, la presencia de la "impronta autobiográfica", para que la obra adquiera una mayor autenticidad:

> autobiográfico no es sólo lo vivido por el autor de un modo real y efectivo, impuesto a veces por el azar, y que incluso puede no

---

34. En este punto coincido plenamente con la visión que sobre el realismo de los cincuenta da Domingo Ynduráin: "Ciertamente, aunque nuestra novela nunca ha sido demasiado conceptual, la tendencia hacia el realismo como reflejo no elaborado de la realidad sensible, se acentúa en los años de la postguerra, sea en los supervivientes como Baroja, sea en las nuevas generaciones, como Cela, Delibes, etc", en "Revisión del realismo medio secular", *Página*, n.º 9 (año III, n.º 3, 1992), La Laguna (Tenerife), pp. 49-55.

tener la menor conexión íntima con su personalidad, sino algo también muy importante: lo que no ha vivido materialmente, pero que muy bien pudo haber vivido, si la circunstancia, tan decisiva, y quizá más imperativa que la herencia, lo hubiera permitido y aún procurado.[35]

Como puede observarse, la autora se aleja de una definición restrictiva de la noción de autobiografía, y da entrada a un yo imaginado y recreado, según las condiciones sociológicas que le han correspondido vivir. Tanto sus novelas como sus cuentos y memorias parecen atenerse a estos presupuestos teóricos, de ahí una búsqueda de objetividad, una repetición de personajes e historias, o las descripciones sucesivas de determinados hechos. No es, pues, como algunos críticos han pretendido demostrar, que la autora no sepa establecer una frontera entre lo vivido y lo imaginado, sino que, para ella, el arte de novelar consiste en mezclar realidad y ficción.

Sus personajes ofrecen esa marca de un mundo realmente vivido pero, al mismo tiempo, son una creación inventada y única en la que cada individuo está en empatía con las circunstancias y el ambiente que le toca vivir. Esta presencia social, sin embargo, no corresponde, únicamente, a una necesidad temática, sino que es el centro de la propia noción de escritura de la autora. En una conferencia pronunciada en 1960,[36] "La novela social", confiesa:

A mi juicio tan difícil como separar al hombre de su sombra o apartar el humo del fuego es intentar aislar al personaje de una novela actual del ambiente, o si se prefiere, de la circunstancia que le obliga a actuar y que determina el argumento de la novela. [...]

35. *¿Podrá la ciencia...*, ob. cit., pp. 44-45.
36. Publicada en la *Revista de Trabajo*, mayo-junio 1960, reeditada en *¿Podrá la ciencia...*, ob. cit., pp. 151-181.

Quizá, por ello, sus novelas retratan las condiciones de vida de una época, pero dentro de un realismo histórico que se aleja de modelos establecidos y deja, en gran libertad, a esos personajes que se presentan al lector como auténticos y naturales. En este punto, creo que más que hacer novela social, la autora sitúa a sus protagonistas en una época histórico-social precisa: Dolores Medio observa su mundo y lo describe. En un comentario crítico que hace sobre su obra dice:

> En resumen, creo que el arte de bien novelar, exige al novelista respeto a sí mismo, fidelidad a sus principios, independencia en la elección del tema y en la forma de tratarlo. Absoluta libertad de movimiento del personaje [...] Conocimiento del idioma en que escribe. Estilo sencillo... [...]
>
> Yo no recuerdo cómo ni cuándo han nacido los personajes de mis novelas. Hasta me atrevería a asegurar que no soy yo quien los elige, sino que son los personajes quienes me eligen a mí, quienes se instalan, tranquilamente, en mi imaginación, exigiéndome que les lleve a la novela.[37]

Voy a destacar, muy brevemente, algunos de los aspectos más interesantes de sus novelas y, dada su complejidad, seguiré, como ya he adelantado, el orden de fecha de publicación, que permite tener una progresión histórico-social de esta escritura. Sin embargo, una organización de tipo temático, o una gradación de orden autobiográfico,[38] pueden dar una lectura diferente de la obra.

La gran fecha clave en la vida de la autora es, sin duda, 1952, año en el que obtiene el Premio Nadal, con *Nosotros*

---

37. *¿Podrá la ciencia...*, ob. cit., pp. 57-58.
38. En un trabajo más especializado, habría que delimitar, con cuidado, las estrategias discursivas de la función autobiográfica y, dentro de ellas, los diferentes géneros y modos de escritura.

los Rivero,[39] una de las novelas más leídas en esos años. La obra relata la historia de una familia ovetense entre 1924 y 1935. Como en la mayor parte de sus escritos, el texto revive una parte de su pasado y, en este sentido, su escritura es autobiográfica pero, sobre todo, a través de los recuerdos, las ensoñaciones y los sentimientos íntimos de la protagonista, Dolores Medio desvela su profunda obsesión por la educación de la mujer moderna. Esta conciencia íntima de la autora, permite situar a esta novela dentro de la narrativa femenina de la década de los 50 y es, también, una obra representativa de la escritura femenina de esos años.

Junto con una destreza y habilidad narrativas indudables, el gran acierto de esta obra reside en ese paso sinuoso, disimulado y astuto de un "yo individual" a una visión social de la época. Así enjuicia la autora su novela:

Hay en *Nosotros los Rivero*, indudablemente, muchos recuerdos de mi infancia. Entre sus personajes, me encontré muchas caras muy conocidas. La novela se desarrolla en la ciudad en la que pasé los primeros años de mi vida. Pese a esto no podría catalogarse entre las novelas autobiográficas, si entendemos por ello, que la autora se limitó solamente a contar cosas que le han sucedido, puesto que, si bien los personajes han sido extraídos de la realidad, es decir, si los materiales son humanos, la acción es imaginaria. Ahora bien, aceptando lo que decíamos sobre las posibilidades de la personalidad, la represión impuesta por las costumbres y la educación, al hombre social, etc., podemos catalogarla entre esas novelas autobiográficas a que me refería.[40]

---

39. En 1947, la autora había presentado esta obra al Premio Internacional de Novela, pero no lo consiguió y, además, se perdió el manuscrito. Rehízo el texto, prácticamente por completo, apoyándose en las notas que tenía de la trama novelesca. El premio Nadal —que aquel año fue de 50.000 pesetas— no sólo la consagró literariamente, sino que fue un gran éxito comercial.

40. *¿Podrá la ciencia...*, ob. cit., p. 58.

Desde las primeras páginas, el lector puede observar cómo la narradora busca una dimensión más fundada y profunda que la autobiográfica; quizá, por ello, los personajes y el espacio —Oviedo— pierden el carácter tradicional y anecdótico, y adquieren una dimensión más genérica, entre costumbrista y social. A mi modo de ver, se trata de una ficción autobiográfica, en donde personajes, tiempo y espacio están identificados. Sin embargo, como tal ficción, la ambición de la voz narrativa es otra, de ahí el juego temporal, el universo emocional de la protagonista, y esa visión de la ciudad que pudo haber sido y no fue:

> Oviedo se despereza [...]
> Pero no logra sacudir por completo su modorra de siglos en los que la leyenda y la tradición fueron tejiendo juntas la historia de la ciudad. Una revolución y una guerra civil, desgarrando su carne, cubriendo su epidermis de cicatrices, obligándola a restaurar sus miembros amputados, han cambiado ligeramente su faz, pero no han conseguido transformar la esencia íntima de su ser. A raiz de sufrir la devastación trágica de la guerra, como un muchacho cuando sale de la cama convaleciente de una grave enfermedad, Oviedo "dio un estirón". (pp. 9-10)

Años más tarde, en 1969, la autora adapta esta novela a la televisión y logra un gran éxito.[41]

A partir de 1953, Dolores Medio pide la excedencia en su escuela de Piloñeta[42] y se dedica, por entero, a escribir. Su pluma fácil, rápida y expresiva se centra en sus propias experiencias, y en las circunstancias históricas de la España de la postguerra; quizá, por ello, su obra parece volver,

---

41. Dolores Medio distribuyó toda la trama novelesca en 15 capítulos, que se trasmitieron en el espacio "Novela", en junio de 1969, realización de Pedro Amalio López, con Mª. José Goyanes en el papel de Lena Rivero.

42. Según su expediente, se le concede la excedencia voluntaria el 14 de marzo de 1953.

incansablemente, hacia el mundo de sus recuerdos y vivencias, y hacia una denuncia social de la realidad española. Estos dos elementos, habitualmente bien conjuntados en sus escritos, ofrecen al lector una proporcionada introspección psicológica de los personajes, y una matizada visión dialéctica de la realidad social. Aunque costumbrismo y realismo siempre están presentes en su obra, merece un interés especial la forma en la que esta autora se hace cuerpo con el mundo que va rememorando y creando, en el que no sólo asume una intención crítica, sino que la construye y moldea a su manera.

En 1954 publica *Compás de espera*,[43] en la que describe la terrible zozobra de unos mineros atrapados en la mina, en el pueblecito asturiano de San Julián de Bimenes. En ese mismo año, ve la luz, también, otra novela corta, la primera de tema madrileño, *Mañana*,[44] en la que la protagonista, Nara Martínez, taquillera del metro de Madrid, personaje solitario, infeliz y desengañado, decide cambiar su modo de vida y, para ello, acepta acompañar a Galicia a una niña enferma. Aunque casi toda la acción discurre en el tren, en donde conoce a dos hombres con los que entabla relaciones complejas, adversas y desafortunadas, Nara logra envolver e interesar al lector en esa búsqueda, infructuosa, de una nueva vida. La narradora parece presentarse como testigo de una dramática situación concreta, y casi impuesta por la sociedad. La apertura y el cierre de la

---

43. *Compás de espera*, Barcelona, 1954. Esta novela corta apareció publicada, en 1974, como relato breve, en *El Bachancho*, Madrid, Magisterio Español y, en 1986, en *La última Xana. Narraciones asturianas*, Oviedo, Fundación Dolores Medio.

44. *Mañana*, Madrid, Colección de Novela del Sábado, Cid, 1954. En 1982, reedita esta novelita, junto con otros dos relatos, sin relación entre sí, *El Urogallo* y *El señor García*, los tres bajo el título de *El Urogallo*, Gijón, ediciones Noega. Cito por esta última, pp. 55 y 154.

obra, sintetizan el desgarre íntimo de un personaje des-
dichado y malhadado que es, por otra parte, una constante
en la escritura de la autora y de la época:

>—Mañana... Qué estupendo... Mañana, diferente... Otra
> vida... Como si yo no fuera la misma.
> Nara Martínez cierra los ojos y se abandona sobre el asiento.
> Respira fuerte y se queda quieta.
> Piensa:
> (—Ya está decidido... Aunque quisiera, ya no podría... Pero
> no quiero. No quiero... Está decidido) (p. 55).
>
> [...] Pero la voz de la mujer y la voz del hombre, se pierden en
> la noche, entre el estruendo de los dos trenes que, como en sus
> vidas, se separan apenas habían tomado contacto.
> Nara sigue gritando con dolor. Su grito es un alarido. Toda la
> angustia de la absurda e inesperada situación, se le escapa en su
> llamada, que se queda sin respuesta:
> —¡Tu nombre...! ¡Tu nombre...!
> Desolada, reclina la cabeza contra la portezuela, y cierra los
> ojos.
> Ni un nombre habrá en su recuerdo... Como siempre sólo un
> rostro... unas manos... Una voz...
> Y una estación cualquiera de verano (p. 154).

En 1956 publica *Funcionario público*,[45] ambientada en
el Madrid de los años 50. Esta novela inaugura un nuevo
tipo de escritura vivaz y rápida, con un estilo conciso y lleno de fuerza expresiva. La trama novelesca, que recurre a
la técnica del monólogo interior, se centra en la triste historia del telegrafista Pablo Marín, funcionario público que
lleva una vida miserable, con un sueldo de 890 pesetas al
mes, siempre realquilado, en casas sin comodidades e, incluso, sin intimidad. Este personaje arrastra, con dificultad, un matrimonio fracasado y una vida cuitada, desafortunada y sin futuro. Más que una denuncia crítica, la

---

45. *Funcionario público*, Barcelona, Destino, 1956.

autora parece recrearse en una descarnada realidad social, que corresponde a esa situación generacional de la postguerra española, para la que no parece haber salida. La ciudad, como en casi todas las obras de ambiente madrileño, es adversa, hostil, y contribuye a destruir al hombre que es víctima de una sociedad injusta que no le permite más salidas que sufrir y vegetar:

> Con pequeños intervalos de tiempo, las bocas del Metro de Sol arrojan sobre la plaza su cargamento humano. La riada se ensancha con el esfuerzo, desbordando las aceras. Se hace más difícil la circulación. Uno de los nudos que la obstaculizan se va formando entre Mayor y Arenal, donde los vendedores de periódicos vocean la prensa, junto al ciego que pregona el cupón y las mujeres que ofrecen a los transeúntes tabaco y cerillas. La gente se atropella en aquel espacio. Codazos. Pisotones [...] Pablo Marín los recibe sin protestar. Sin advertirlo siquiera. Forma parte de la corriente y se deja arrastrar por ella. (p. 228)

En 1968 hace una adaptación muy libre de esta novela para la televisión, con el título de *La agenda.*[46]

En 1959, publica *El pez sigue flotando*,[47] novela de 33 capítulos, o breves relatos, en los que la narradora dota a los personajes de una gran independencia entre sí. Esta organización un tanto disociada permite, sin embargo, una lectura lineal al estar todos los protagonistas encadenados al personaje principal: Lena Rivero. Esta joven, escritora y

---

46. Adapta en cinco capítulos, que se emiten en el espacio de la tarde, "Novela", del 23 al 27 de octubre de 1968, guión de Hermógenes Sáinz.

47. *El pez sigue flotando*, Barcelona, Destino, 1959. Estos 33 capítulos funcionan como una unidad y, también, a modo de cuentos aislados. Cuatro de estos capítulos —"Una extraña claridad sobre la pared", "Patio de luces", "Delito impune", "Tata"— aparecen recopilados como narraciones breves, algunos de ellos algo modificados, bajo el título de *Nina*, Fundación Dolores Medio, 1988. Cito de *Nina*, p. 199.

periodista, vive en el Madrid de los años 50, y va contando la vida, circunstancias y anécdotas de sus vecinos, en el barrio de Chamberí. Encontramos, de nuevo, la vena autobiográfica de Dolores Medio, como una continuación temática de *Nosotros los Rivero*. Lena llega a Madrid, como periodista, y vive en una casa con poca independencia y comodidades, pero lo acepta con alegría, ironía, y un gran sentido del humor. Aunque hay coincidencias entre las condiciones de vivienda de Pablo Marín y de Lena Rivero, la actitud ante la vida y ante las dificultades económicas es totalmente diferente.

Estos relatos se alejan del tenebrismo social de las otras obras, y dan una visión más alegre de la existencia de la protagonista y de los doce vecinos, que viven en desacuerdo con lo que quieren y piensan. La acción transcurre en ese ambiente marcadamente madrileño, que la autora ha sabido describir con gran agilidad narrativa. La casa y su patio envuelven a los personajes en un cuadro costumbrista atinado, que da una gran impresión de veracidad, en donde la ternura se mezcla con el humor. Este tema recuerda, aunque con menor dramatismo, a la *Historia de una escalera* de Buero Vallejo. La calidad en la descripción es uno de los aciertos de esta obra:

> Por la ventana abierta entraba el vaho caliente que subía del patio, mezclado con los olores de las cocinas. Olores fuertes de verduras cocidas, de escabeches, de embutidos [...] Alguna vez, rara vez, el olor del café predominaba sobre los otros olores. Cuando esto sucedía, Marta Ribé lo aspiraba profundamente y se quedaba quieta, con los ojos cerrados y la barbilla apoyada sobre las manos.
>
> (—Una taza de café es lo que necesito. Bien cargado. Me estoy cayendo de sueño.)
>
> Pero Marta sabía que sólo tomaría una taza de malta y, francamente, no le apetecía.

Bostezó. Estiró los brazos. Se levantó, apartando la silla, sin hacer ruido, para no despertar a Tata y se asomó a la ventana. Sobre su cabeza el cielo. Un pedazo de cielo de dieciocho metros cuadrados, entoldando el patio. Dentro del patio un montón de vidas, latiendo lentamente, diferentes y ligadas entre sí por la intimidad forzada de la convivencia.

Esta obra se adaptó también a televisión en 1966, y en 1967 Pilar Miró seleccionó el capítulo de "Patio de luces" para llevarlo también, con ese título, a la pequeña pantalla.[48]

En 1961, publica *Diario de una maestra*, relato autobiográfico[49] que describe sus primeras experiencias como maestra en las zonas rurales asturianas, la dureza del cerco de Oviedo, y su primer y fracasado amor.

Al tiempo que escribe, Dolores Medio sigue manteniendo una actitud muy crítica respecto a los problemas políticos y sociales. Con motivo de una manifestación en favor de los mineros asturianos, en mayo de 1963, fue detenida; se negó a pagar la multa de 25.000 pesetas, y permaneció, durante un mes, en la celda común de la cárcel de mujeres. Sobre esta curiosa experiencia escribió *Celda común*, novela en la que narra, de forma autobiográfica, la vida que llevaba en la cárcel de mujeres —calle Rufino Blanco—, la gente con la que trató y de la que llegó a hacerse amiga, y lo que representó para ella ese mes de mediados de mayo

48. En el programa "Novela", en cinco capítulos, que se emitieron del 12 al 16 de diciembre de 1966, bajo el título de *El pez sigue flotando*, guionista J.F. Vila-San Juan y realización de Esteban Durán. Del 12 al 17 de febrero de 1967, se difundió, en el mismo espacio, *Patio de luces*, con guión, dirección y realización de Pilar Miró.

49. Parece ser que Dolores Medio había escrito una novela titulada *Mi compañera*, en la que recreaba su vida en Llanes cuidando a doña Solita. Este manuscrito se perdió y, según la propia autora, a partir de este texto, aunque con muchas modificaciones, escribió *Diario de una maestra*. Dato proporcionado por la autora en la Entrevista.

a junio del 63. El texto fue censurado por la defensa que presenta de las prostitutas, y la dura crítica que hace de los cortijeros andaluces. Dolores Medio se negó a suprimir los cortes propuestos por los censores y no llegó a publicarse.[50]

En ese mismo año del 63, aparece *Bibiana*.[51] Esta obra fue pensada como la primera de una trilogía, *Los que vamos a pie*, de la que sólo publicó la tercera, *La otra circunstancia*. Bibiana, personaje femenino, matriarcal, ama de casa totalmente dedicada a sus tareas domésticas, es un ser triste y enajenado. La autora describe, con realismo, una vida vulgar de la modesta clase media española. Aunque esta novela corresponde a una escritura de tipo costumbrista, el personaje femenino es recortado en exceso, y cruelmente concreto; más que un testimonio objetivo, o una visión dialéctica de la realidad, la autora parece recrearse en un neorrealismo irritante y exacerbado. Sobre esta obra dice:

> *Bibiana*, la primera de la trilogía de *Los que vamos a pie*, está en la misma línea de las anteriores. No sólo en la misma línea temática, sino que ha sido desarrollada en la misma forma.
>
> Esta unidad temática de todas mis novelas, que puede producir cierta monotonía en mi literatura, tiene su razón de ser en la fidelidad de mi propósito de no escribir más que sobre aquello que conozco profundamente, para que los personajes sean auténticos, para que sean seres vivos por mí conocidos y no marionetas. [...] recojo a mis personajes en la baja clase media y en el pueblo entre los que he vivido siempre, por razones profesionales, y no porque crea que la clase media y el pueblo son la única cantera de la que se puedan extraer personajes interesantes.[52]

50. Datos proporcionados para esta edición en la Entrevista.
51. *Bibiana*, Madrid, Bullón, 1963.
52. *¿Podrá la ciencia...*, ob. cit., p. 61.

En 1966, publica *El señor García,*[53] corto relato cuya dedicatoria centra, de nuevo, al lector en ese realismo social al que la autora recurre con tanta frecuencia: "Para un hombre solo, un poco triste y algo así como decepcionado, que comía en el 4 de la calle Echegaray". El señor García es un melancólico, mustio y pesaroso personaje al que su jefe le promete un ascenso inmediato, y totalmente inesperado:

> —Ya he pensado en usted muchas veces, García... Créame usted. Y me he dicho, ¿quién mejor que García?... Alguien tiene que sustituirme.
>
> García no sabe si ha oído bien lo que ha dicho el señor Fontecha, o si sus sentimientos le han jugado una mala pasada. La cosa está clara. El señor Fontecha habla de sustituirle [...]
>
> No, la cosa no está clara. Nada clara... Que él tiene que sustituir al jefe..., ¿dónde...? ¿En el cargo?...

Ante esa promesa de ocupar el puesto de su jefe, el protagonista se construye, durante veinticuatro horas, todo un mundo de pequeñas ilusiones, cambios materiales, ambiciones amorosas... que terminan, bruscamente, al día siguiente, cuando se encuentra a un desconocido en el puesto que le habían prometido. Las cosas, a pesar de ese curioso azar, van a seguir como están, y esta novela vuelve, de nuevo, a ese sentimiento de resignación y melancolía en el que inciden los novelistas de la postguerra:

> Fontecha interrumpe el brindis:
> —Bien, pero antes quiero presentarte a los empleados. Tienen que saludar a su nuevo jefe.
> Una sonrisa de García.
> —Y usted, García, no olvide que estuvo a punto de ser el

---

53. *El señor García*, Madrid, Colección Novela Popular, Alfaguara, 1966, pp. 9 y 129. En 1982 aparece reeditado en *El Urogallo*.

jefe de estas oficinas... Esto es importante. Muy importante, sí, señor... Conste que yo he defendido su candidatura...¡Vaya si la he defendido!... Sé apreciar su trabajo y su fidelidad a la casa... Pero el Consejo... Usted ya sabe lo que son estas cosas... El Consejo...

José García consigue emitir un hilo de voz:

—Sí, claro... Las cosas...

En diciembre de ese mismo año, Hermógenes Sáinz adapta la novela a televisión.[54]

En 1972 se publica *La otra circunstancia*,[55] que es una continuación de *Bibiana*. En los años 60, esta familia que había vivido pobremente, se beneficia de la gran especulación inmobiliaria y logra una gran fortuna. En efecto, Marcelo Prats, marido de Bibiana, cambia su vida sedentaria y aburrida, y se convierte en un afortunado hombre de negocios. La autora describe con gran objetividad la conquista obrera de los años 60, y parece querer romper con el pesimismo social de sus obras anteriores. Sin embargo, al final de la obra, el personaje termina siendo víctima de su ambición:

—¿Don Marcelo Prats Vidal?...

—Sí, yo soy... Precisamente...

—¿Es usted el propietario de la HOGARESA?

—Sí, claro... Precisamente...

—Le supongo enterado de lo ocurrido...

—Naturalmente... Ahora mismo...

—Como propietario de la HOGARESA, tendrá usted que facilitar a la policía algunos detalles sobre el edificio construido por su empresa, que se ha derrumbado hoy a mediodía, causando nueve víctimas...

54. Adaptación en cinco capítulos, del 12 al 16 de diciembre de 1966, para el programa "Novela" de las 15:30.

55. *La otra circunstancia*, tercera parte de la trilogía, *Los que vamos a pie*, Barcelona, Destino, 1972, pp. 439-440.

Mariano Sanz, en 1978, adaptó esta novela, con gran acierto, a la radio, y fue muy bien acogida por el público.[56] En 1974, aparece *Farsa de verano*,[57] novela que rompe con la organización narrativa lineal de las obras anteriores, y lleva al lector a una serie de historias que se van entrelazando unas con otras. La narradora, esta vez, se distancia de sus protagonistas, como si esa historia no fuera suya; es una técnica narrativa menos dirigida. Se trata de un grupo de excursionistas madrileños que se dirigen a Santander. Volvemos a encontrar los diálogos cortos, incisivos, irónicos y también divertidos, propios de la pluma de Dolores Medio, pero ese tono fácil, y casi desenfadado, se destruye con el fatalismo habitual: de regreso a Madrid, el autobús en el que viajan todos los excursionistas —menos Marcela, guionista de televisión— se despeña por un barranco en el puerto de El Escudo, y mueren los ocupantes:

> Para que Rodolfo detenga su marcha falta muy poco. No falta nada. Cuando Alpidio va a volverse hacia Enriquito para contestarle, ha de olvidarse del niño para tratar de frenar lo más rápidamente que le sea posible, porque un turismo, un pequeño utilitario que ha adelantado a otro autocar, que baja El Escudo pausadamente, viene derecho a estrellarse contra Rodolfo. La maniobra rápida de Alpidio, para no aplastar al inconsciente enano, no consigue salvarle. El utilitario embiste a Rodolfo por el costado, se enreda, vuelca, explota el motor y queda envuelto en llamas, en tanto que Rodolfo, desviado de la carretera, rompe la débil defensa que le separaba del precipicio y salta al vacío... Una vuelta de campana... Dos vueltas... Tres... Gritos de horror, aullidos desesperados, confusión, ruido... Rodolfo da su última voltereta, ya en el fondo del barranco, tras

---

56. Bajo el realizador Herminio Verdú se emitió, en cinco capítulos, en el programa de RNE a las 9:30.

57. *Farsa de verano*, Madrid, Espasa-Calpe, 1974, pp. 286-87.

haberse detenido unos segundos en un saliente de las rocas, que no ha tenido fuerza para sostenerle.

En 1978 esta obra es traducida al ruso, junto con obras de Miguel Delibes, Luis Goytisolo y Gloria Fuertes.

Hasta 1981, por problemas editoriales, no aparece *El fabuloso imperio de Juan sin Tierra*, novela fantástica sobre la emigración asturiana. Este texto recrea el maravilloso mundo de fantasía del indiano Juan, descripción que choca con la realidad social de la Asturias rural de la postguerra. El texto empieza con el regreso de Juan a su pueblo y las habladurías que este acontecimiento provoca:

> La noticia de la vuelta de Juan sin Tierra empezó a circular por toda la aldea, saltando como una corza salvaje todos los vallados, colándose de rondón en todas las casas, gritándola a los cuatro vientos el vecindario, cada uno adobándola con su aquél, quiero decir echando su cuarto a espadas en el asunto. Parece que ha venido cargado de plata... No ha traído ni un centavo, según se dice... Tiene intención de comprar el pueblo para instalarse en él a su capricho... Ha vuelto el pobre Juan como se ha marchado, tapándose las vergüenzas con sus dos manos... (p. 15)

La trama novelesca, más compleja que en sus obras anteriores alterna, con gran maestría, las descripciones del mundo malévolo, lleno de murmuraciones y críticas de la aldea, con la vida fantástica, libre y exuberante que este mítico personaje llevó en América. El final inesperado y trágico de la muerte de Juan vuelve a sumir al lector en esa escritura sin esperanza, en la que parece complacerse tanto la autora:

> Era el cadáver de Juan, lo reconocí en seguida, por más que el mar lo había desfigurado, adornándole a su manera, que se conservaba tal vez y como yo le había visto la última vez que le

visité en su choza y él me contó, lo recuerdo bien, la historia de Sulamita, la prostituta del Mar de la Plata, que él se llevó con otras mujeres de mala vida y algunas indias tehuelches, a su isla patagana, para empezar a colonizarla. (p. 267)

DOLORES MEDIO Y EL ARTE DE CONTAR

Aunque esta autora es más conocida por sus novelas que por sus cuentos, sin embargo, creo que en este género despliega una técnica fina y depurada cuya cuidada escritura logra una gran perfección. En sus breves relatos mezcla, con gran acierto, realidad y fantasía, y sabe detener el tiempo con un mundo de aventuras y adversidades, que encierran un profundo significado simbólico.

Los personajes de sus cuentos son habitualmente niños, a los que retrata con delicadeza y finura; casi son creaciones poéticas de un profundo lirismo que rompe, en el momento justo, con ironía y humor.

Al igual que en sus novelas, la autora persigue un efecto de realidad que dé cuenta de la sociedad del momento; sin embargo, quiebra, a menudo, esos valores con un universo mítico e imaginativo. Sus cuentos se localizan en Asturias y en Madrid y, en líneas generales, los asturianos son más ideales y simbólicos, y los madrileños más realistas y sociales.

Dolores Medio, como ya he señalado, se da a conocer, en 1945, con el Premio Concha Espina, por su cuento "Nina", triste historia de una niña abandonada, indefensa y marginada.

En 1948 publica *El Milagro de la Noche de Reyes*,[58] 54 cuentecitos, que tienen en común esa noche mágica y llena

58. *El milagro de la Noche de Reyes*, Burgos, Hijos de Santiago Rodríguez, 1948.

de milagros. La autora da vida a los juguetes de un bazar, y hace intervenir a personajes tan conocidos como El gato con botas, Caperucita, El hada-Ilusión... etc. Estos cuentos han sido especialmente concebidos con una función didáctica.

En 1965 obtiene el Premio Sésamo con su cuento "Andrés".[59] Es un relato realista, situado a finales de los cincuenta, que narra la triste y patética historia de este niño, y el escabroso mundo de una madre que se prostituye por veinte duros, y de un padre paralítico. A pesar de una temática tan desgarradora fue un gran éxito televisivo en 1990.

Este cuento se publicó, con el mismo título, junto con once relatos más, en 1967: tres, de tema asturiano, y nueve, en los que recrea las bajas capas sociales de Madrid. En 1990 se emite en televisión.

Los cuentos asturianos —"La foina", "Cuesta arriba" y "El más fuerte"—[60] son un despliegue de imaginación y fantasía exuberantes:

> El muchacho sabía sólo que apretó el gatillo, porque debía matar a la foina. Que después oyó un grito de mujer herida, y que, entonces, se encontraba ante su padre y tenía que rendirle cuentas.
> Abrió los brazos. Dejó caer la escopeta.
> Al fin logró articular:
> La..., foína... Yo creía que..., que era la foina.

---

59. *Andrés*, Oviedo, Richard Grandío, 1967.
60. Estos tres cuentos volverán a aparecer publicados en 1986, junto con trece más, en *La última Xana.(Narraciones asturianas)*, Oviedo, Fundación Dolores Medio. En esta última publicación, la autora da cuenta de las fechas, periódicos y revistas en los que aparecieron publicados cada uno de ellos. Por otra parte, cabe destacar que la selección y orden de presentación sigue una organización temática y una tensión descriptiva de enorme interés. La cita está sacada de esta última edición, cuento "La foina", p. 39.

INTRODUCCIÓN

> Después, en una reacción brusca, todavía infantil, se abrazó al padre llorando.

Los cuentos madrileños tienen también de protagonistas a los niños que, según las circunstancias de la vida que les toca vivir, se presentan, a pesar de su corta edad —siete, nueve y diez años— como viejos prematuros que recorren las calles para aprender un oficio. Aunque estas descripciones son un retrato, dramáticamente objetivo, del desamparo, ruina y desesperanza de la postguerra española, la autora logra dar la imagen de un Madrid vivo, pícaro y alegre: el pequeño barquillero que se pasea por el Paseo de Recoletos, en "La segunda vez"; el vendedor de caramelos de un cine de barrio de sesión continua, en "Injusticia"; el vendedor de juguetes por la calle Alcalá, en "¿Vamos, Timoteo?"; el camarero inexperto, en "¡Hola, jefe!"; el organillerillo de la Plaza Mayor, en "El organillo"; el aprendiz de albañil que sueña ser torero, en "Un capote para Braulio"; el mecánico, en "La última zambomba", y ese listillo botones de hotel caro, para turistas, en "El botones".

En estos breves relatos, se percibe una clara crítica social de la autora, que rechaza ese universo cruel en el que los niños no sólo no van a la escuela, sino que no participan en lo que venden, son ajenos a esa dura sociedad que los utiliza y no los protege; aunque estos textos son, aparentemente, alegres se censura la soledad y el abandono, y se percibe la ausencia de ilusiones que caracteriza a esa infancia maltrecha y malparada de finales de los cincuenta.

En 1974, publica *El Bachancho*, colección de doce cuentos, alguno de ellos ya publicados, en los que recrea los ambientes asturiano —"El bachancho", "Tiira", "Nicolasa", "Transposición", "Un extraño viajero", "Milagro en Santolaya", "Un puñado de yerba seca", "El camino",

"Compás de espera"— y madrileño —"La cisterna", "Solo de recuerdos para un hombre", "Cinco cartas de Alemania", "El cochecito de Miguelín"—. Los personajes, siempre sacados de la vida real, o bien describen las miserias y problemas de una sociedad dura, o sumergen al lector en un mundo idealizado y quimérico e, incluso, de ciencia ficción, como en "Transposición":

> —Señora, yo... yo no estoy jugando a nada. No tengo el gusto de conocerla y no sé... no comprendo qué es lo que pretende.
> —¿Lo que pretendo?... Pero, tía Marta, si yo no pretendo nada. Eres tú la que estás jugando. ¿O es que te has vuelto loca?... Dices no conocer a tu sobrina, a mí, a Marta Pradera.
> —Perdón, señora Pradera, ni me suena el nombre... Marta Pradera... (p. 55)

Tres de estos cuentos se emitieron en televisión: "Manuel", "Cinco cartas de Alemania" y "El milagro de Santa Olaya".[61]

En 1982 se publica, de nuevo, *El Urogallo,* hermoso cuento "que le contaron los campesinos de Cangas de Narcea"; la autora revive en él la historia de amor y muerte de Martín que sucumbe, heroicamente, abrazado a su amada:

> —Vamos, vamos, Martín, aún puedes salvarte... Tus hombres te necesitan... Vamos, vamos por aquí, por donde has venido. Tienes el camino libre.
> Demasiado tarde. Abatidos por las balas de los soldados, los dos cuerpos cayeron juntos, estrechamente unidos en aquel su último abrazo. (pp. 47-48)

---

61. Se emitieron, en cinco capítulos, en el espacio "Novela": Manuel es la adaptación de *El Bachancho,* realización de Esteban Durán, del 16 al 21 de marzo de 1966; *Cinco cartas de Alemania,* dirigido por Gustavo Pérez Puig, del 23 al 27 de octubre de 1967 y, finalmente, *El Milagro de Santa Olaya,* del 25 al 29 de diciembre de 1974.

En 1986, la Fundación Dolores Medio publica *La última Xana*. *Narraciones asturianas*, en donde recoge, con algunas modificaciones, los relatos asturianos de *El Bachancho*, y añade otros cuentos ya publicados: "La última Xana", "La foina", "Al otro lado de la tranquera", "Cuesta arriba", "El hombre del violín", "Marisol", "El más fuerte" y "El cabrerillo de los Picos de Europa". El interés de esta antología es grande, ya que la autora proporciona una amplia selección de temas que van desde la denuncia social hasta la más desbordada fantasía que se mezcla, con acierto y habilidad, con la viejas costumbres y supersticiones de Asturias.

En 1988 edita *Nina*, en donde recoge, sin orden cronológico ni temático, quince breves narraciones ya publicadas, de contenidos asturiano y madrileño. Esta selección permite descubrir al lector el unificador universo simbólico de los cuentos de la autora.

DOLORES MEDIO Y EL ARTE DE RECORDAR Y DE VER

Incluyo en este apartado los textos intencionalmente no ficcionales de la autora, en los que se aleja de su universo de creación imaginativa, y se ciñe y compromete en una historia veraz y testimonial. Por ello, presento en este último apartado los universos del 'recordar' —biografía, memorias y conferencias— y los del 'ver' —*Guía de Asturias* y *Oviedo en mi recuerdo*—.

En 1964, la Fundación March le otorga una pensión literaria, con el encargo de escribir la biografía de la reina Isabel II. Esta propuesta fue del agrado de la autora, en parte, por su afición a la historia y, también, porque la escritura biográfica es un género que le gusta y practica.

Sin embargo, en su conferencia, "Una novelista se confiesa" dice

> Un reinado tan rico en acontecimientos como ha sido el de nuestra reina Isabel II, con una humanidad tan desbordante en sentido real y en sentido metafórico [...] no puede encerrarse en ciento cincuenta folios.[62]

En su brevísima introducción, se justifica así: "La autora, en su deseo de ser fiel a la verdad histórica, no podía silenciar el carácter pueril, el temperamento apasionado de Isabel II, que en más de una ocasión la llevaron a cometer equivocaciones de cuyas consecuencias fue la primera en lamentarse".

La obra, *Isabel II. Biografía*,[63] consta de quince capítulos, de corte periodístico, donde hace un minucioso estudio histórico y una semblanza humana de este personaje tan criticado, denostado, y no siempre analizado de manera imparcial. Así aparece sintetizada la figura de esta reina:

> El balance de su reinado es bastante desconsolador: una guerra civil. Dos revoluciones. Un número incontable de pronunciamientos. Tres atentados. Una guerra, a la que quiso darle carácter de Cruzada, y la participación más sentimental que productiva en otra guerra, que también quiso ser santa. Cuarenta ministerios desfilaron por el poder, sin que ninguno consiguiera satisfacer plenamente a los españoles, aunque es justicia apuntar en favor de algunos de ellos buena intención, cierto desinterés y una labor en cierto modo eficiente para el mejoramiento de la vida en la Villa y Corte.
>
> El balance privado de la vida de Isabel II es aún más desastroso: una infancia solitaria, influida por diferentes tendencias que no favorecían su educación. Un matrimonio impuesto

---

62. *¿Podrá la ciencia...*, ob. cit., p. 115.
63. *Isabel II de España. (Biografía)*, Madrid, Rivadeneyra, 1966, pp. 10 y 261.

por razón de Estado, que no pudo resultar más desacertado. Diez hijos. Un desfile interminable de favoritos, que dañaron su reputación y vaciaron sus arcas. Un sexo ardiente y un corazón tierno. Una generosidad a toda prueba. Creyente de verdad y practicante en cuanto al cumplimiento de sus deberes religiosos, se dejó en alguna parte lo referente al sexto Mandamiento.

La Historia la ha juzgado ya como reina.

También ella ha juzgado su reinado más duramente de lo que nadie pudiera hacerlo, cuando confesó a Galdós con humildad que la honra:

—Sé que lo he hecho mal... Muy mal... No debo rebelarme contra las críticas de mi reinado...

Y después, justificándose:

—Pero no ha sido mía toda la culpa.

Años más tarde, la editorial Epesa le encarga la *Biografía de Selma Lagerlöf*,[64] maestra y escritora sueca, premio Nobel de literatura en 1909. La autora hace un magnífico retrato de esta mujer, que representó el resurgimiento del romanticismo en Suecia. Esta biografía se adaptó a televisión con el título de *"Una sueca de leyenda".*[65]

Desde finales de los 70, Dolores Medio decide escribir sus memorias y, a pesar de su edad, este proyecto literario le ilusiona sobremanera, y a él dedica una gran parte de su tiempo. En *Atrapados en la ratonera*, justifica el porqué de esta decisión:

Me parece cierta aquella afirmación de que recordar es volver a vivir y, ¿quién no desea vivir de nuevo el tiempo pasado que, por pasado, suele parecernos mejor que el presente? El recuerdo de la infancia, de la juventud y hasta de la madurez, suele

64. *Selma Lagerlöf*, Madrid, Epesa, 1971.

65. Dolores Medio nunca estuvo de acuerdo con el título ni la adaptación de los 25 capítulos que se emitieron en el espacio "Novela", en agosto de 1974.

> perfumar el árbol ya casi seco, que sólo aspira a mantenerse de pie para morir dignamente. Cierto que el escritor no es un árbol seco en tanto siga dando sus frutos, con frecuencia más jugosos, más sazonados, que los verdes juveniles, pero cuando en su vida se ha doblado ya la inquietante curva de las pasiones y empieza a deslizarse serenamente por la ladera que de modo fatal ha de conducirle al valle de las sombras, rememorar el tiempo que se fue, además de saludable es entretenido. (pp. 8-9)

Tal como ya he presentado, esta obra aparece en 1981, y es una viva descripción de la guerra en el Frente de Asturias.

En 1991 se edita su primer libro de memorias, *En el viejo desván*, en el que la autora va desgranando inolvidables recuerdos de la infancia.

Los proyectos de Dolores Medio siguen en pie, y tiene, aún, ocho libros más sobre su vida, que están prácticamente concluidos.[66]

Incluyo, también, en este apartado su "testamento literario", *¿Podrá la ciencia resucitar al hombre?*; en este libro recoge una serie de conferencias y artículos, centrados en sus propias reflexiones sobre la escritura y la literatura.

Dejo, para último lugar, dos obras de excepcional interés y que permitirán al lector apreciar la gran capacidad descriptiva de la autora. En 1969, la Fundación March le concede otra Pensión Literaria para redactar una guía de Asturias, propuesta que aceptó encantada, porque siempre se sintió orgullosa de su condición asturiana, y que se publica, en 1970, con el título de *Astu-*

---

66. En la Entrevista que realicé a Dolores Medio para esta edición, pude comprobar que todo el material de sus memorias está trabajado y organizado, a falta, desde luego, de que le dé forma definitiva.

rias.[67] Este enorme trabajo, muy bien documentado, va más allá de una guía: es una lección de arte, historia y geografía.

En 1990 aparece *Oviedo en mi recuerdo*,[68] en el que reúne:

> los recuerdos de mi vieja y querida ciudad, recogidos en conferencias, artículos y en algunas de mis obras anteriormente publicadas, de manera especial en mi *Guía de Asturias*, en la descripción de mi ciudad, en sus monumentos, sus ruinas de lo que fue en otro tiempo, sus rincones, travesías y pasadizos, de las pintorescas callecitas del Oviedo antiguo, que va siendo desplazado y hasta olvidado en el normal crecimiento y urbanización de la ciudad nueva.

Creo que la escritura de Dolores Medio, además de sus grandes aciertos narrativos es, sin duda, un veraz reflejo de la realidad cotidiana española de las décadas 50 y 60. Sus personajes desesperanzados y derrotistas son el eco de esa sociedad cansada, dura, desencantada y conformista que se resigna ante lo inevitable. El gran mérito de la autora es el de establecer un puente entre esa realidad y una literatura sin máscaras ni engaños. Su obra es representativa de la generación de la postguerra por esa actitud crítica ante el Régimen, y por su compromiso ético y realista que asume la visión del mundo que le tocó vivir.

DIARIO DE UNA MAESTRA. LOS PROBLEMAS DE CENSURA[69]

Los desatinos de la censura en estos años podrían constituir un tema casi inagotable. En lo que concierne a esta

---

67. *Asturias*, Colección Grandes Guías de España, Barcelona, Destino, 1970.
68. *Oviedo en mi recuerdo*, Oviedo, Fundación Dolores Medio, 1990, p. 7.
69. Cotejadas las tres ediciones (1961, 1984 y 1985) se comprueba "el trabajo" de la censura.

obra de Dolores Medio, el censor retrasó varios años su publicación, y obligó a suprimir todo aquello que le pareció que atentaba contra la moral de la época.

En la primera edición y en todas las que se publicaron hasta 1985, la obra presenta cinco cortes que la modifican e incluso, a veces, la hacen incomprensible.

El primer corte corresponde al primer capítulo —22 de mayo de 1935—. Los censores obligaron a suprimir el acto amoroso de los dos protagonistas, y el texto queda reducido a un tímido beso. La pregunta de Máximo —"¿Por qué no me dijiste la verdad? No has jugado limpio"—, sorprende al lector que no puede entender el sentimiento de culpabilidad por un gesto tan poco relevante.

El segundo corte —24 de diciembre de 1935—, anula toda la parte final del capítulo en el que Máximo se siente fascinado ante el cuerpo desnudo de Irene.

El tercer corte —12 de noviembre de 1943— reduce notablemente el nostálgico recuerdo de Irene de cómo dormía y qué hacía Máximo al levantarse. Esta supresión invalida la imaginación erótica de la protagonista.

El cuarto corte —7 de octubre de 1945— es bastante absurdo, ya que suprime el beso de Bernardo Vega a Irene. Finalmente el quinto —29 de abril de 1950—, corresponde, una vez más, a la vida íntima de Máximo e Irene y a los anhelos de la protagonista "quisiera darle otra vez un cuerpo nuevo, de recién estrenada juventud"—.

Todas estas alteraciones modifican las relaciones y la fuerte atracción sexual entre los dos protagonistas: presentan a Irene como una insulsa soñadora que casi parece inventarse sus relaciones con Máximo, y a éste lo reducen a un mero papel de profesor y de incitador de las ideas izquierdistas de la protagonista.

EL DIARIO COMO FICCIÓN AUTOBIOGRÁFICA

Casi dos décadas[70] separan el tiempo vivido del momento de la escritura —1931-1949—, aunque no se publica hasta 1961. Quizá esta distancia temporal es la que permite esa mirada serena de Dolores Medio hacia su propio pasado, y una visión ajena y novelada de esos años cruciales y duros que le tocaron vivir.

La novela se presenta bajo la forma de un diario, en el que la autora selecciona fechas puntuales que permiten, por una parte, establecer un nexo entre realidad y ficción y, por otra, observar qué momentos acota y entresaca de esos quince años de recuerdos: 28 capítulos que se extienden desde el 18 de mayo de 1935, al 4 de mayo de 1950.

El título —diario— y la organización de los capítulos día/mes/año—, parecen querer proponer una lectura veraz, auténtica y ajustada a un tiempo real. Sin embargo, el lector se encuentra, desde la primera página, con un texto narrado en tercera persona, y con una distribución temporal que, paradójicamente, en lugar de corresponder a momentos precisos de la vida de la protagonista, anula esa fragmentación cronológica, con una trama novelesca lineal. Esta organización corresponde, por otra parte, a la intención de la autora:

> En *Diario de una maestra*, volvemos a encontrarnos con el factor autobiográfico, influyendo de una manera decisiva en la novela. Pero de nuevo he de aclarar que la trama, el argumento de la obra es imaginario. Ahora bien, he aprovechado para escribirla mis experiencias como educadora.[71]

70. Dato proporcionado por la autora en la entrevista.
71. *¿Podrá la ciencia...*, ob. cit., p. 60.

Creo, sin embargo, que más que un "argumento imaginario", Dolores Medio novela su propia vida, y retiene, de esos quince durísimos años, tres temas esenciales: su historia de amor, o más bien, la creencia en el amor, las laboriosas y arduas experiencias como maestra rural en una aldea asturiana, y las penosas consecuencias de una guerra civil que la coloca en "el bando de los vencidos".

Estos tres relatos se van enlazando con las fechas seleccionadas —que no corresponden a las reales, salvo los capítulos que narran la guerra civil—, y constituyen un todo cuya tensión culmina, con dramatismo, en las últimas páginas: después de trece años de espera, la protagonista es abandonada por su novio.

La historia comienza el 22 de mayo de 1935, fecha en la que Irene Gal conoce a Máximo Sáenz y, ese mismo día, inicia una íntima relación con él:

> Tiembla la mano del hombre cuando separa suavemente las piernas de la muchacha. Tiemblan los labios del hombre cuando se mira dentro de los ojos de ella, antes de besarla. En los ojos de Irene Gal no hay miedo. Ni sobresalto. Ni siquiera sorpresa ante el ataque del hombre. Los ojos de Irene Gal reflejan una total y gozosa entrega. Así, perdido ya todo el control, Máximo Sáenz se apodera con ansia de ella.
> Otra vez el silencio. Un silencio que empieza a espesarse entre ellos cuando se separan. (pp. 20-21)

El tipo de dependencia entre estos dos personajes es claramente diferente: Irene está deslumbrada y fascinada por Máximo, que se convierte en un modelo de ser y saber, mientras que él acepta y se complace en esa seducción amorosa e ideológica, que se modifica, curiosamente, en unos meses. La narradora sintetiza, con fineza, esta evolución del personaje masculino que va, de la pura atracción sexual del primer encuentro —mirada de abajo a arriba—, a una admiración más intelectualizada en la segunda visita —24 de diciembre de 1935, mirada de arriba a abajo—:

> ¡Las piernas!... Otra vez las piernas de Irene Gal. Han cambiado de postura. Ahora, cruzadas una sobre otra, dejan ver un trozo de puntilla blanca, asomando bajo la falda. (p. 10)

> [...] Después, la mirada de Máximo Sáenz resbala sobre ella, de arriba a abajo, al contrario de como lo hiciera en otra ocasión, en la Universidad de Oviedo. Pero ahora se recrea en su posesión. Irene Gal es suya, enteramente suya. Hasta en su rebeldía. Porque Irene Gal defiende las ideas que él le ha inspirado. (pp. 65-66)

El lector advertirá, sin embargo, que la narradora va dando cuenta de los sentimientos de la protagonista, que vive, se construye y hasta imagina sus emociones y pasiones al margen de su novio. Máximo Sáenz sólo estará presente en cinco capítulos, que servirán para desencadenar tres ejes dinámicos que organizan la tensión narrativa:

—la efusión amorosa y sus primeras experiencias como maestra: 18 de mayo de 1935, y 24 de diciembre de 1935.

—la guerra y la cárcel: 20 de diciembre de 1936, y 12 de enero de 1937.

—el abandono y la soledad en el trabajo: 4 de mayo de 1950.

Los 6 primeros capítulos —18 de mayo de 1935/24 de mayo de 1935—, enlazan la deslumbrante emoción apasionada de Irene Gal con sus primeros años en La Estrada: sus impresiones iniciales, su inexperiencia, las nuevas técnicas de enseñanza frente a las viejas costumbres de las escuelas rurales y, sobre todo, el universo de los niños. Irene consigue retener la atención del lector con las descripciones certeras y veraces del mundo infantil, de esos seres tan desprotegidos de la sociedad, como Timoteo, por los que siente tanto respeto y ternura:

> He aquí lo que el pueblo dice de Timoteo:
> Timoteo tiene dieciséis años. Timoteo no ha asistido nunca a la escuela. Timoteo pega a los muchachos. Timoteo roba a los vecinos. Timoteo rompe los cristales de la escuela. Timoteo maltrata a los animales. [...]
> Irene, de acuerdo con el muchacho, pegaría también al abuelo de Timoteo y a Laura y a los vecinos [...] Su odio y su prevención se vuelven ahora contra la aldea. Defenderá contra todos a Timoteo. (pp. 39-40)

Los 12 capítulos siguientes —19 de febrero de 1936/1 de de abril de 1939—, describen, con un realismo neutro y sobrecogedor, los desastres de la guerra, y el desgarro de Irene Gal: el cerco de Oviedo, la búsqueda de Máximo por las cárceles del occidente asturiano, su drama personal —"tú no eres de los nuestros"— y la Comisión Depuradora. Sin embargo, el final de la guerra abre un resquicio de esperanza:

> Prácticamente la guerra ha terminado. Ahora el reajuste. Las cuentas claras [...] y otra vez a empezar.
> Empezar la vida para Irene Gal no es sino continuarla junto a Máximo Sáenz. Empalmar el presente con el pasado. ¡Volver a vivir! La vida es maravillosa cuando se ha sufrido mucho y se recobra la felicidad que se creía perdida. (p.150)

Los durísimos años en los que Irene está separada de la escuela —1935-1943—, aparecen sintetizados en la novela con la tan conocida frase de fray Luis de León: "decíamos ayer...". Irene, a partir de este momento, vuelve a soñar con un futuro al lado de Máximo, después de trece años de separación. Sin embargo, todo su mundo de ilusiones y sacrificios se quiebra, en el último capítulo, con el abandono de su novio:

> — [...] un hombre —dice él ahora— soy un hombre y no pue-

do pensar en sacrificarte. Vivir como un parásito a costa tuya, compartiendo una vida de miseria. (p. 229)

Los personajes y su dimensión real/ficcional

Tal como la propia autora confiesa, "todos los personajes son reales, pero decidí utilizar nombres falsos, un argumento imaginario, y modificar algunas fechas".[72]

Dolores Medio no pretendió escribir una autobiografía, sino una ficción autobiográfica. Para ello, recurre a dos mecanismos lingüísticos esenciales: un acceso directo a la subjetividad de los protagonistas, por medio de nombres ficticios, y el empleo de una tercera persona de narración, intercalando, en primera persona, diálogos entre los personajes.

En cuanto al primer punto —nombres no reales—, el efecto que produce en el lector es inmediato, lo falso implica un carácter imaginario, y orienta una lectura novelada. Esto permite ese efecto buscado de ficcionalidad.

El empleo de la tercera persona es un juego más intrincado y, en este caso, más sutil: "es más fácil hablar de ti misma, cuando lo atribuyes a otra".[73] Para establecer este paso de tercera a primera persona, Dolores Medio recurre al diálogo y al paréntesis. Con estas dos formas, la voz narrativa deja que los personajes asuman sus propias decisiones:

> Máximo Sáenz mira a la muchacha con curiosidad. Con una curiosidad en creciente. No es ya la muchacha del primer banco. Es una mujer. Y la mira con ojos de hombre.
> (—Bien... está bien... Un poco flaca para los años. ¿Dieciocho? ¿Diecinueve?... No tendrá más... Pero el problema es

72. Datos de la Entrevista.
73. Datos de la Entrevista.

otro. El problema es éste: ¿hasta dónde se puede llegar con ella? ¿Qué busca esa muchacha?) (p. 17)

Si atendemos al texto, excepto en secuencias de tipo descriptivo y algunas argumentativas, toda la novela está construida como un diálogo cuya función básica es hacer intervenir directamente a los protagonistas. Por otra parte, la tercera persona de la narración es esencial porque prepara, organiza y conduce las conversaciones y, además, interpreta, con frecuencia, el sentir de los personajes:

> No. Ni es Máximo Sáenz, ni está soñando. El hombre, un militar, un falangista, se planta otra vez ante ella.
> —Vamos. Irene. Es tarde.
> Irene mira al hombre, sin comprender.
> (—Tarde, ¿para qué?) (p. 107)

Esta heterogeneidad de la voz —1.ª y 3.ª personas— sirve para establecer una jerarquía de la presencia autobiográfica en el texto. En este punto, puede hacerse un nexo entre el tiempo de la escritura —1949—, que está asumido por la tercera persona y representa una visión retrospectiva, y el tiempo vivido —1935—, que recrean los diálogos de los personajes. Por ello, la tercera persona sirve de tránsito para dar la palabra a los protagonistas, especialmente a Irene Gal, que cuenta lo que hace, su estado de ánimo y, sobre todo, lo que piensa. El diálogo tiene, en esta novela, la función activa de respaldar la tensión autobiográfica.

El tiempo como organizador de la progresión temática

Aunque las primeras experiencias de Dolores Medio como maestra corresponden a 1930-31, la acción de la novela está desplazada a 1935.

La estructura temporal presenta una doble orientación.

En primer lugar, ofrece una localización histórica precisa y real que permite leer el texto a partir de tres ejes temporales:

—antes de la guerra: 18 de mayo 1935 / 19 de febrero de 1936

—la guerra civil: 19 de febrero de 1936 / 1 de abril de 1939

—la postguerra: 1 de abril de 1939 / 4 de mayo de 1950.

Tal como ya hemos analizado, cada una de estas épocas dan cuenta de las diferentes vicisitudes que rodean la vida de la protagonista, sin que los días y meses tengan una función cronológica específica, salvo la de asegurar el transcurso del tiempo.

En segundo lugar, el verbo organiza también un amplio círculo que corresponde al espacio de la espera de la protagonista. Tal como hemos visto, sólo se dan cinco encuentros reales entre Irene y Máximo.

Desde mayo del 35, a diciembre de ese mismo año, el lector se halla ante una expectativa confiada, lúdica, llena de planes y de promesas; por ello, la cronología está abierta hacia el futuro.

Sin embargo, de diciembre del 35, a diciembre del 36, y a enero del 37, hay sólo una visión retrospectiva hacia un pasado feliz, que ya no va a volver. Hay una percepción de un destino demasiado incierto, descorazonador y temible para creer en él. Ante esta situación, la protagonista vive dividida entre el día a día, y un mañana en el que no tiene confianza ni le ofrece expectativas.

> En tanto que Máximo Sáenz esté en la cárcel, en tanto dure la guerra y las consecuencias que para sus estudios pueda tener la guerra, nada fuera de su trabajo puede interesarle. Entonces, ¿para qué va a dejar el pueblo? Su puesto está aquí. (p. 129)

Irene Gal deja de hacer planes para el porvenir, aunque

se sitúa en un presente, aún abierto a la esperanza. Es una existencia que rememora, de continuo, el pasado. Esto le impide aceptar el porvenir que le propone su pretendiente, Bernardo Vega. Es, también, una espera que se construye, sobre todo a partir del 27 de diciembre de 1949, fecha de la liberación de Máximo.

En los dos penúltimos capítulos —27 de diciembre de 1949 y 29 de abril de 1950—, la protagonista configura un futuro próximo y lleno de promesas que se destruye, cruelmente, en las últimas páginas:

> —¡Lo qué tú deseabas! ¿No es así? Pero yo no me resigno a vegetar. No podría soportar esta vida idiota.
> Y después de una larga pausa, siguiendo en voz alta el curso de su pensamiento:
> —[...] conocí a su hermano en la cárcel. Gente de dinero [...] (p. 227)

Este final desesperanzador abre la agonía de la protagonista que se salva, cansinamente, con su trabajo.

El espacio y su localización simbólica

Tres son los espacios geográficos que se combinan en el texto, en perfecta sintonía con el tiempo de la espera.

Madrid es el tiempo y el espacio del futuro. Es el ámbito de promesas, con el que sueña Irene Gal, para lograr la ambición de continuar sus estudios y vivir, con entera libertad, la relación amorosa con Máximo. Madrid es la expectativa y la ilusión que choca, desde las primeras páginas, con el espacio real del pueblo de la escuela La Estrada.

La descripción geográfica de esta aldea —no corresponde a Nava, sino a Santiago del Monte— simboliza el mundo de la profesión. La escuela no es un lugar cerrado, sino abierto, y representa la exaltación profesional de la protagonista. Este universo es el que permite el paso de una Irene adolescente y dependiente, a una joven madura y dolorosamente libre. Por ello, es un lugar conflictivo que la aleja de Máximo y la fuerza a cumplir con sus compromisos y obligaciones.

Paradójicamente, estos dos espacios —Madrid/Asturias— simbolizan la dicotomía amor/deber. A lo largo de la novela, se observa que La Estrada va anulando al primer espacio, y Madrid se convierte en una quimera irrealizable ya que, en los últimos capítulos, este pequeño pueblo asturiano es el ámbito en el que la protagonista quiere encerrar a Máximo:

> Claro está que el ex profesor no sabe todavía que acaba de convertirse en granjero. Esta es la sorpresa que Irene Gal le reserva. (p. 208)
> —¡Lo que tú deseabas! ¿No es así? Pero yo no me resigno a vegetar. No podría soportar esta vida idiota. (p. 227)

Este marco geográfico será el que salvará a la protagonista al final de la novela.

El tercer punto es Oviedo, lugar muy querido de Dolores Medio, pero universo muy controvertido en esta novela. Es el espacio del que hay que salir. Es la ciudad de la que se escapa Irene, para hacer el amor con Máximo; de la que se aleja, para crear su propia identidad profesional, en la escuela de La Estrada; la que abandona, para pasar las Navidades en la sierra de Madrid, y a la que vuelve para sufrir la guerra y la muerte de sus familiares y amigos. Oviedo evoca, también, el límite del que tiene que salir Irene para recorrer las cárceles del occidente asturiano en busca de su novio; en este texto, representa el espacio simbólico de la huida; es el universo castrador de erotismo; es el lugar rechazado por ser pieza clave del franquismo —"tú no eres de los nuestros"—. Oviedo, órbita de la muerte, es, quizá inconscientemente, la esfera cercada de la que necesita salir la protagonista para llegar a ser ella misma.

La lectura de *Diario de una maestra* sumerge al lector en la desgarrada realidad social y política de la guerra civil, en el dramatismo de una protagonista que da cuenta de sus sensaciones más íntimas que se mueven entre el amor, el fatalismo y la muerte. La fuerza expresiva de sus descripciones y diálogos hacen de este diario una obra representativa de la narrativa española de la postguerra.

COVADONGA LÓPEZ ALONSO

Agradecimientos

Quiero hacer constar mi profundo agradecimiento a doña Dolores Medio, que me facilitó sin restricciones documentos, libros y cartas imprescindibles para realizar este trabajo. Sobre todo, deseo reconocer, de modo especial, la entrevista que me concedió y en la que pude apreciar su exquisita generosidad, afecto y talento vital sin límites.

Agradezco también a la Fundación Dolores Medio sus facilidades para consultar material bibliográfico y textos de la autora, decisivos para esta edición.

Bibliografía selecta

Bibliografía selecta sobre novela española contemporánea

Alborg, J. L., *Hora actual de la novela española*, Madrid, Taurus, 2 vols., 1958-1962.

Barral, C., *Los años sin excusa*, Barcelona, Barral, 1978.

Bertrand de Muñoz, M., *La guerra civil española en la novela. Bibliografía comentada*, Madrid, J. Porrúa Turanzas, 2 vols., 1982.

Gil Casado, P., *La novela social española*, Barcelona, Seix Barral, 2.ª ed. aumentada, 1973.

Martínez Cachero, J. M., *La novela española entre 1939 y 1969. Historia de una aventura*, Madrid, Castalia, 1973.

Nora, E. de., *La novela española contemporánea (1939-1967)*, Madrid, Gredos, 2.ª ed. ampliada, 1971.

Sanz Villanueva, S., *Historia de la literatura española. Literatura actual*, Barcelona, Ariel, 2.ª ed., 1985.

Ynduráin, D., Dirección del tomo VIII de la *Historia y Crítica de la Literatura Española. Edad Contemporánea 1939-1980*, Barcelona, Crítica, 1980.

Bibliografía selecta sobre la autora

Jones, M. E. W., *Dolores Medio*, Nueva York, Twayne, 1974.

Martínez Cachero, J. M., "Dolores Medio, noveno Premio Nadal (1952)", *Archivum*, Universidad de Oviedo, n.º XXXIV, 1955.

Ruiz Arias, C., *Dolores Medio*, Caja de Ahorros de Asturias, 1991.

Obras y ediciones más notables

1945. «Nina», Semanario Nacional *Domingo*, Madrid.
Cuentistas españoles contemporáneos, col. Crisol, vol. 176, Aguilar, Madrid, 1946.
Fundación Dolores Medio, Oviedo, 1988.
1948. *El Milagro de la Noche de Reyes*, Burgos, Hijos de Santiago Rodríguez.
1953. *Nosotros los Rivero*, Destino, Barcelona.
Club Internacional de Lectores, Barcelona, 1974.
Colección Destinolibro, Destino, Barcelona, 1984.
Orbis, Barcelona, 1985.
1954. *Compás de espera*, Plaza, Barcelona.
1954. *Mañana*, col. Novela del Sábado, Cid, Madrid.
1956. *Funcionario público*, Destino, Barcelona. 2.ª ed. 1972.
1959. *El pez sigue flotando*, Destino, Barcelona.
1961. *Diario de una maestra*, Destino, Barcelona.
Orbis, Barcelona, 1984.
Destinolibro, Barcelona, 1985.
1963. *Bibiana*, Bullón, Madrid.
Destino, Barcelona, 1967.
Club de Amigos de la Historia, Madrid, 1975.
1966. *El señor García*, col. Novela popular, Alfaguara. Madrid.
1966. *Isabel II de España (Biografía)*, Rivadeneyra, Madrid.
1967. *Andrés*, Richard Grandío, Oviedo.
Picazo, Barcelona, 1973.
1970. *Asturias*, colección Guías de España, Destino, Barcelona.
1971. *Selma Lagerlöf*, Epesa, Madrid.
1972. *La otra circunstancia*, Destino, Barcelona.
1974. *Farsa de verano*, col. Austral, Espasa-Calpe, Madrid.
1974. *El Bachancho*, Magisterio Español, Madrid.
1980. *Atrapados en la ratonera. Memorias de una novelista*, Alce, Madrid.
1981. *El fabuloso imperio de Juan sin Tierra*, Plaza-Janés, Barcelona.

1982. *El Urogallo*, Onega, Oviedo.
1986. *La última Xana*, Fundación Dolores Medio, Oviedo.
1990. *Oviedo en mi recuerdo*, Fundación Dolores Medio, Oviedo.
1991. *¿Podrá la ciencia resucitar al hombre?*, Fundación Dolores Medio, Oviedo.

DIARIO DE UNA MAESTRA

Para mis compañeros de Magisterio,
soldados anónimos de la mejor guerra.

Donde no halles amor, pon amor
y encontrarás amor
SAN JUAN DE LA CRUZ

—...en fin, llegamos ahora a Leipzig... 1919... La Leipziger Lehrerverein presenta al Consejo Municipal el proyecto para el ensayo de la *Arbeitsschule*,[1] si bien hasta 1921 no se lleva a cabo el experimento. Sucesivamente empiezan a funcionar en Berlín, Dresde, Neuköln, Bremen y Hamburg... Estas dos últimas, las *Lebensgemeinsschaftsschulen*...[2] ¡No, no, por favor!... No tomen notas... No es necesario. Al terminar la conferencia se les facilitarán en Conserjería unos impresos para que puedan seguir, sin esfuerzo, el trabajo que vamos a desarrollar en días sucesivos.

Máximo Sáenz[3] bebe un sorbo de agua.

1. *Arbeitsschule*: término alemán. Corresponde a un tipo de enseñanza escolar que defiende que los alumnos pueden y deben aprender a trabajar por sí mismos. Estos métodos tuvieron una gran importancia durante la República Española. Dolores Medio conocía todas estas teorías y las estudió, con más detenimiento, en una serie de publicaciones que aparecieron traducidas, en aquellos años, en la editorial Labor.

2. *Lebensgemeinsschaftsschulen*: término alemán. Se aplica a un modelo de escuela pública en la que todo el mundo tiene que tener las mismas oportunidades de enseñanza. Por ello, se critica el elitismo, o cualquier otro tipo de selección. Estas teorías fueron muy defendidas durante la República Española y, a lo largo del texto, puede observarse que la autora no sólo comparte y defiende esta visión social y democrática de la enseñanza, sino que practica, con celo y esmero, estos principios.

3. *Máximo Sáenz*: nombre ficticio que corresponde al gran amor de Irene Gal. Este personaje, como casi todos los que aparecen en el texto, es real y jugará un papel importante en la vida de la autora. Discípulo de Ortega

Mientras bebe, se fija en las piernas de Irene Gal.[4] Unas piernas finas y largas, que para él terminan en las rodillas. Tropieza, a partir de ellas, con la falda azul de algodón, ceñida excesivamente a los muslos por la violencia de la postura. Irene Gal está sentada en el primer banco, con los pies apoyados en la escalerilla de la plataforma.

Máximo Sáenz deja el vaso sobre la bandeja. Se limpia los labios y los dedos con el pañuelo.

Después:

—Decíamos que las *Lebensgemeinsschaftsschulen* son las que conceden más libertad a los alumnos. Hasta el extremo, de que en ellas no existe horario, ni programa, ni siquiera clasificación en grupos por edad, capacidad, etcétera. No hay clases en el sentido propio de la palabra. No existe disciplina dirigida... En fin, se trata de los experimentos más avanzados, conocidos hasta entonces. Alguien empieza a calificarlas de escuelas comunistas, por su semejanza con las que funcionan en algunas ciudades de Rusia. Consideradas...

¡Las piernas!... Otra vez las piernas de Irene Gal. Han cambiado de postura. Ahora, cruzadas una sobre otra, dejan ver un trozo de puntilla blanca, asomando bajo la falda.

—...consideradas desde el punto de vista técnico, podríamos hacerles, indudablemente, bastantes objeciones,

---

y Gasset, había vivido en Alemania, y conocía las teorías de la época sobre didáctica y nuevos métodos de enseñanza. Ejerció una gran influencia en Dolores Medio, sobre todo durante su juventud, período al que corresponde este diario.

4. *Irene Gal*: Dolores Medio cuenta en este diario su propia vida. Sin embargo, recurre a la tercera persona y al nombre de Irene Gal por motivos de censura y, también, como recurso literario que le permite un mayor distanciamiento. "Irene Gal es uno de mis personajes más queridos, protagonista de *Diario de una maestra*, novela en la que he volcado, efectivamente, algunas de mis experiencias escolares" (*Atrapados...*, ob. cit., p. 167).

pero hemos de aceptar que representan importantes experimentos para el estudio de la psicología colectiva.

Desde la falda de Irene Gal, la mirada de Máximo Sáenz sube trepando hasta los pechos menudos, que levantan levemente la blusa blanca, cerrada en el cuello por un lazo o corbata azul, y se detiene en la cara de muchacha: muy joven. Casi una niña.

(—De la última hornada —piensa—. Éstas son las muchachas que necesitamos.[5] Entusiasmo. Desprecio de todo riesgo...)

Naturalmente, no es Irene Gal la única muchacha que asiste a la conferencia. A su lado, en otros bancos, en toda la sala, hay un centenar de chicas y otros tantos muchachos, casi todos adolescentes, recién acuñados en las Escuelas de Educación. Son los que han superado la última prueba de los Cursillos de Selección Profesional —lo que ellos llaman "la etapa universitaria"— y asisten ahora al curso preparatorio intensivo, antes de ser enviados a sus destinos.

No. No es Irene la única muchacha joven del grupo, pero sin explicarse bien por qué, tal vez porque la tiene ante sus ojos, Máximo Sáenz habla para ella, se dirige a ella, piensa en ella, cuando calcula con ojo experimentado la buena tierra para su semilla.

Siempre le ocurre esto cuando habla en público o cuando se dirige a sus alumnos: de entre la masa gris, impersonal, del auditorio, se destaca uno. ¡Cualquiera!... En el primer banco, o en el último, en el centro o en un ángulo de la sala. Alguien que sigue atentamente sus movimientos, que aprueba o desaprueba con sus gestos, que sigue apasiona-

---

5. Máximo Sáenz ejerció sobre Irene una clara función de Pigmalión, no sólo en sus planteamientos pedagógicos y lecturas, sino también en su forma de pensar y hasta de vivir.

do su disertación... Ese alguien es, desde entonces, su punto de referencia. Sin poder evitarlo —sin proponerse evitarlo— habla para él.

Hoy se dirige a la muchacha del primer banco, que recoge ávidamente sus palabras.

—Bien, nos referíamos hasta ahora a sistemas de experimentación y ensayo, de filiación más o menos directa con las *new-schools*[6] inglesas. Varios puntos de contacto lo demuestran: la comprensión de la finalidad social de la escuela, el trabajo en comunidad, los intereses inmediatos del alumno... Veamos ahora...

Lo que Máximo Sáenz ve ahora frente a sus ojos, son otros ojos interrogantes. Unos ojos infantiles que le observan a él con curiosidad.

—...bien, veamos otros sistemas más o menos empíricos, nacidos algunos ocasionalmente, como comprobaremos más tarde al estudiarlos. Dalton[7] (Massachussetts), Laboratory Plan. Una mujer lo organiza: Elena Parkhurs... Winnekta (Chicago), profesor Washburne... Francia: Cou-

6. *new-schools*: término inglés que corresponde a las nuevas orientaciones pedagógicas americanas de principios de siglo. En estas escuelas se defiende una enseñanza individualizada para fomentar la responsabilidad y la creatividad del alumno.

7. *Dalton*: sistema que se propuso para la enseñanza secundaria; se basaba en el aprendizaje individual y en la autonomía del alumno. Empezó a aplicarse en 1920, en la High School de Dalton, en Massachussetts, por reacción contra los métodos tradicionales. Este plan proponía que cada estudiante realizara sus tareas escolares individualmente. Era contrario a los exámenes, que se suprimieron y sustituyeron por una especie de evaluación de los trabajos del curso. Los alumnos estudiaban con una gran libertad, organizaban su propio tiempo y se responsabilizaban de sus tareas. Este plan fomentaba, también, los trabajos en grupo. Estas teorías decayeron, sin embargo, años más tarde, por ser consideradas demasiado idealistas e individualistas. Elena Parkhurs fue la gran introductora de estos métodos en EE.UU. y, más tarde, entraron en Europa. Dolores Medio fue una gran partidaria de estas técnicas de enseñanza, y siempre defendió que era preciso motivar a los estudiantes con su propio trabajo.

sinet... Italia: Lombardo Radice como inspirador. Esta vez el ensayo, casi común, se hace por decreto. (Reforma de la Enseñanza,[8] 1923. Giovanni Gentile)... ¡Por favor! Repito que no es preciso que tomen notas. Estamos citando de paso algunos de los muchos centros experimentales a los que hemos de referirnos al hablar de la nueva filosofía de la educación.[9]

Máximo Sáenz habla despacio, reposadamente, recreándose en sus palabras, como si con ellas fuera levantando, piedra sobre piedra, un mundo nuevo. Un mundo nuevo para ofrecérselo a la nueva generación, pero, concretamente, un mundo en el que va a entrar la muchacha del primer banco.

—Toda filosofía, todo concepto de la existencia, toda especulación sobre el origen y el destino del hombre, trae como consecuencia un nuevo modo de enfocar el problema de su formación. Ahora bien, resulta sencillo filosofar cuando miramos hacia el pasado, pero no es fácil resumir y estudiar (con miras a una aplicación inmediata) las tendencias del pensamiento filosófico actual, tan múltiple y contradictorio, tan diferente en los diversos pueblos y ambientes, en esta época —no sé si gloriosa o trágica para la

8. En 1923, se reforma, en Italia, el sistema educativo, para reforzar la supremacía del Estado. Al final de cada curso se realizaba, tanto en la enseñanza pública como en la privada, un examen general que servía para controlar los resultados obtenidos.

9. En Europa, imitando a EE.UU., se crearon, a partir de los años 30, una serie de centros experimentales en los que se ensayaban esos métodos, que se basaban en una mayor libertad del alumno. Se defendía que estos sistemas servían para desarrollar la inteligencia y creatividad, y para lograr una mejor formación e integración social del niño. La autora conocía, por las enseñanzas de Máximo Sáenz y sus lecturas, las teorías que se aplicaban en Gran Bretaña, Alemania, Francia, Italia, Holanda, Suiza y EE.UU. Tuvo en cuenta todos estos planteamientos teóricos en sus clases en las escuelas de Intriago, Cazanes, Pravia y Nava.

Humanidad— en la que la nota característica es la indisciplina del pensamiento.

Otro sorbo de agua.

Por tercera vez, durante su conferencia, Máximo Sáenz echa de menos su pipa. Se palpa los bolsillos, en un gesto inconsciente de comprobación. Sí, aquí está... Y aquí la tabaquera... Realmente fue una tontería, una cortesía innecesaria hacia las mujeres, esto de privarse de fumar mientras les habla... Bien, ahora ya ha terminado. Pase por hoy. Pero mañana entrará fumando en el Paraninfo, hablará fumando... Así, con naturalidad... En todo caso, preguntará a las muchachas si les molesta... No, claro. Dirán que no. Y todo irá bien. También permitirá que fumen los chicos... ¿Falta de respeto? ¿De disciplina?... ¡Al diablo la disciplina! Camaradería... ¿No está hablando de nuevos modos?

—Bien, señores, no es posible detenerse a analizar estas tendencias en elaboración o en choque. Tendríamos que definir, de un lado, la postura neoescolástica y la filosofía modernista de Schell; la protestante de Eucken, las neorrománticas y antirracionalistas de Bergson, de Rathonan y Keyserling... De otro lado, las corrientes relativistas de Mach, Boutroux y Poincaré; la racionalista de Spengler, el pragmatismo, la filosofía fenomenológica de Husserl... Repito que no es posible, dado el escaso tiempo de que disponemos. En realidad, más que una vista panorámica de los sistemas filosóficos actuales,[10] nos interesa detenernos en la filosofía del conocimiento. Y éste es el tema que mañana empezaremos a desarrollar.

10. Durante la República Española se dio una gran importancia en la formación a la filosofía que se consideraba una disciplina constitutivamente necesaria para el intelecto. La autora es una gran conocedora de las corrientes filosóficas de la época.

Máximo Sáenz se levanta, saluda con una leve inclinación de cabeza, autorizando la desbandada y recoge algunas notas que tiene sobre la mesa. Entre tanto, busca con la mirada a la muchacha del primer banco.

Sí. Está aquí, mirándole todavía, como si al terminar la conferencia no se hubiese roto la comunicación espiritual entre ellos.

Al pasar a su lado, Irene se aparta ligeramente y le sonríe. Máximo sonríe también, hace un gesto amistoso con la mano y sigue abriéndose paso entre los cursillistas que aún no han abandonado el paraninfo.

En el claustro, saluda a otros profesores:

—¡Hola, Arriaga!...[11] ¿Qué cuentas, Castro?[12]

Abrazos. Apretones de manos.

—¡Hola, Sáenz! Tú eres el que tiene que contar mucho... ¿Qué tal ese viaje por Alemania?

—Muy bien. Vengo encantado. Aunque los *nazis* no me resultan simpáticos, ya lo sabéis. Pero organizando son algo serio... La enseñanza, bien. Muy bien. Comprenden su importancia... Si no fuera la cosa racial... el problema de los judíos, me atrevería a asegurar...

Arriaga corta con un gesto la opinión de Máximo Sáenz sobre la política seguida por el Tercer Reich.

—Bien, Máximo, ya sabemos... Los judíos no nos importan. Pero las chicas... ¿Es cierto lo que se dice de la libertad sexual en Alemania?

11. *Arriaga*: nombre ficticio, aunque con un gran parecido fónico con el real. Era un profesor de la Escuela Normal de Maestras de Oviedo, al que la autora cambió de nombre, en parte como recurso literario pero, también, por miedo a la censura y a las críticas: "en aquella época había que tener mucho cuidado con los nombres, la gente tenía mucho miedo, y a mí me llamaban, además, 'un Clarín con faldas'. Ahora puede parecer gracioso, pero no entonces" (dato de la Entrevista).

12. *Castro*: nombre ficticio, pero con un gran parecido fónico con el real. Era un profesor en la Escuela Normal de Oviedo.

Máximo Sáenz sonríe. Se acaricia la barbilla, bien rasurada. Empieza a cargar su pipa...

—Hombre, yo creo que libertad para eso hay en todas partes. El amor siempre fue libre.

—Bueno, ya nos comprendes. Por aquí se dice que las alemanas...

—¿Las alemanas?... ¡Pschs!... No sé qué deciros... Puesto a analizarlas, yo creo que son menos sensuales que las francesas, más ingenuas que las italianas, menos hipócritas que las españolas, más materialistas que las rusas... En el fondo, como todas las mujeres. Su concepto deportista del amor tiene también su precio.

Un grupo de muchachos pasa junto a ellos, hablando acaloradamente de algo que parece interesarles mucho:

—...lista única. Estoy seguro. Y el Rectorado de Oviedo lleva ventaja. Sólo dos provincias, dos números uno... Mientras que el de Madrid, por ejemplo, con siete provincias...

Julio Castro se alza de hombros:

—Cada loco con su tema... Así es la vida... Bueno, Sáenz, bienvenido y ya hablaremos. Me espera Paula.

También se despide Arriaga. Otra vez abrazos.

Máximo Sáenz sale de la Universidad por la puerta de la calle de San Francisco. Es temprano. Hasta la hora de la comida —en el hotel no empiezan a servirla hasta las diez— dará un paseo para estirar las piernas.

Pero Máximo Sáenz no camina solo. A su lado, emparejada con él, va la muchacha del primer banco.

—Perdón, señor Sáenz, quería preguntarle... Yo... Bueno, ahora que está solo, si no le molesta...

Máximo Sáenz mira a Irene Gal con curiosidad. "Quería preguntarle"... Bien, es dentro de las aulas, durante la conferencia, donde se preguntan cosas y se aclaran dudas. Él les ha autorizado para hacerlo, para entablar coloquio.

Nadie lo ha hecho. No tienen costumbre. Y ahora esta muchacha...

Piensa:

(—Una disculpa. Está claro. Lo que quiere es... Bueno, ¿y si desea sinceramente preguntarme algo? Algo que no ha comprendido, que... en fin, parece interesarse de verdad por todo. ¿Un caso de vocación profesional? Es posible.)

Máximo Sáenz chupa su pipa profundamente. La aparta de los labios. Contempla a la muchacha con curiosidad.

—Bien, señorita...

—Gal. Me llamo Irene Gal. Soy cursillista. Seguí su conferencia con interés...

—...desde el primer banco. La recuerdo a usted.

Y después, bromeando:

—Tiene usted unas piernas bonitas, señorita Gal. También es muy bonita la puntilla de sus enaguas. Dos o tres veces estuve a punto de enredarme en ella y perder el hilo...

Irene Gal se turba. Piensa, ahora, que no ha hecho bien abordando al profesor en la calle. No está bien que un profesor hable de sus piernas y de la puntilla de su ropa interior. ¿O es que, acaso, se da cuenta del interés personal que ha despertado en ella?

La turbación de Irene va en aumento. Siente que le arde la cara y daría de buena gana, en este momento, su plaza de maestra del Estado, recién ganada, por no haber abordado a Máximo Sáenz.

Pero la cosa no tiene ya remedio. Sigue andando a su lado, sin saber cómo salir de la situación a que su audacia la ha llevado. Unos minutos antes le parecía natural acercarse a Máximo Sáenz, preguntarle algo... Ahora comprende que ha ido demasiado lejos, que el hombre estará pensando...

El hombre, después de una sonrisa comprensiva, vuelve

a su pipa. Al fin, como distraído, la aparta de la boca para preguntar:

—Bien, decía usted, señorita Gal...

Irene Gal retuerce entre los dedos el lazo azul de su blusa.

—Yo...

Mira al profesor. Vacila...

—Yo... Señor Sáenz, quería preguntarle si... bueno, si alguno de esos sistemas a los que se refería, podrían ensayarse en una escuela rural española.

Máximo Sáenz sonríe. Irene Gal es inteligente. Ha sabido salir airosa del trance en que se había metido. Porque Máximo Sáenz apostaría cualquier cosa ahora, sin temor a perderla, a que a Irene Gal le interesa más su amistad, su... ¡lo que sea!, que los métodos y sistemas que ensayan las *New Schools*.

Por esto, en vez de apresurarse a contestar a la pregunta que ella le ha hecho, sonríe y después la toma del brazo con franca camaradería.

—Bien, pequeña, podemos dar un paseo, si te parece... Hablaremos... Suponiendo que no tengas que hacer algo más importante.

Irene Gal niega rápidamente con la cabeza.

No, claro está que no. No tiene que hacer algo más importante. Aunque así fuera, lo dejaría con gusto para pasear con el señor Sáenz.

La idea de pasear con Máximo Sáenz, el hombre que se disputan tantas mujeres, le produce sensación de seguridad, de pisar terreno firme.

Instintivamente aprieta su brazo y ajusta su paso al de él.

—Sí. Muy bien. ¿Hacia dónde vamos?

Máximo hace un gesto ambiguo. Posiblemente ni él sabe adónde van a ir.

—Por ahí... Desde luego, no a la calle de Uría. Los paseos en rebaño me fastidian. No puedo soportarlos.

Ya han coincidido en algo. Irene Gal no pasea tampoco por donde pasea la gente. Su innata rebeldía la llevó, desde niña, a apartarse de la manada, a no aceptar, porque sí, un hecho impuesto por la costumbre. Pasear, para Irene, es caminar despacio, sin rumbo fijo, recreándose en cada pequeño descubrimiento. No es dar vueltas y vueltas en un determinado trozo de calle, observando lo que hacen los demás y dejándose observar por ellos.

Así, propone complacida.

—Podemos salir al campo.

Máximo Sáenz la mira tratando de comprender.

(—¿Eh? ¿Qué significa esta proposición? ¿Hasta dónde será capaz de llegar esta muchacha en su audacia? Porque audacia puede llamarse esto de abordar a un hombre en la calle y... sí, bien, a un profesor, de acuerdo... pero un hombre... Se acerca a un hombre, acepta su brazo sin reparo alguno y ahora... bueno, ahora es ella quien propone salir al campo...)

Máximo Sáenz mira a la muchacha con curiosidad. Con una curiosidad en creciente. No es ya la muchacha del primer banco. Es una mujer. Y la mira con ojos de hombre.

(—Bien... está bien... Un poco flaca para sus años. ¿Dieciocho? ¿Diecinueve?... No tendrá más... Pero el problema es otro. El problema es éste: ¿hasta dónde se puede llegar con ella? ¿Qué busca esta muchacha?)

Le oprime el brazo y caminan, en silencio, unos minutos.

Al llegar a la plaza de la Escandalera, cruzan la calzada, suben por la avenida de Santa Cruz, que bordea el parque de San Francisco y salen al campo.

Al campo, sin salir de la ciudad. Ésta es la gran sorpresa

que ofrece Oviedo a los forasteros. Uno va caminando distraído por una calle céntrica y de pronto, ¡zas!, el campo. El campo que se mete en la ciudad, que la rodea, que la ciñe, que se asoma descaradamente a las calles nuevas para verlas crecer... ¿O son ellas, las calles nuevas, quienes han invadido el campo?... Un trazado sobre un campo, que será dentro de unos años la prolongación de la calle de Santa Cruz, es hoy un camino ancho, cubierto de polvo, en el que algunos vecinos desaprensivos, vierten basura, latas, cascotes, hasta muebles deteriorados...

Acostumbrados a caminar entre ruinas —la ciudad presenta aún las desgarraduras producidas por los sucesos revolucionarios— nadie, ni ellos ahora, hace comentarios sobre este aspecto desolador. Bordean el antiguo campo de fútbol y sus pasos se encaminan por la carretera del Montecerrado.[13]

Como si esperaran esto, alejarse un poco de la ciudad, sentirse solos y libres, anudan otra vez la conversación. Ella, interesándose por las cuestiones profesionales con las que ha de enfrentarse en breve. Él, dejándose arrastrar por su interés, orgulloso de haber sabido despertarlo en ella.

—Desde luego, pequeña. No sólo es posible, sino que debemos, que tenemos la obligación de renovar la enseñanza, de revitalizarla, de llevar a la escuela el nuevo concepto de la existencia. Es en la escuela, precisamente, donde se elabora la auténtica democracia, y no con gritos histéricos en la prensa y en el Parlamento. Las democracias por decreto son tan ineficaces, tan absurdas, como las religiones impuestas por Real Orden... ¡Crear, crear...! La gente se olvida de esto, de crear, de despertar sentimien-

13. *Montecerrado*: carretera que corresponde a la actual calle de Calvo Sotelo.

tos, de hacer al hombre responsable de sus obras y de su pensamiento...

Irene Gal escucha a Máximo Sáenz con admiración. Impulsiva en sus reacciones, le juzga rápidamente: Máximo Sáenz es enorme. Es, a sus ojos, uno de esos hombres extraordinarios que surgen de vez en cuando en los pueblos para conducirlos a su destino. Si ella pudiera empujarle... ayudarle a colocarse en el puesto que le corresponde... Si pudiera ser su amiga, su compañera, su colaboradora... Si pudiera seguirle toda la vida, segura de que...

Una carcajada fresca de Máximo Sáenz corta el vuelo de admiración emprendido por Irene.

—Perdona, chica, te estoy colocando un rollo... Estaré pareciéndote un tío pedante... Sí, soy un poco pedante... ¡Bah!, un poco pedantes lo somos todos... Más pedantes cuanto menos valemos. Es tan difícil librarse de ello... Acostumbrado a soltar estos discursitos, me he olvidado de que estoy con una muchacha, de que estamos en el campo, de que nosotros...

Se detiene unos momentos...

—Bueno, ¿por qué me miras de esa manera?

Irene Gal le mira decepcionada.

—Entonces... entonces, señor Sáenz, ¿no siente usted lo que dice?...

—¿Que no siento...? ¡Ah, claro!... Claro que sí. Lo sostendría con mi vida si llegara el caso de defenderlo. Debemos ser fieles a nosotros mismos, a nuestras ideas. Todos tenemos una misión que cumplir y sería desleal faltar a ella. Pero... bueno, pequeña, esto es harina de otro costal... El hombre, quiero decir el individuo... tú... yo... cualquiera, tenemos también nuestra vida propia, particular, que no es de ningún modo incompatible con nuestros deberes de ciudadano. Y este derecho me está gritando ahora que sería un necio, un estúpido, si no te cogiera así...

Máximo Sáenz rodea con sus brazos a la muchacha.

—...¡así!... y te abrazara fuerte. Si no te...

¡No! Antes de besarla, Máximo Sáenz quiere saber si ella participa de su pensamiento. Si en su entusiasmo, en su adhesión, al parecer incondicional, late también el mismo deseo. De otro modo, ¿para qué?... No merecería la pena.

Él dice:

—¿Quieres?

Y se aparta un momento de la muchacha, aguardando su respuesta.

Irene Gal nada dice. Se limita a mirarle con su modo de mirar infantil y audaz, que es como una invitación, que es como un reto. Como si le dijera: ¿Quieres tú? Irene Gal nada dice, pero sonríe. Y el hombre sólo ve los labios entreabiertos de la muchacha y los estruja con ansia bajo sus labios. Los labios de Irene Gal se pliegan, dóciles, bajo la presión violenta. Una vez. Otra vez...

Al fin se separan. Siguen andando en silencio. Ninguno de los dos encuentra palabras para abrir el silencio sin romperlo. El brazo de Máximo Sáenz, que rodea los hombros de ella, presiona suavemente para recordarle que no está sola, que él camina a su lado. Pero eso es todo.

Se detienen al llegar a un altozano desde el que se domina la ciudad. Acostados sobre la hierba, la contemplan sin hacer ningún comentario. En la tarde que se apaga con suavidad, con esa agonía lenta con que muere el crepúsculo en la primavera, empiezan a encenderse puntos de luz: sobre el grisazul del cielo, festoneando las curvas de las carreteras, señalando edificios, calles y plazas...

Irene mira fijamente, sugestionada, los lejanos puntos de luz. Máximo la mira a ella. La muchacha es para él un enigma que le gustaría descifrar. ¿Qué pensamientos se ocultan tras de sus ojos claros, casi infantiles, bajo su aparente serenidad?

Pausadamente, vuelca sobre la hierba el contenido de su pipa, que se le ha apagado. La sacude. La guarda en el bolsillo. Después,[14] rodea con sus brazos a la mujer y la atrae hacia sí... También sin prisa, con mano experta, suelta el lazo que le cierra la blusa, la desabrocha y posa sus labios anchos y calientes sobre el pecho desnudo de la muchacha.

Irene Gal no hace el menor movimiento de resistencia. Si Máximo no sintiera latir aceleradamente su corazón, la supondría insensible. Pero bajo su piel, bajo su carne, siente correr la sangre y agolpársele en la garganta y en los pulsos... Siente el calor de su cara bajo la suya y el temblor de los labios dóciles de ella bajo sus labios.

También la sangre del hombre le golpea en las sienes hasta hacerle daño. Se le vuelve fuego en las venas, y le pone los músculos en tensión... Hay un momento de incertidumbre, de vacilación... Casi de angustia...

Aún estás a tiempo, Máximo Sáenz, para retroceder. ¿Tal vez sí?... ¿Tal vez no?...

¡Tal vez no!... Tiembla la mano del hombre cuando separa suavemente las piernas de la muchacha. Tiemblan los labios del hombre cuando se mira dentro de los ojos de ella antes de besarla. En los ojos de Irene Gal no hay miedo. Ni sobresalto. Ni siquiera sorpresa ante el ataque del hombre. Los ojos de Irene Gal reflejan una total y gozosa entrega. Así, perdido ya todo control, Máximo Sáenz se apodera con ansia de ella.

Otra vez silencio. Un silencio que empieza a espesarse entre ellos cuando se separan.

Regresan en silencio a la ciudad. Y ahora le duele a Irene este silencio. No acierta a comprender la reacción del

14. *Después... se separan*: en la primera edición de 1961, no aparece ni esta escena, ni prácticamente ninguna de tipo amoroso.

hombre. ¿Por qué la mira ahora con hostilidad, como a una enemiga? Ahora, precisamente ahora, cuando a su juicio, tiene obligación de mostrarse amable...

No lo comprende. Mentalmente repasa su conducta buscando el origen de esta actitud. ¡Nada!... No encuentra nada que reprocharse. ¿En qué ha podido ofenderle?

Trata de reconstruir los hechos, sin conseguirlo. Nada comprende. Todo está bastante confuso dentro de su cerebro y esto le impide el razonamiento para llegar a una conclusión. Pero hay un hecho evidente: Máximo Sáenz está contrariado y ella es el motivo de su disgusto.

Tímidamente posa su mano sobre el brazo de él. Se aprieta contra él, defendiéndose —más que de su miedo a la oscuridad casi completa y a los baches y piedras de la carretera— del silencio que les separa.

Él le oprime la mano bruscamente, hasta hacerle daño. He aquí a una muchacha que hace apenas tres horas no conocía y que ahora tiene algún derecho, indudablemente, a apoyarse en su brazo para defenderse de su miedo a lo que la rodea. Y esto le fastidia. ¡Sí, le fastidia! Francamente, le carga. Al primer sentimiento de plenitud, de animal satisfecho y agradecido, le sustituye otro desagradable, de responsabilidad.

Presiona bruscamente sobre la mano pequeña de Irene Gal, que se apoya sobre su brazo.

—Bien. ¿Por qué no me dijiste la verdad? No has jugado limpio.

Irene Gal le mira sin comprender.

—¿La verdad? ¿Qué verdad, señor Sáenz? ¿Qué quiere que le diga?

La ingenuidad de la muchacha vence el rencor del hombre. Irene Gal no puede ver en la oscuridad la sonrisa comprensiva de su compañero, pero agradece la caricia de su mano, que ahora aprieta su brazo con ternura.

—¡Nada! Ya, nada, pequeña... Ahora ya está dicho todo.

Otra vez silencio.

Cuando llegan al parque de San Francisco, al despedirse, Máximo Sáenz acaricia la cabeza de la muchacha.

—Está bien, está bien... Mejor será no dar vueltas y vueltas sobre lo mismo. Las cosas hay que afrontarlas serenamente.

Y después de una pausa:

—Escucha, pequeña. Yo no soy un santo. No presumo de ser un caballero de la Tabla Redonda. Pero tampoco soy un canalla. Conozco mejor que tú la sociedad en la que has de vivir y... en fin, Irene, procuraré que no te arrepientas nunca de lo que ha sucedido.

La infancia de Dolores Medio.

Fotos con sus hermanas.

Con su hermana y su tía.

✳ ✳ ✳ ✳ ✳ ✳ ✳ ✳ ✳ ✳ ✳ ✳ ✳ ✳ ✳ ✳ ✳ ✳

17 de septiembre de 1935[15]

Cuando Irene Gal se encuentra ante un grupo de cincuenta y seis muchachos y muchachas de todas las edades,
que la miran con curiosidad, siente deseos de llorar.

Para tranquilizarse, le bastaría observar que, de los cincuenta y seis muchachos que la miran —a los que ella
atribuye curiosidad e impaciencia, recordando sus tiempos de estudiante y midiéndoles por su rasero— sólo tres
o cuatro esperan que les diga algo, que les trace un plan
de trabajo, en fin, que les ordene ponerse a la tarea. Los
demás, la miran con mirada estúpida e inconsciente, sólo
porque es la maestra, porque está aquí sobre la plataforma, porque las clases han empezado y los padres les han
obligado a asistir a ellas, porque el Alcalde ha puesto un
bando en el Ayuntamiento hablando de multas y de san-

---

15. Desde 1934, Dolores Medio era maestra en Piloñeta, Nava. Aunque
este diario corresponde a la vida de la autora, hay cambios de fechas y de
nombres acerca de personas y lugares. En este caso, la acción se centra en
una escuela llamada "La Estrada" —segundo apellido de la autora—. A pesar de lo que podría esperarse, no corresponde a una descripción de Nava,
sino a la de una aldea asturiana, Santiago del Monte, que está entre Avilés y
Soto del Barco. A este lugar dedica la autora un capítulo en sus memorias,
En el viejo desván: "Era un pueblecito real y posiblemente como tantos
otros, pero al conocerle, el vivir en él durante un verano, hizo también en mi
vida, tal impacto, que si le cito entre los recuerdos de mi primera infancia, es
por el papel que más tarde iba a jugar en mi vida literaria, ya que en él he
desarrollado la mayor parte de mis novelas y de mis cuentos y hasta me atrevería a decir que es el verdadero protagonista de alguno de ellos" (p. 208).

ciones a los padres que olviden esta obligación... Bien, por esto y sólo por esto están en la escuela, por esto la miran.

En cuanto a ella se refiere...

Irene Gal mira desconcertada a los muchachos. Sí, ella es la maestra. Ya lo sabe. Ella va a dirigir en adelante su educación. Pero el caso es que ese adelante empieza en este momento. El momento ha llegado e Irene Gal no sabe cómo empezar.

Muchas veces en la época de sus estudios y más tarde, cuando se preparaba para ejercer su profesión, había pensado en este momento. En el gran momento esperado con ilusión. Había preparado planes, hecho proyectos... Todo, naturalmente, un poco en el aire, sin saber dónde ni cuándo iban a realizarse. Sin conocer el material que iba a confiársele. Pero todo llega y ahora, al enfrentarse con la realidad, como si la tomara por sorpresa, sus fuerzas se paralizan, sus energías desaparecen, se le olvidan sus proyectos, no se le ocurre ni lo más elemental.

(—Como si... eso, como si una mano con una esponja húmeda hubiera borrado de una pizarra todo lo escrito sobre ella.)

La comparación es exacta. También siente la sensación angustiosa de quien se ha pasado meses, quizás años, hinchando un globo y éste se le desinflara de repente.

Irene Gal está desinflada, impotente para la acción, ahora que necesita toda su energía para empezar su tarea.

Piensa sólo en Máximo Sáenz, en la intimidad que la convivencia durante el verano estableció entre ellos. Recuerda su despedida en la Estación del Norte, cuando él le dijo: "No estaremos mucho tiempo separados, Irene. Irás a Madrid. Prepara tu ingreso en la Facultad. Conseguiré para ti una beca. En el peor de los casos, nadie puede negarte una sustitución para ampliar estudios. Pronto nos reuniremos." Y después, ya en el tren, al abrazarla: "No sabría prescindir de mi Tortuguita."

Irene Gal siente deseos de llorar al recordar la escena. Ella, fuerte, acostumbrada desde niña a resolver sola sus problemas, se había confiado a Máximo Sáenz, se había entregado por completo a él, había hecho de su amor, de su amistad, una almohada sobre la que podía dormir tranquila. La realidad la despertó al entregarle su título de maestra de La Estrada, obligándola a ocupar su puesto. No se puede trabajar años y años, para echarlo todo a rodar con una impaciencia.

Él la llama Tortuga. Tiene razón. Camina lenta, pero segura, sobre el camino que se ha trazado. Sabe Irene Gal que la Naturaleza no camina a saltos y ella no pretende corregir su paso. Ahora tiene que estudiar. Preparar su ingreso en la Facultad. Conseguir oficialmente la sustitución. Entonces podrá volver al lado de Máximo Sáenz. Será otra vez su alumna predilecta, su amiga, su compañera... Empezarán a trabajar juntos en su proyecto...

Bien, sí, pero todo está muy lejos todavía. Aún ha de transcurrir un invierno entero, antes de que pueda volver a apoyarse en el brazo de Máximo Sáenz para caminar por la vida.

Ahora siente doblemente su soledad, al coincidir la ausencia del hombre con el comienzo de su nueva vida. Una vida llena de responsabilidades que ha de afrontar ella sola, sin que él pueda aconsejarle en cada caso lo que debe hacer.

Desolada, mira otra vez en torno suyo. Cincuenta y seis muchachos la rodean. Cincuenta y seis muchachos están aguardando a que ella les dirija la palabra. Y ella, seca la imaginación, seca la garganta, no encuentra la palabra que ha de dirigirles.

Dice sólo:

—Sentaos.

Y empieza a pasear entre las mesas.

Esto calma sus nervios y le permite observar sin sentirse observada, sin ser el blanco de las miradas de sus alumnos. Le permite ganar tiempo.

Los chicos hacen ruido al disputarse los mejores puestos. Se ceden, se prestan, se arrebatan las cosas... Bien, bien, que griten, que se muevan, que hagan algo, en tanto pone en orden sus ideas.

Hay que hacer algo, claro. Empezar por algo. Pero no se le ocurre nada. Siente cansancio. Desgana. Deseo de que pase pronto el día. De que pasen otros días. Meses. El curso entero. Que llegue en seguida la primavera. Y con ella su ingreso en la Facultad. Después...

Trata de justificarse:

(—Dice Max que los mejores maestros deben ir a las peores escuelas. Pero él, egoístamente, me quiere a su lado. Todos lo mismo. ¡Todos! Su vida privada, sus intereses... Los jóvenes, ambiciosos, naturalmente. No son sacerdotes. Quieren vivir. No se resignan —no nos resignamos— a vegetar. Todos, naturalmente... La aldea, de paso, cuando no hay otro remedio. Sala de espera...)

Bien, pero en la sala de espera hay también una labor para los ambiciosos. No se puede estar mano sobre mano, mientras todo anda patas arriba.

Irene Gal recuerda de pronto el caso de Elena Parkhurs... Elena Parkhurs posiblemente se encontró también perpleja al enfrentarse con un grupo de muchachos a los que era preciso entretener con algún trabajo, en tanto organizaba su tarea. Así nació el Plan Dalton.

(—Si yo tuviera material, acaso...)

Rectifica, sonriendo con ironía:

(—Entonces, Irene Gal, ya estaría todo organizado. Ésa sería la señal de que todo marchaba sobre ruedas. Eres tú quien ha de sacar las cosas de la nada, con el esfuerzo de tu voluntad. ¿El material? Helo aquí: los muchachos. El mejor de los materiales. Lo demás se te dará por añadidura... El Plan La Estrada,[16] Irene Gal, va a nacer, quizás esté naciendo ya de este desorden. De la perplejidad de una maestra que no sabe qué va a hacer con los muchachos y de la rebeldía de unos muchachos que se han dado cuenta en seguida de que Irene Gal no es la señora Obaya,[17] de que no tiene la férula de la señora Obaya, de que es tan niña como ellos y está deseando que el reloj dé las doce campanadas para salir corriendo. Porque esto se me conoce de lejos. Apostaría...)

Bueno, sí, pero hay que hacer algo, hasta que el reloj devuelva a todos la libertad. No puede estar pensando en la Facultad y en Máximo Sáenz, mientras los chicos retozan. Hay que hacer algo. ¡Algo!

(—¿Y si empezara haciendo limpieza, quemando libros viejos, estampas viejas, para hacer recuento de las cosas que podemos utilizar...?)

Sí. Es una buena idea.

Irene Gal mira hacia el armario con sobresalto. Aquí, en el armario, están encerrados los tesoros de la vieja y buena señora Obaya: viejos libros de lectura, con su moraleja. Cuadernos y muestrarios de letra gótica y redondilla. Revistas de labores para poner a prueba la paciencia de las niñas. Láminas de historia que recuerdan los carteles de

16. *El Plan La Estrada*: al igual que Elena Parkhurs pone en funcionamiento el plan Dalton, la protagonista se propone aplicar en su escuela una enseñanza más libre, más actualizada, en la que todos los niños puedan integrarse, sin complejos, en la sociedad. En estas líneas puede verse, aunque con gran ingenuidad, el sentido liberal y social que domina a la autora.

17. *señora Obaya*: personaje real, pero nombre ficticio. En el diario, la narradora trata, con gran respeto, pero con una fina ironía no exenta de humor, a aquellas personas de las que no comparte ideas o creencias.

feria que narraban crímenes y calamidades... Todo cuidadosamente sobado por las manos de tres generaciones de
niños de La Estrada, educados por la vieja y buena señora
Obaya.

La señora Obaya es su antecesora en el cargo. La vieja y
buena señora Obaya se ha jubilado después de cincuenta
años de servicios prestados a la patria. Para la vieja y buena señora Obaya, no existía otro método de enseñanza
que "el método Machaca". Y un lema en su profesión: "La
letra con sangre entra". Sospecha Irene Gal que alguna
sangre debió correr por la escuela, puesto que tres generaciones de habitantes de La Estrada aprendieron, bien que
mal, a leer, a escribir y a contar, bajo la férula de la buena y
vieja señora Obaya. Por eso, el Gobierno de la República
le concedió, al jubilarla, la Medalla del Trabajo, a instancias del Maestro de Nozales. El Ayuntamiento de Castri-
llón tuvo la generosidad de levantarle, en terrenos de la
Escuela, un sencillo monumento, a instancias del Maestro
de Nozales. El pueblo de La Estrada costeó por suscrip-
ción el monumento, a instancias del Maestro de Nozales.[18]
Timoteo, se cagó una noche en el monumento de la vieja y
buena señora Obaya. Otra noche, Timoteo[19] —de esto no
está muy segura la vieja Obaya—, colocó un gorro frigio
sobre su cabeza. Entonces, el maestro de Nozales "que
aunque es republicano y bastante bruto, es buena persona", reunió a los vecinos de La Estrada en terrenos de la
Escuela, junto al monumento, y les dijo, sin preámbulos:
"Sois unos mal nacidos si volvéis a ofender a esta señora.
Y el que no esté de acuerdo con lo que digo, que salga aquí

18. *Maestro de Nozales*: nombre ficticio que corresponde a un personaje
real; se trata del maestro del pueblo de Naveces.
19. *Timoteo:* personaje real con nombre falso. La autora pone en práctica,
siguiendo los métodos Dalton, la noción de escuela sin disciplina; intenta,
con ello, lograr la integración social de este chico.

y le rompo el alma de un puñetazo." El maestro de Noza-les no se vio en la necesidad de romper el alma a ningún vecino porque el caso no volvió a repetirse.

Esto es lo que la vieja y buena señora Obaya contó a Irene Gal cuando le entregó la llave del armario.

Irene sabe que en este armario está guardada también la bandera vieja "para cuando vuelva el Rey". La bandera que ondeó los días de fiesta sobre el asta de la Escuela, durante cincuenta cursos. Es de seda. La bordó la vieja y buena señora Obaya, ayudada por la abuela de Timoteo, "que era de buenas familias y nada tenía en común con el judas de su nieto".

Irene Gal mira hacia el armario con sobresalto. No es fácil enfrentarse con el pasado y sustituirlo por el presente, sin ofender los sentimientos de los que se han quedado mirando atrás. Sin embargo, es preciso hacerlo. Tiempos nuevos, modos nuevos....

Y a propósito del pasado, recuerda ahora un pensa-miento de Ortega[20] que subrayó en alguno de los libros que Máximo Sáenz le regaló. Posiblemente en uno de los tomos de El Espectador:

"No se crea por esto que soy de temperamento conser-vador y tradicionalista. Soy un hombre que ama verdade-ramente el pasado. Los tradicionalistas, en cambio, no le aman: quieren que no sea pasado sino presente. Amar el pasado es congratularse de que efectivamente, haya pa-sado y de que las cosas, perdiendo esa rudeza con que al hallarse presentes arañan nuestros ojos, nuestros oídos y

---

20. *Ortega*: la autora es una gran conocedora de las obras de Ortega y Gasset, filósofo que marcó su vida y docencia. Admira, y repite con frecuen-cia, esa frase de que "vivir es convivir con una circunstancia" (*Qué es fi-losofía,* lección XI). En la Entrevista realizada para esta edición, confiesa: "Yo soy totalmente orteguiana; Ortega fue mi gran maestro, lo leía continua-mente, lo sigo leyendo, incluso lo leía en clase a mis alumnos".

nuestras manos, asciendan a la vida más pura y esencial que llevan en la reminiscencia. El valor que damos a muchas realidades presentes no lo merecen éstas por sí mismas; si nos ocupamos de ellas es porque existen, porque están ahí, delante de nosotros, ofendiéndonos o sirviéndonos. Su existencia, no ellas, tiene valor. Por el contrario, de lo que ha sido nos interesa su calidad íntima y propia. De modo que las cosas, al penetrar en el ámbito de lo pretérito, quedan despojadas de toda adherencia utilitaria, de toda jerarquía fundada en los servicios que como existentes nos prestaron, y así, en puras carnes, es cuando comienzan a vivir de su vigor esencial."

El pensamiento de Ortega se le había grabado en la mente con la firmeza indeleble con que se graban las cosas en la infancia y en la adolescencia. Irene Gal es todavía una adolescente. Su experiencia como pensadora es tan limitada, que a cada paso, a cada movimiento de su mente, tiene que apoyarse sobre las muletas del pensamiento ajeno. Ahora pide ayuda a Ortega. ¿Por qué a Ortega?... Tal vez porque Máximo admira a Ortega, porque es su discípulo y seguidor. Y porque ella, simplemente, quiere a Max. Pero hay otra razón: la coincidencia. Hay algo en el Maestro que todavía no comprende Irene, muchas cosas difíciles de penetrar, en su escasa preparación; pero no puede abrir una obra suya, ni ojear un artículo, en el que no encuentre algo que exprese con precisión, con claridad meridiana, lo que ella piensa, un poco confusamente, sobre el particular y que no hubiera podido formular, ni siquiera concretar en una idea. Este mismo pensamiento sobre el tradicionalismo, expresa el concepto de lo que, a su juicio, debe ser el pasado.

También se identifica con su consejo:

"Por esto es conveniente volver de cuando en cuando una larga mirada hacia la profunda alameda del pasado: en ella aprendemos los verdaderos valores, no en el mercado del día."

Irene ama el pasado, aunque no siempre puede comprenderlo. Se acerca a él, se asoma a él, con miedo, de puntillas, temblando de admiración, abrumada por su grandeza. Bien está que las cosas hayan pasado así, pero ahora ha de vivir en el presente, en la pequeñez y realidad de un presente, que tiene para ella un sentido más humano, más próximo a su psicología, a su concepto de la vida.

En fin, las divagaciones en que se ha enredado para entretener su desorientación, la han desviado de su tarea. Y ha de volver a ella. Aquí, en el armario, están los tesoros que la buena y vieja señora Obaya se negó a sustituir por el material moderno que corresponde a los modernos tiempos. La vieja Obaya pensó: "Yo moriré ya enseñando como enseñó mi padre, como enseñó mi abuelo. Todos estos modernismos que ahora tratan de traernos a las escuelas, para ellos, para los que nos sigan. No faltaría más sino que después de vieja tuviera una que andarse con modas nuevas." La única modificación que se hizo en la Escuela desde que ella llegó, cincuenta años antes, consistió en retirar el Crucifijo y las láminas de Historia Sagrada que adornaban las paredes, cuando el Gobierno de la Segunda República decretó la enseñanza laica. La vieja Obaya lo recogió todo, amorosamente, y después escupió sobre la bandera republicana. "¡Puercos, más que puercos!... ¡Viles gusanos!... Vuestra sucia República va a durar lo que la meada de un gato tarda en secarse. Y yo he de verlo..." Pero la vieja y buena señora Obaya, aguantó durante cuatro años la meada del gato y se jubiló sin llevarse por delante a la Segunda República.

¡Ah! Y sin modificar sus métodos de enseñanza.

Ahora es Irene Gal quien debe hacerlo, quien tiene que

enfrentarse con el pueblo, hecho a los viejos modos y hacer la revolución en la Escuela.

La papeleta que le ha tocado en suerte no es muy agradable, e intuye Irene que su entusiasmo renovador va a chocar contra las mentes cansadas y pequeñitas de los viejos de la aldea. Pero ¿puede comenzar su labor sobre la rutina y en este ambiente triste, deprimente, que era el caldo de cultivo de la vieja y buena señora Obaya?

(—Decididamente, ¡no!) —se rebela.

No obstante, el pensamiento de tener que enfrentarse con tal labor, vuelve a acobardarla. La desanima. Y otra vez siente ganas de llorar, de abandonarlo todo, de volver a su vida de estudiante, cerca de Max.

Acaso esto, el recuerdo de Max y su reciente separación sean el principal motivo de su tristeza, de su desgana... Lo único que le importa a Irene Gal en este momento, es que las doce campanadas del mediodía la liberen de un trabajo que aún no ha emprendido y ya la está cansando. Si ocurriese algo de pronto... Si de pronto...

De pronto, ¡zas!

Una piedra que alguien ha arrojado desde alguna parte, rompe un cristal de la ventana y cae sobre la mesa. Se arma revuelo. Los chicos gritan:

—¡Es Timoteo!

—¡Timoteo!... ¡Timoteo!

—Timoteo ha dicho que iba a apedrear la Escuela.

Todos gritan, se acercan a las ventanas, abren la puerta... Una ráfaga de aire puro entra por la puerta abierta. Irene respira hondo.

(—Timoteo... Siempre Timoteo... Tendré que empezar a tomar en serio el caso Timoteo.)

Bien, sí, Timoteo. Pero la pedrada que rompió el cristal y alborotó a los muchachos, tuvo la propiedad de romper también la angustia de Irene Gal y devolverle la tranquilidad. Casi la alegría. También a ella le gustaría empezar a tirar piedras, a romper algo... Quizá sólo el espíritu sedentario, enmohecido, de la vieja Escuela, cuyas paredes aún conservan las huellas de los carteles de Historia, de abecedarios y de consejos sobre moral y aseo.

La pedrada que rompió el cristal, al provocar una sacudida, actúa sobre Irene Gal como una inyección de energía, de vitalidad.

(—Rasgaré las ventanas, pintaré las paredes de verde claro. Al óleo... Con... bueno, no sé cómo se llama esa pintura nueva. Los chicos podrán dibujar sobre ellas... Sí, todo lo haremos... Quedará bien. Pero ahora...)

Ahora parece que ni Irene ni los muchachos tienen muchas ganas de trabajar. Irene da una palmada. Los chicos callan y atienden.

—¿Qué os parece si hoy, que hace sol, nos vamos a trabajar y a jugar a la orilla del río?

23 de septiembre de 1935

Las cosas suceden porque tienen que suceder, se dice Irene. Pero está segura de que muchas cosas no sucederían si una mano traviesa no las forzara. Y en esto, no cabe duda, anda la mano de Timoteo.

(—A propósito... Lo ha hecho a propósito, este demonio... Bueno, ¿y ahora?)

Ahora Irene Gal tiene que pasar. No, pasar no, tiene que llegar hasta donde están los hombres y detenerse y aguardar, contemplando el espectáculo, hasta que todo se haya consumado. Si retrocediera, tendría que volver a bajar hasta el río, para tomar otro camino, con lo que perdería más de media hora. Imposible. Faltan ocho minutos para empezar la clase. Por otra parte, el maldito Timoteo se saldría con la suya. Porque indudablemente, lo que Timoteo busca con esto es poner en un apuro a la maestra, sofocarla, tal vez verla correr entre las risotadas de los otros hombres.

Todos la han visto acercarse y la aguardan con curiosidad. ¿Eh? ¿Qué tal encontrará el espectáculo Irene Gal? Divertido, ¿no es eso?

Hay cuatro hombres en el improvisado y pequeño cercado.

(—Uno de ellos, Timoteo... Estoy segura... Aquel rubio de los pelos revueltos, es Timoteo. A los otros no les conozco. O no les recuerdo. Uno, probablemente el dueño de la vaca. Otro el del toro.)

En este momento el toro salta sobre la vaca para montarla.

Irene Gal se detiene. Va a retroceder... Hace un esfuerzo y sigue caminando. Aunque las piernas le tiemblan, sigue caminando. Mejor será no mostrarse ofendida. Las niñas que la acompañan parece que lo encuentran natural. Están acostumbradas. Hasta puede que alguna haya llevado su vaca al toro para que la cubriera.

Una de ella comenta.

—¡Vaya una gracia! Han puesto los palos en el camino. ¿Por qué no lo hacen en la corrada como otras veces?

Y otra:

—Ayer trajo mi padre a la Lucera. Estaba en celo. A ver si tenemos cría para el verano.

Así. Naturalmente. Sin malicias. Con la serenidad que la vida en contacto con la Naturaleza da a los campesinos. Entonces, ¿por qué va a sobresaltarse ella? No debe hacerlo.

No lo haría si estuviese rodeada de sus chicos o de otras muchachas. Pero las cosas son las cosas y tienen, no cabe duda, la malicia que los demás quieran ver en ellas. El sucio Timoteo y sus amigos han preparado la escena con intención de poner en un apuro a Irene Gal, de burlarse de la muchacha de la ciudad. La cosa está clara. Basta ver cómo sonríen y la miran mientras animan al toro con palabras soeces.

Irene Gal se pone roja de rabia. De buena gana tomaría un látigo y molería con él las carnes de Timoteo. De buena gana le escupiría en la cara, le llamaría marrano... Comprende en este momento el odio que envolvían las palabras del cura, cuando dijo que Timoteo era "carne de horca". Comprende el susto de la vieja señora Obaya, cuando llamó a Timoteo "el enemigo público número uno". Comprende que el viejo Tim reniegue de su nieto y no se recate para manifestar que "no morirá tranquilo, si el diablo no se lleva antes a Timoteo".

En este momento, Irene Gal piensa que los pueblos deberían estar gobernados por un dictador, con un garrote de hierro en la mano. Que las cárceles deberían multiplicarse, que debería haber policías por todas partes, para meter en cintura a todos estos hijos de la gran...

(—¡Vaya! Me parece que ya estoy asimilando el lenguaje de Nozales. "Nosotros contra el pueblo —dice él—, pero el pueblo puede más que nosotros y nos absorbe.")

Oculta su turbación cogiendo unas hojas secas, caídas de un castaño. Las enseña a las niñas.

—Esto... mirad... Son bonitas. Decorativas... Adornaremos las paredes de la escuela... Coged las que encontréis, que no estén dañadas... Mira aquélla, Catalina. Aquella verde... Para dibujarla.

Bueno, sí, pero no vale ocultar el pico bajo el ala para ignorar el peligro. Hay que pasar, ¿no es eso? Y hay que pasar con naturalidad. Y pronto, que los hombres se impacientan.

Bien. Ya se ha serenado un poco. El calor de la cara desaparece. Sigue caminando, acercándose a la empalizada provisional. Los hombres siguen animando al toro con frases groseras.

Los hombres, no. Timoteo. Los otros tres miran al suelo, un poco avergonzados de la faena. Uno de ellos, se rasca las orejas coloradas. Dos se acercan al toro, que se retira, y le ponen un collar de esparto al cuello.

Irene, dueña de sí, triunfando en su esfuerzo por mantenerse serena, saluda con la mano a los hombres.

Y hasta bromea:

—¡Buen semental, muchachos! Que Dios le guarde... ¿Y qué quiere la vaca, chico o chica?

Ríen los hombres. Todos, menos Timoteo.

Uno dice:

—Las mujeres y las vacas... Digo yo...

Nadie llega a saber a qué se refiere, ni lo que las mujeres o las vacas puedan opinar, porque el hombre se interrumpe. Carraspea. Tose. Escupe... Después se limpia las narices, ruidosamente, con un pañuelo de cuadros rojos y verdes.

Irene repite, con ironía:

—¡Que sea para bien!

Y sigue su camino.

Ya está. Ya ha ganado la batalla. Una batalla insignificante, entre las muchas que ha de librar con los campesinos. Mejor diría con Timoteo. Una pequeña batalla, pero ha triunfado. Timoteo no se salió con la suya. Ya es suficiente.

Respira hondo. Otra vez el aire puro de la aldea. El aire fresco del otoño, que levanta remolinos de polvo en los caminos, arrastra las hojas secas y anuncia la proximidad de la nieve en las montañas altas.

* * *

Ya está en la Escuela. Otra preocupación:

(—Es preciso pensar en el modo de calentarla durante el invierno. ¿Instalar una chimenea?... No es mala idea. Los chicos se encargarían de traer la leña. Pero instalar una chimenea cuesta dinero. No hay dinero en el presupuesto para chimeneas. Y hay que hacer algo. No van a helarse mientras trabajan... Lo del teatro, claro... Algunos domingos... ¿Por qué no aquí, como en otras partes? ¿No lo llevan por los pueblos los de La Barraca?... Obras de los clásicos... Teatro moderno... ¿Lo comprenderán? Les enseñaremos a comprenderlo... Y con lo recaudado... Algo es algo... Y los trabajos de la Escuela. Venderlos o rifarlos... ¡Ah, sí!, la huerta... Pero nada recogeremos antes del verano. Max se burla... "El cuento de la lechera"... No me importa su ironía. Para la primavera...)

Bien, bien, todo bien. En proyecto, se entiende. Pero ante todo y sobre todo está Timoteo.

—Timoteo... Es mi obsesión... ¡Al diablo la chimenea! Lo que me importa ahora es Timoteo. Si yo pudiera... Pero ¿cómo?... Imposible. Todos, hasta el cura, han fracasado con Timoteo... Y no es más que un muchacho. ¡Dieciséis años! Un niño... Si yo pudiera... Tengo que intentarlo antes de rendirme... Pero ¿qué procedimiento?... Timoteo no vendrá nunca a la escuela.)

Ni Timoteo vendrá a la escuela, ni la escuela será nunca un lugar adecuado para Timoteo.

Ni para Timoteo, ni para nadie. Este desorden, este desbarajuste, ¿puede llamarse escuela?

(—¡Ah! Sí... Es una escuela nueva... Digámoslo en inglés, que viste más. Se trata de una *New-School*... O en alemán... ¡Oh, las escuelas revolucionarias de Alemania! Las *Lebensgemeinsschaftsschulen*!... ¿Eh? ¿Qué tal, Irene Gal? ¿Qué dices de nuestro ensayo?)

Irene Gal no sabe cómo responder a su propia ironía. Algunos días, hoy, por ejemplo, está desesperada. Siente deseos de llorar, de abandonarlo todo y marcharse a Madrid a continuar sus estudios. Está claro que aún no tiene preparación para emprender una labor innovadora. La verdad es que hasta ahora, nadie consigue entenderse. Las cosas marchan cada una por su camino, como en una nueva y absurda torre de Babel. Y de todo este desorden, de este desbarajuste, ¿quién es culpable? Ella. Y del tiempo que se pierde en ciegos tanteos, ¿quién es culpable? Ella... ¡Ella! ¿No es así?

Ella, que está aquí, sentada ante su mesa, con la cara apoyada sobre las manos, mientras unas niñas clavan hojas secas por las paredes, mientras los chicos escriben y dibujan sobre el zócalo verde de las paredes, mientras alguno consulta en el diccionario palabras que no comprende, en tanto que Raúl, el futuro escultor, modela en un trozo de barro algo que quiere parecerse a un asno y Ana da cera a su mesa, después de haberle sacudido el polvo a Olga, que ha volcado sobre ella su tintero... Todo así, desde hace un mes. Sin haber conseguido unificar el esfuezo, coordinar el trabajo, como si...

(—Eso... Lo de la orquesta.)

Ahora recuerda Irene el chiste o anécdota que les contó Máximo Sáenz en una de sus conferencias en la Universidad de Oviedo, a propósito de... Bien, de lo que sea. Tal vez de este mismo desorden ocasional. Desde luego, no ocurría en una escuela sino en una banda de música de aficionados, interpretando una obra que nadie sabía y en la que cada uno se iba por su lado, sin posibilidad de acoplamiento. El director sudaba ante aquella desbandada sin retorno, cuando se le vino a la mente una idea que calmó sus nervios. Pensó: "Tal vez podamos encontrarnos en el calderón".[21]

Irene esperaba también que el esfuerzo personal y rebelde de sus muchachos —rebelde con la autonomía ilimitada que ella les ha concedido— se estrelle también contra un calderón en el que puedan encontrarse todos.

(—Pero ¿cuándo, Señor?... ¿Cuándo?... Yo, la verdad...)

De momento, Irene Gal tiene que confesarse que lo único perfectamente acordado en la escuela, es el desorden. Un desorden absoluto, del que no es fácil sacar ventajas. Aún no ha confeccionado un solo programa, un plan de

---

21. *calderón*: término musical que corresponde al signo que representa la suspensión del movimiento del compás. Dolores Medio emplea en sus escritos, con frecuencia, metáforas musicales.

trabajo, un guión, algo, en fin, que pueda servirles de orientación. Y está claro que la falta de preparación de los muchachos les hace fracasar en sus intentos. Los chicos se desaniman. Tiene que ayudarles...

Ha de empezar organizando los equipos, seleccionando los temas. Y dejándoles, de momento, una libertad más aparente que real, una autonomía dirigida.

Súbitamente cobra energía. Nuevos propósitos.

—Lo haré. Seguiré el camino emprendido, sin desanimarme. A pesar de todas las dificultades.)

Las dificultades de organización y las otras, las que le opone el pueblo, resistiéndose a colaborar con ella, censurando su labor, su manera de proceder que nadie comprende.

Como los chicos hablan libremente, se han convertido para Irene Gal en el mejor instrumento de información. Por ellos sabe lo que se dice sobre su trabajo y sobre el desorden que reina en la escuela. Este desorden que ella misma censura.

Sin embargo, está segura de que en el fondo de todo esto encontrará la organización perfecta y el plan que quiere desarrollar.

A veces se pregunta si en los pueblos no ocurrirá lo mismo. Si no será preciso arrancar hasta las raíces para sembrar una vida nueva.

Cautamente, rectifica: "...conveniente volver de cuando en cuando una larga mirada hacia la profunda alameda del pasado: en ella aprendemos los verdaderos valores, no en el mercado del día".

Bien, pero ella, impulsiva, se olvida alguna vez de mirar hacia atrás y su realidad es ésta. Ahora es preciso seguir adelante, sin desanimarse ante cada fracaso.

Pero antes:

(—Timoteo... Este chico va a convertirse en mi pesadilla. No podré trabajar en paz, sin hacer algo para atraerme a Timoteo... Sí, sí, difícil, ya lo sé... Casi imposible. Pero he de intentarlo. A fin de cuentas, yo soy la maestra. Tengo una preparación que he de explotar, para estudiar su caso. Y soy mujer. También esto cuenta. Mientras que Timoteo... Timoteo no es más que un niño. Un niño incontrolable. Pero un niño... ¿Un anormal, acaso?)

Escuela de Piloñeta (1935).

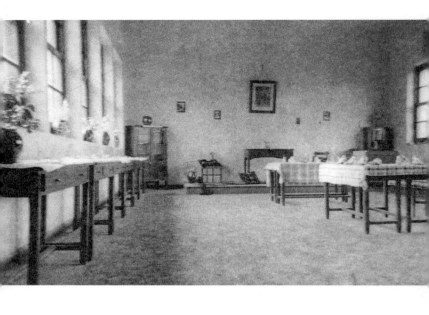

Interior de la escuela de Piloñeta.

13 de octubre de 1935

La verdad, como temblar... sí le tiemblan las piernas a Irene Gal. Le tiemblan como el día que tuvo que detenerse en la callejuela ante el corro de hombres, capitaneados por Timoteo, esperando que el toro de Rufo cubriese a una vaca.

Ahora va a buscar a Timoteo a su cobertizo, va a enfrentarse por primera vez con él y siente la sensación de miedo y desamparo que sentiría un niño que tuviera que acercarse a la guarida de un tigre, para cosquillearle las narices con una paja.

Sí, le tiemblan las piernas, pero no deja de avanzar sonriente.

Ya la ha visto Timoteo. Escupe. Se frota las manos. Ahora empieza a liar un cigarrillo, sin dejar de mirar de reojo a Irene.

Irene Gal se dice:

(—He de acordarme de todo: tratarle de usted. Decir algo de su fuerza. Hablar mal del pueblo... Necesito ganarme su confianza. Esto es lo primero. No olvidarlo.)

Irene ha llegado a esta conclusión, después de analizar escrupulosamente el caso-Timoteo.

He aquí lo que el pueblo dice de Timoteo:

Timoteo tiene dieciséis años. Timoteo no ha asistido nunca a la escuela. Timoteo pega a los muchachos. Timoteo roba a los vecinos. Timoteo rompe los cristales de la escuela. Timoteo maltrata a los animales. Timoteo trae siempre en el bolsillo una navaja...

He aquí lo que Irene Gal ha conseguido averiguar sobre la vida de Timoteo:

Timoteo es hijo de soltera. El padre de Timoteo, un portugués que trabajó en las obras del ferrocarril Estratégico cuando se tendió el tramo Avilés-Pravia, abusó de Laura, pensando que el viejo Tim tendría que casarles. Cuatro vacas, el caballo, la casa grande, aperos de labranza, las mejores tierras... Ése era el precio. O Laura se quedaría soltera con el chico. (El procedimiento es tan viejo como la aldea. Son muchos, casi todos, los que lo emplean.) Pero Tim, el viejo, es un cascarrabias. No aceptó el trato. Laura se quedó soltera, y volcó sobre el pequeño todo su odio y amargura. También el viejo desprecia a "este malnacido hijo de portugués". Cuando Timoteo era niño, la pretina del viejo se posaba más veces sobre las carnes tiernas del muchacho que sobre sus calzones. Timoteo sabe ahora defenderse y hasta se dice que en más de una ocasión pegó al abuelo.

Irene, de acuerdo con el muchacho, pegaría también al abuelo de Timoteo y a Laura y a los vecinos... Su odio y su prevención, se vuelven ahora contra la aldea. Defenderá contra todos a Timoteo.

De cualquier modo, lo que Irene Gal va a hacer es aventurado. Teme que el chico lo eche todo a rodar con una grosería. Capaz es de ello. Irene no lo duda.

Se detiene para descalzarse, para sacar una piedrecita que se le ha metido en la *guarache*.[22] En realidad, esto de la piedrecita es una jugada del subconsciente para retrasar un par de minutos la entrevista.

---

22. *guarache*: palabra de origen mejicano: sandalia de cuero con los dedos al aire (M. Moliner).

Bien. Otra vez en marcha.

Y ahora sí, ahora llega hasta el portillo de madera que cierra el cobertizo y se detiene ante él. La voz le tiembla ligeramente cuando dice:

—Buenos días, Timoteo, ¿trabaja usted mucho?

Timoteo mira a Irene con desconfianza. Y para sus adentros...

(—Como venga a echarme un sermón por lo del otro día, ya va lista. Me cargan a mí estas brujas tan suavecitas... y luego le hacen a uno la pascua.)

Después de este desahogo, Timoteo gruñe algo, sin apartar de sus labios el cigarrillo. Y sigue cepillando un trozo de madera.

Bien. Irene ya contaba con esta brusquedad. Hasta temía que Timoteo expresara en voz alta lo que está pensando. Lo que Irene Gal adivina que está pensando. Lo que corresponde al pensamiento de Timoteo.

Irene se apoya sobre el portillo y baja el tono de su voz. No tiene que esforzarse para conseguirlo. Aunque sonríe con los ojos, la voz le tiembla, sale con dificultad de su garganta.

—Bueno... supongo que si me ven hablar con usted, ya comentará la gente... Estos cochinos pueblos... No puede una dar un paso sin que se critique.

Sí. Va muy bien así. Lo conoce en el gesto de Timoteo. Ya no es de burla sino de curiosidad.

Irene Gal se anima:

—¿Qué se hará en este pueblo que no se comente? Hace poco que llegué, pero creo que le conozco de siempre. ¡Bah!... Como todos... Beatas, comesantos... ¡Todos unos fariseos!... Todo lo hacen bien ellos, y los demás... Censuras, comentarios... Sé que a mí me están poniendo como no digan dueñas... Bueno, ¿qué voy a decirle que usted no sepa?... También, también se meten con usted.

111

Desde que llegué al pueblo no oigo otra cosa: Timoteo por aquí... Timoteo por allá...

Sí. Muy bien. Va muy bien así. Ya le ha unido a su suerte. Es decir, ya ha conseguido ligar su reputación a la del muchacho, al defenderse juntos de la misma crítica.

Conoce que ha hecho diana. Timoteo ha pasado de la curiosidad al desconcierto. De esto a la confianza no hay más que un paso. Irene intenta darlo, soltando una carcajada cínica, bien estudiada.

—Timoteo por aquí... Timoteo por allá... Digo yo que Timoteo debe ser el único hombre que hay en el pueblo... Bueno, ya me comprende... Por algo le temen... O le respetan. Para el caso es lo mismo.

Y después de una pequeña pausa:

—Por eso, Timoteo, quiero pedirle un favor... Un favor de amigo a amigo... Tiene que ayudarme...

—¿Ayudarla?

El asombro de Timoteo es sincero. Cualquier cosa esperaba de la maestra, menos esto de que le pidiera ayuda.

(—¿En qué puedo ayudarle? —piensa—. ¿No estará burlándose...? No... Desde luego, no. Parece que habla sinceramente. Pero ayudarla, ¿en qué?)

No se le alcanza en qué puede servir a la maestra. O protegerla. Porque Irene le está hablando en tono de súplica. Como si temiera algo...

No comprende en qué puede ayudarla, pero está claro que se siente orgulloso de que la muchacha le pida algo. Nadie le ha hablado nunca en ese tono. Nadie le ha pedido nada. Nadie le ha llamado amigo. Este lenguaje es nuevo para Timoteo.

Y muerde el anzuelo:

—Yo...

Irene Gal se adelanta:

—Sí, Timoteo, le necesito. Necesito su ayuda. Le explicaré... Bueno, creo que no nos oyen...

—Desde luego.

Irene sonríe. Guiña un ojo pícaramente al muchacho.

—No se trata de un crimen, claro está, pero no me agradaría que la gente creyera que recurro a usted porque tengo miedo.

—¿Miedo?

—Pues... sí. Algo parecido... Si no es miedo, es temor...

—¿La han amenazado?

—¡Ah, no!... No es eso. Es que... Bueno, no sé explicarme... Verá: dentro de unos días van a empezar las clases de adultos. Y yo... yo soy una chica...

La timidez, la vacilación de Irene engalla al muchacho. Tira la colilla. Escupe... Se sacude las manos...

Después, ajustándose los calzones largos, recién estrenados, mete los dedos en el cinturón y se planta ante Irene. Hay un gesto de protección en la actitud del hombre.

—Bueno, ¿y a qué tiene miedo?

—Pues... a eso, a que no me respeten.

Sonríe con picardía.

—Entonces, mi posición de maestra quedaría muy baja.

Timoteo se cruza de brazos. Sonríe también con ironía, pero se ve que está satisfecho del papel que la maestra quiere encomendarle.

—Total, que lo que usted necesita es un guardaespaldas, o un matón, como si dijéramos... Va a pedirme que vaya a la escuela...

Ríen los dos. Ella un poco avergonzada.

—Bueno... si quiere llamarlo así... Yo diría sólo un amigo. Un buen amigo, Timoteo. Un amigo que me ayudara a domesticar un poco a este pueblo. ¿Sabe cuándo pensé que podríamos ser grandes amigos?

No. Timoteo no lo sabe. Hace un gesto ambiguo.

Irene piensa:

(—Ahora es el momento de sacarle a este muchacho la espina que tiene clavada en su conciencia, impidiéndole una franca entrega. Lo de la pedrada. Y lo otro, lo del toro. Fue una cochinada, pero...)

—¿Quiere que se lo diga?... No va a creerlo. Después que le explique lo comprenderá... El primer día que llegué a la escuela, sentía ganas de llorar, de escapar pronto de ella. Todo tan triste, tan rutinario... Los chicos parecían tontos. Yo pensé en aquel momento en lo que me divertiría si pudiera prender fuego a la escuela, si sucediera algo... y de pronto, ¡zas!, una piedra rompe un cristal. Se arma un revuelo...

También se arma un revuelo en la conciencia del muchacho. Se sonroja ligeramente y sonríe.

Irene sonríe también. De la sonrisa pasan a la risa. A una risa sincera que brota tímidamente y acaba por despeñarse en carcajadas. Irene ríe hasta que las lágrimas se le saltan.

—Por favor, Timoteo, guárdeme este secreto... Usted puede tirar piedras a la escuela porque es un muchacho y le da la gana de hacerlo, pero yo...

Otra vez la risa tan oportuna. Suena a auténtica.

—...pero yo, Timoteo, yo no podía reírme y... y me estaba riendo por dentro con toda el alma. Me estaba muriendo de risa, sin poder reírme... Y los chicos decían "es Timoteo"... Y yo empecé a sentir una simpatía tremenda por Timoteo, que era el único muchacho rebelde del pueblo, el único que tenía fuerza... eso es ¡fuerza, vitalidad!, el único que era capaz de reírse de todo... Gracias, Timoteo. Usted tiró la piedra por jugar, por divertirse un rato y... bueno, ríase de mí cuando quiera, pero aquella pedrada nos hizo amigos.

Timoteo se ríe, porque sabe que la maestra habla sinceramente, porque empieza también a sentir una gran simpatía hacia aquella muchacha que sentía, como él, ganas de llorar cuando llegó a la escuela.

Bueno, así las cosas se simplifican. Sería tonto tener que pedirle perdón por lo de la pedrada, pero, la verdad, le estaba molestando ahora haberla tirado, y esto, la confesión de Irene, lo arregla todo.

Claro que también le hizo otra buena con lo del toro. No va a decirle ella que le hizo gracia...

Pues sí, lo dice. Irene Gal no deja un cabo suelto.

—¿Y lo del toro?... Le diré que pasé un susto... No había presenciado nunca esa escena. Bueno, me azoré un poco, ésta es la verdad. Pero me reí después, al ver lo fácil que le era al diablo de Timoteo gobernar a los hombres de la aldea. Fue cuando me dije: si Timoteo quiere que seamos amigos, él me ayudará a revolucionar un poco a este pueblo...

Y antes de que él pudiera protestar u objetar algo:

—Temo que le demos al cura y a la señora Obaya más de un disgusto... Y no digamos a la señora Campa. Tanto peor para ellos si tropiezan con nosotros, ¿verdad, Timoteo?... Pues entonces, ¡venga esa mano!

Timoteo vacila un momento, sólo un momento, antes de estrechar la mano de Irene.

Demasiado joven para desconfiar, para buscar una segunda intención en las palabras de la maestra, se acoge al fin a esta cordialidad a la que no está acostumbrado, a esta juguetona complicidad que le alivia de cierto peso, ya que ser como la maestra no puede ser cosa mala.

Y si lo fuera, ¿qué? Puede ciscarse en el cura, en la señora Campa y en todas las fuerzas vivas del pueblo, como lo hizo siempre. Y ahora, mejor que nunca, con una aliada de esta categoría.

Sólo un reparo:

—Bueno... y esto quiere decir que he de ir a la escuela... B... a... ba... b... e... be... b... o... bo... Pues, oiga, ¡cómo se rían...!

Irene finge asombro.

—¿A la escuela?... No hace falta.

—Esto está mejor.

—A la escuela, de ningún modo, Timoteo. Le perderían el respeto si le vieran sentado en los mismos bancos, aprendiendo con ellos las lecciones. No, no, a la escuela, no... Ya he pensado en todo. ¿No es usted carpintero?

—Eso parece.

—Pues como carpintero vengo a contratarle. Hay que reformar un poco la escuela: rasgar las ventanas, hacer unas estanterías para los libros, aprovechando la madera de la plataforma... No quiero plataformas en la escuela... Esto es verdad, Timoteo, le necesito también como carpintero. Todos dicen horrores de Timoteo, porque envidian su fuerza, su personalidad. Pero nadie se atreve a negar que las manos de Timoteo son maravillosas...

Timoteo se alza de hombros, en un gesto displicente que quiere significar "¿A mí qué me importa?"

Pero Irene sabe que sí le importa, que Timoteo irá a la escuela, y lo demás...

Lo demás corre de su cuenta.

Irene se despide de Timoteo, segura de que ha ganado la batalla inicial, la más difícil de todas. Pese a su inexperiencia, ha empleado una táctica conveniente. Y este éxito le devuelve la confianza en sí misma y renueva su entusiasmo por la labor recién emprendida. ¿Qué dirá Máximo Sáenz, cuando se lo cuente?

Por las ventanas, abiertas todavía pese a lo avanzado de la estación, entran los últimos rayos del sol frío y pálido de noviembre. Entran también, traídas por el viento, algunas hojas secas. Hojas grandes y doradas de castaño, que parecen abanicos.

Irene va recogiendo las hojas muertas y las clava en las paredes. Ha descubierto, accidentalmente, que son un buen motivo de decoración. También las niñas recogen las hojas secas. Las prensan en sus libros para dibujarlas o para adornar sus casas.

Alguien canta.

Alguien protesta, porque no puede trabajar.

Se trabaja. Todavía un poco desordenadamente, pero se trabaja. Han elegido de común acuerdo los cuatro temas de las Estaciones, para desarrollarlos durante el curso. Hasta Navidad, el otoño. Ahora mismo, están...

¡Nada! Ahora mismo no hacen nada. Encaramado sobre la escalera, Timoteo grita pidiendo unos clavos que ha dejado sobre la mesa. Los chicos se apresuran a ayudarle. Timoteo está dando los últimos toques a la estantería, a la que irán a parar muy pronto, tal vez mañana, el lote de libros que les ha enviado el Patronato de Misiones Pedagógicas:

La Naturaleza. El Arte. La Ciencia. La Historia... Viejas leyendas y romances nuevos. Cuentos. Novelas...

Los chicos van a empezar a familiarizarse con las adap-

117

taciones escolares de los escritores[23] clásicos y modernos. Junto a Lope, Calderón, Tirso, Cervantes, ocuparán su puesto Juan Ramón, los Machado, Lorca, Casona, Alberti...

Los libros pasan ya de mano en mano, torpemente desflorados. ¿Pretexto? Buscar en ellos todo lo que se relacione con el otoño, para llevarlo a sus cuadernos. Objeto real: curiosidad, impaciencia, a las que Irene Gal no quiere poner freno.

Irene está contenta esta mañana. Al cabo de tres meses de tanteos, de fracasos, de vacilaciones, de desaliento... esto empieza a marchar.

¿Contenta? No. Satisfecha de su trabajo. Más contenta estaría si no hubiese ocurrido ayer algo desagradable.

Piensa ahora:

(—Max tiene razón cuando me aconseja cautela, serenidad, evitar todo choque, toda violencia... Hice mal discutiendo con los viejos para defender mi *punto de vista*. Opino que no debemos imponer nuestro criterio a nadie y resulta que después... ¡zas!, se apasiona una...)

Su *punto de vista*.

(—¡Ah! Claro... Debí agarrarme a *la silla*...)

¿A qué silla?

Irene Gal no recuerda la edad que podría tener por aquellos días. ¿Siete, ocho años? Piensa que debía ser muy pequeña, por cuanto el profesor la colocó en el primer banco, frente a su mesa y le dio toda clase de facilidades para que pudiera seguir a los demás alumnos en su trabajo.

23. La autora se dedicó con entusiasmo a su labor docente, realmente innovadora, y cuidó, especialmente, la lectura. Sus alumnos recitaban poemas de Machado, Alberti y escenificaban a García Lorca. "En la República, siendo Marcelino Domingo ministro, se fomentaba mucho el gusto por la poesía, los niños la entendían perfectamente, y la recitaban con verdadero placer... La lástima fue que luego no se continuó con esos métodos de lectura" (Entrevista).

Había chicos mayores en la Escuela. Algunos usaban ya pantalones largos. Entre las chicas, dos o tres llevaban zapatos de tacón alto y se pintaban los labios. Otra —hija de un arquitecto, amigo de su padre, quien la llevó a la Escuela de Bellas Artes— aún no usaba tacones, pero se daba mucha importancia porque había presentado en su casa una exposición de acuarelas.

Irene recuerda vagamente la exposición. También recuerda que, a partir de aquel día, se encerraba en el despacho de su padre durante su ausencia, hasta que una semana más tarde sorprendió a todos con una colección de dibujos bastante aceptables. Fue entonces cuando decidió el padre que ingresara en la Escuela.

El día que ahora recuerda, concretamente, asistía a su primera clase de perspectiva. Terminada la parte teórica de la lección, colocó el profesor sobre su mesa una silla, invitándoles a dibujarla. Lo de la perspectiva y el punto de vista, no parecía muy claro a su comprensión. En realidad, Irene Gal no había entendido una palabra, tal vez porque el esfuerzo fuera superior para su falta de preparación, o bien, esto es más seguro, porque, como le ocurría con frecuencia, estaba distraída. Así se limitó a dibujar la silla como la veía, sin atenerse a ninguna regla.

Hasta aquí, bien. Todo bien. Terminó el dibujo y cuando se lo entregó al señor Bonard,[24] el señor Bonard le dio

---

24. *señor Bonard*: nombre ficticio, aunque el profesor de dibujo era de origen francés. Esta noción de la "perspectiva" fue esencial para la autora, e incide en ella, más tarde, la orteguiana de que "el ser del mundo no es alma, ni materia, sino perspectiva". Es una condición de lo real, puesto que la estructura de lo real sólo se nos presenta desde puntos de vista determinados, que necesitan integrarse desde múltiples facetas de la realidad. La autora se considera a sí misma como persona muy "tolerante", y lo atribuye a esas primeras lecciones de dibujo que, más tarde, se cimentaron con los planteamientos filosóficos de Ortega y Gasset (datos de la Entrevista).

unas palmaditas cariñosas y le dijo: "Muy bien, pequeña. Perfecto. No lo mejoraría uno de nuestros genios."

Eso dijo el profesor. Irene estaba contenta. Pero entonces sucedió algo que la desconcertó. Uno de "nuestros genios", que ocupaba uno de los bancos laterales, entregó su dibujo al señor Bonard y el señor Bonard le dijo: "Muy bien, muchacho. Perfecto."

Lo que desconcertó a Irene no fueron las palabras del profesor, sino el hecho de que la silla que el muchacho había dibujado, no se parecía a la que había dibujado ella y el señor Bonard había dicho a los dos: "Muy bien. Perfecto." Pero aún más sorprendente fue para Irene, que la silla, dibujada por una chica, a la que el profesor dio también el visto bueno, no se parecía a su silla ni a la silla del genio. Y sin embargo, las tres sillas eran exactas reproducciones del mismo modelo, según afirmó el profesor.

Así, la primera lección de perspectiva fue también para Irene Gal la primera lección de filosofía. Pensó: posiblemente exista una verdad absoluta —el modelo perfecto—, pero nuestra verdad es sólo una pobre verdad parcial, una verdad interpretada por nuestros sentidos, una verdad subjetiva. Luego es absurdo y pretencioso creer que nosotros y sólo nosotros, tenemos razón cuando expresamos nuestro *punto de vista*.

Naturalmente, sospecha Irene, que no llegó a esta conclusión la mañana aquella que en la Escuela de Bellas Artes de Oviedo descubrió, casualmente, que nadie está en posesión de la verdad absoluta, que todos podemos tener razón, sin que nuestra razón destruya la razón ajena. El suceso debió quedársele grabado en su pequeño cerebro con la fuerza con que se graban ciertas impresiones en la mente de los niños, llegando más tarde, por reflexiones sucesivas, a esta conclusión.

¿O fue así, de golpe, como comprendió este hecho evidente, a pesar de sus pocos años?

Cuando Irene Gal se permite hacer algún viaje hacia el pasado, para fijar algún recuerdo y buscar auxilio en la resolución de algún problema que sus alumnos le plantean, tratando de juzgarlos a través de sí misma, siempre encuentra una cortina de humo velando sus impresiones. ¿Cuándo suceden las cosas? ¿Cuándo se elaboran? ¿Cuándo se asimilan, se fijan, se convierten en ideas propias? Es bien difícil determinarlo. Irene Gal no puede decir cuándo llegó a aceptar esto de la relativa razón de cada uno, pero sí sabe que esta observación la hizo comprensiva y tolerante en extremo con el *punto de vista* ajeno. En cada caso se dice: "Él lo ve así desde el estrato social donde está situado. Desde su profesión. A causa de su edad. O de su sexo. O sencillamente, interpretado por una determinada mentalidad... Para llevarle al convencimiento de mi verdad, tendría que colocarle en mi mismo plano. ¿Y si fuera más justo, más sensato, colocarme yo en su puesto?"

Ahora piensa:

(—No debí discutir con ellos. Me apasioné demasiado defendiendo esto...)

Sí. Se siente molesta por lo ocurrido. Desasosegada.

El cura tiene sus razones, indudablemente. Y la vieja Obaya, que opina desde el pedestal de sus sesenta años. Y el viejo Tim, que alega su experiencia. Y *La Loba*,[25] cuando les insulta: le han matado a su hijo. Y hasta puede que tenga su razón *Pepa Doncel*,[26] que ve la vida desde su plano especial. Su arrepentimiento más o menos sincero —el maestro de Nozales dice que "harto el diablo de carne se

---

25. *La Loba*: apodo e historia reales.

26. *Pepa Doncel*: apodo que le puso el maestro de Nozales, a imitación de la protagonista de la obra, *Pepa Doncel*, de Jacinto Benavente.

metió a fraile"—, la hace ser intransigente, farisea... y la obliga a arrimarse a las personas más representativas de la aldea, esperando borrar así su pasado. ¿Y si fuera sincera? ¿Y si su mentalidad rudimentaria la impulsara a obrar así por convicción de que es la única postura que puede adoptar para redimirse?

Ellos tienen sus razones, su derecho y su libertad para defenderlas y ella debe respetarlas. Nunca debió tratar de imponer su criterio. Le duele haberlo hecho.

Y todo a causa de Timoteo, al que ni su abuelo, el viejo Tim, quiere defender. Después, salió a relucir lo otro, los sistemas de educación...

(—Bien, será mejor no pensar en ello. No disgustarme. No debí discutir y tratar de imponer mi *punto de vista*, pero ya está hecho. Me servirá de lección en lo sucesivo. Hay cosas que una quisiera borrar, pero no tienen remedio... Soy demasiado impulsiva, tiene razón Max. Nada de discutir en lo sucesivo. Pero seguiré firme en mi propósito y en mis ideas. Saldré sola adelante... ¿Y si fracaso?... No, no fracasaré... En todo caso...)

Irene Gal vacila.

Constantemente llegan hasta sus oídos censuras y críticas de unos y otros. Irene tiene que recurrir a *la silla* para mantener su serenidad y no desmoralizarse. Ahora mismo, hoy mismo, comprendió que en las mentalidades pequeñitas, dormidas, de los viejos de la aldea, que viven un poco a crédito del pasado, había quedado juzgada como revolucionaria, como inmoral, como ultramodernista... Le duele haber chocado con las fuerzas vivas. No era su propósito. Ha procurado siempre conducirse con tacto, sin molestar los sentimientos de nadie. Claro está que también se ha jurado ser fiel a sí misma, a su concepto de la vida, a los planes que se ha trazado y ha de llevar a cabo, aunque tenga que enfrentarse con el pueblo entero.

(—...en todo caso —se repite— si fracaso rectificaré. De sabios es rectificar para buscar el verdadero camino. Pero estoy segura de que... ¡de que no fracasaré!... ¿Por qué he de fracasar?... He aquí a Timoteo.)

Sonríe.

Timoteo, encaramado en lo alto de una escalera, está pintando de blanco la estantería. Y canta, mientras trabaja, con una música que él va inventando:[27]

> El lagarto está llorando.
> La lagarta está llorando.
> El lagarto y la lagarta,
> con delantalitos blancos.

27. Poema de Federico García Lorca, que se encuentra en *Canciones*.

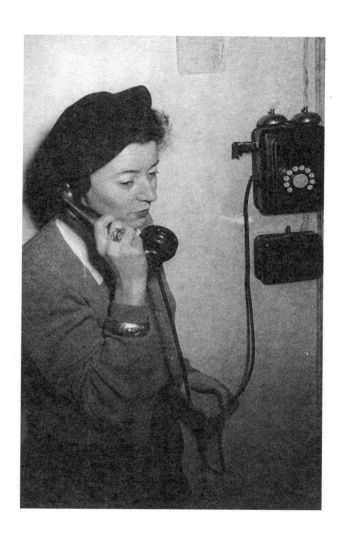

En la redacción de *Domingo* (1953).

24 de diciembre de 1935

Él dijo:

—No me gusta cómo se están poniendo las cosas.

Y arrojó el periódico sobre la cama.

Ahora se acerca a la ventana y empieza a cargar su pipa. De vez en cuando, un copo de nieve tropieza contra el cristal y se queda pegado en él hasta que se deshace. También, de vez en vez, se escucha el motor de un coche que sube despacio por la carretera.

Sin levantarse del suelo, junto a la chimenea, pregunta ella:

—¿Por qué están mal las cosas? La unión hace la fuerza, ¿no es así? El Frente Popular[28] tiene la fuerza. Ganará las elecciones. Entonces gobernará sin dificultad.

Máximo Sáenz aparta su pipa de la boca y se rasca con ella tras de la oreja. Irene conoce ya este gesto de Máximo y lo interpreta:

—¿Por qué lo dudas?

—Esa unión, esa amalgama, es precisamente lo que me preocupa. Ahora bien, todo bien, pero ¿y después? El después es lo que me inquieta. De momento hay un objetivo que conseguir y hay que poner toda la carne en el asador. También lo hacen ellos. Van a por los trescientos.

---

28. *El Frente Popular*: agrupación de partidos de izquierdas. En *Atrapados en la ratonera*, Dolores Medio hace una descripción muy minuciosa de estos hechos.

Máximo Sáenz suelta una carcajada.

—¡A por los trescientos!... Sí, sí, de acuerdo, hay que revolcarles. Pero ¿y después?... Esto me preocupa. La coalición hecha sólo con vista a las elecciones, no dará resultados en la práctica... Ni la de ellos. Se destrozarían también como los tiburones, si llegaran a triunfar. Hay que hacer concesiones... ceder terreno... La claudicación es siempre peligrosa.

—¿Y por eso no has querido presentar tu candidatura...?

Máximo Sáenz levanta la mano y corta en el aire la interrogación de Irene.

—Ya te he dicho que no. No es el momento... Además, la política me asquea. Si pudiera uno jugar limpio... Pero, intereses, ¡siempre intereses!... Ahora tenemos los presos, las represalias... Hemos de liquidar una revolución estúpida y estéril...

—Una revolución nunca es estéril. Puede ser dolorosa, injusta, hasta criminal. Pero nunca es estéril.

Máximo Sáenz vuelve a rascarse con la pipa tras de la oreja, y mira a la muchacha con atención. Es la primera vez que la oye opinar sobre esto.

—Bueno... tú dirás qué frutos se han sacado de ésta. ¿Se puede saber, siquiera, por qué la organizaron?... Vamos a ver... Porque no estaban de acuerdo con el triunfo electoral y con la política de las derechas. ¿Es una razón?... De este modo, si el Frente Popular gana las elecciones y deshace la labor de este bienio, si castiga a los que reprimieron la sublevación, ellos estarán también en su derecho tirándose a la calle como protesta. Y así, unos y otros, como los chicos, nos pasaremos la vida jugando a justicia y ladrones, como si en España no hubiera que hacer algo más importante.

Irene Gal le mira sorprendida.

126

—No comprendo tu postura. Creí que estabas contento... Se arreglará todo.

—¡Se arreglará todo!... Depende de lo que tú llames arreglarse.

—Para la enseñanza...

—¡Oh, bien!... Para la enseñanza... Si te refieres a eso, concretamente... No retrocederemos. Pero tampoco la táctica me convence. No estoy de acuerdo con ciertos proyectos: persecución, más o menos solapada, de la Religión, supresión de la enseñanza privada... ¿Y la libertad? ¿Dónde está la libertad, que es nuestra bandera?

—¡Max!

Irene Gal está desconcertada. Decididamente, Máximo Sáenz no es consecuente con sus palabras.

Le mira tratando de comprender. Después se alza de hombros y añade un pequeño tronco al fuego que arde en la chimenea. Lo remueve y una llamarada alegre se levanta, calentándole la cara. Irene se aparta rápidamente para no quemarse el pelo.

Y aventura:

—Cuando hablabas en la Universidad, defendías la enseñanza unificada y la escuela única.

Máximo Sáenz chupa su pipa profundamente, mientras contempla a Irene. Así, sentada sobre las piernas, junto a la chimenea que la tiñe de rojo, que la envuelve en una aureola de luz, Irene Gal parece la estampa iluminada de un libro de cuentos. Todo en ella es infantil: su figura aniñada, su alegría un poco inconsciente, su apasionamiento por cualquier idea, la rapidez con que forma juicio y emite opiniones... Sobre todo, son infantiles sus ojos que miran siempre limpia y directamente a los ojos de los demás, buscando la verdad.

Máximo Sáenz deja su pipa apagada sobre la ventana, atraviesa la habitación y va a situarse detrás de Irene. Le acaricia los hombros. Después sus manos suben por el cuello, le recogen el pelo sobre la nuca y estrechan su cabeza con ternura.

—Bien, señorita Gal, cierto es que he hablado de lo que debe ser una escuela nueva, de la necesidad de que esa escuela sea para todos, como el mejor ensayo de convivencia entre las diferentes clases sociales, pero no he hablado del procedimiento para llevarlo a cabo. Esto no es el filósofo, ni el educador, sino el político, quien tiene que decidirlo. Y los procedimientos que se han seguido y que intentan seguirse, son a mi juicio bastante desacertados. La reacción que provocan —está a la vista— es justamente lo contrario de lo que deseamos.

—¿Entonces?

—Entonces, Tortuguita...

...las manos de Máximo Sáenz presionan nuevamente la cara de la muchacha...

—...entonces, la batalla ha de ganarse en limpia competencia, procurando que la escuela del Estado sea la mejor en todos los aspectos, de modo que asistir a ella no sea, como lo es hoy, un recurso de las familias pobres.

—¿Y si ellos ganan esa batalla?...

—¡No ganarán! Nadie puede detener la evolución natural de las cosas. Vamos a la zaga de otros países, pero les seguimos... Bueno, tienes un ejemplo en el trabajo de la mujer. Si hace cincuenta años, apenas veinte, o diez, se decretara una ley obligando a la mujer a trabajar fuera de su casa, nuestras abuelas, nuestras madres, y los partidos conservadores hubieran puesto el grito en el cielo, llamándonos asesinos revolucionarios, por arrancar a la mujer de la dulce paz del hogar, para arrojarla, como una presa fácil, entre los hombres. Y hoy, pocas son las familias que se escandalizan porque sus mujeres salgan a ganarse el pan en las universidades, en los talleres, en las fábricas, en los laboratorios... ¿no es así?... Y no sólo no se escandalizan, sino que las familias bien situadas económicamente, empiezan a disputar a la clase trabajadora, los mejores puestos para sus hijas.

Y después de una pequeña pausa:

—Ahora protestan porque alguien lanzó la idea de sindicar a las criadas. Somos unos miserables al pretender que las amas de casa hagan personalmente sus labores o paguen, justamente, a quien las ayuda. Siempre el egoísmo, siempre el dinero... No hace falta decretar nada sobre esto, para acabar con el servicio doméstico, tal como hoy se estila. Basta que se produzca el desequilibrio, en sentido inverso, entre la oferta y la demanda, para que se pague justamente la mano de obra.

—Pero la Enseñanza...

—Bueno, el problema de la enseñanza es otra cosa, tiene otras raíces y otros obstáculos, pero no ha de librarse de la evolución social. Un día no lejano parecerá absurdo que hayan existido escuelas para ricos y escuelas para pobres, fomentando deliberadamente esta diferencia. Tan absurdo y tan inmoral como nos parece hoy la esclavitud. La enseñanza debe ser la misma para todos, sin otra diferencia que la de la capacidad intelectual del alumno. Pero esto, naturalmente, no ha de imponerse, sino aceptarse como un principio ético. A la larga, el triunfo es nuestro. Muy a la larga claro... Vencer, imponerse, es fácil. Convencer, no es tan sencillo. Nuestra verdad triunfará, pero a costa de tiempo, de sacrificio... Nuestra generación no recogerá el fruto de esta cosecha.

Cree sentir Irene que las manos de Máximo Sáenz tiemblan ligeramente. Se apodera de ellas. Besa sus palmas.

Máximo las retira con presteza.

—¡Eh! Cuidado, señorita Gal. No debes hacer esto.

—¿Por qué?, Max. Quiero a tus manos. Quiero mucho a tus manos.

—¡Oh, sí!... Mis manos... Pero yo opino, Tortuga, que estos besos no pueden malgastarse. Vamos a estar juntos muy poco tiempo y lo estamos perdiendo tontamente, discutiendo cosas que no nos afectan.

—Nos afectan. Y tú estás preocupado.

Máximo se alza de hombros.

—Bien, sí, Tortuga. Para qué negarlo. La suerte de España se está jugando, y nadie, con un poco de sentido, puede despreocuparse del momento. Pero no hablemos de ello, por favor.

Y después de una pausa:

—He venido al Albergue huyendo del ambiente irrespirable de Madrid. Ni la prensa puede leerse. ¡Cuánta comedia!

De pronto, con alegría:

—Bueno, Tortuga, ¿qué es esto?... Hace tiempo que no practicamos la Ley del Talión. ¡Venga esas manos! Estoy en deuda.

Toma las manos de Irene y las besa en las palmas. Después, la ayuda a levantarse del suelo y la atrae hacia la butaca. Irene se instala sobre sus rodillas y apoya la cabeza contra su pecho.

—¡Ah, no!... No es así, Tortuga. ¿Lo has olvidado?... Cara con cara... Ojo con ojo... Boca con...

El abrazo de Irene Gal y Máximo Sáenz, retozón, primitivo, casi exento de sensualidad, se prolonga hasta bien entrada la tarde.

Ha cesado de nevar. A través del cristal de la ventana, ven desde la cama un trozo de cielo gris. Y sobre él, de vez en cuando, el resplandor de los faros de los coches que suben la carretera. Precisamente, frente a la ventana, la carretera forma una curva y los faros de los coches vuelcan su luz dentro de la habitación y la retiran para volver en seguida a proyectarla, como el faro de un puerto. Pero cuando los coches salvan la curva, la habitación vuelve a quedar en penumbra, iluminada únicamente por el fuego que arde en la chimenea.

Irene apoya la cabeza sobre el pecho de Máximo, que protesta de algo, y le tapa la boca con la mano.

—¡Eh! Basta ya de gruñir, Max... Aún tenemos diez días. No debes quejarte.

—Pues me quejo. Protesto. Diez días pasan volando. Después, ¿qué voy a hacer yo en Madrid, sin mi Tortuguita? Opino que...

Irene coge a Máximo por las orejas, obligándole a inclinarse sobre ella.

—Oye, Max, ¿qué dirían tus amigos, tus compañeros, si supieran que me llamas Tortuga?

Ni los compañeros ni los amigos de Máximo Sáenz saben que Máximo Sáenz llama Tortuga a Irene, porque no saben que Irene Gal existe. No es Máximo Sáenz el tipo de hombre al que agrada airear su vida privada. Pero le divierte embromar a Irene.

Así, le asegura:

—¿Qué quieres que digan? Nada. Todos lo encontraron muy natural cuando les expliqué el motivo.

Lo afirma tan serio, que, por un momento Irene Gal le mira aterrada.

—¡Max!... No querrás decir que les has contado...

—Todo. Naturalmente. Bueno... con los amigos hay que ser sincero... La confianza... ¡Ah! También en las clases he hablado de esto. He tenido que tratar el tema importante de la psicología de las mujeres de... de explosión retardada.

131

Irene Gal vacila. ¿Sería capaz el tonto, el pedante Máximo Sáenz de aplicar una lección con motivo de...?

(—No. Claro que no. Es absurdo) —piensa.

Por otra parte, la cara de Máximo Sáenz refleja tal regocijo ante el susto de ella, que Irene se tranquiliza.

¡Qué ganso eres!

Dice. Y empieza a jugar con una toallita blanca que tiene entre las manos, haciendo y deshaciendo un monigote.

—Tía Jose —comenta— con un vellón de lana, unos alambres y una cinta roja, hacía una ovejita.

No dice más Irene. Pero dentro de su cabeza las ideas se enredan y remueven un monton de recuerdos. Irene Gal va y viene de la mano de ellos por caminos de infancia, que esta tarde conducen a Belén.

Máximo sigue el curso de su pensamiento. Por eso no se extraña cuando Irene dice:

—Esta noche, señor Sáenz, quisiera... bueno, me gustaría que me llevaras a la Misa del Gallo...[29]

Termina apresurada, justificando su deseo...

—...¿sabes? Van todos los del Albergue. En el coche grande. Después de la cena.

No. Máximo Sáenz no se extraña. Mientras Irene Gal se entretenga haciendo una ovejita con una toalla, como al parecer hacía cierta tía Jose con un vellón, es lógico que sueñe con la Navidad y tiene derecho a que se la lleve a la Misa del Gallo.

---

29. Dolores Medio, a pesar de sus ideas innovadoras y, en determinados aspectos, casi revolucionarias, fue una mujer con un profundo sentimiento religioso que conservó durante mucho tiempo y "que perdí, casi sin darme cuenta. Me ocurrieron tantas cosas, vi actos tan injustos... tan tremendos... se pierde la fe. La fe es un sentimiento, no es una cosa real... y fui perdiéndola... ¡tanta hipocresía, tanta mentira, la Comisión Depuradora...! eso fue durísimo, si no se vive no es posible imaginarlo. Quizá más tarde, llegué a esta pérdida de fe por convicción y la lectura de *La evolución de las especies* fue el último punto" (Entrevista).

Contrariado, menea la cabeza. Y entre dientes:

—El opio de los pueblos —dice.

Pero después, concede:

—Está bien, pequeña. Yo había pensado tenerte para mí solo toda la noche. He pedido que nos subieran aquí la cena. Pero si lo prefieres, iremos a la Misa del Gallo y hasta cantaremos un villancico. Yo recuerdo alguno, escucha.

Meciendo a Irene entre sus brazos, Máximo Sáenz, canta a su oído, casi recita:

—Esta niña chiquita no tiene cuna. Su padre es carpintero y le hará una.

Irene palmotea:

—Lo conozco. Es de Lope de Vega.

Máximo alza los brazos, fingiendo escandalizarse de tal ignorancia.

—Claro está que Madame Mosteyrín[30] no os enseñó una palabra de Literatura. Y esto es vergonzoso. Te obligaré a leer a los clásicos este invierno, para que no vuelvas a confundir a Lope de Vega con García Lorca... Y a propósito de tus estudios y de tu viaje, tengo que insistir sobre esto. Creo que ya es hora de que empieces a pensar en un permiso para asuntos propios y arreglarlo de modo que puedas empalmarlo con los exámenes. Mucho me temo que te suspendan. Morente[31] no siente gran simpatía hacia los maestros.

—La Facultad de Pedagogía fue creada para nosotros.

---

30. *Madame de Mosteyrín*: nombre real; María de Mosteyrín era la directora de la Escuela Normal de Oviedo. Era profesora de lengua y literatura, "muy mandona, de derechas, hablaba de todo, menos de literatura" (Entrevista).

31. *Morente*: profesor de Filosofía, en la Escuela Superior de Educación, de la Universidad de Madrid. Durante la República, se permitía a los maestros, previo examen de latín, acceder a esta Escuela, y cursar pedagogía. Sin embargo, "Morente no tenía simpatía a los maestros porque no tenían bachiller, y él era muy clasista; los suspendía a casi todos, se le temía mucho" (Entrevista).

—Bien, sí, de acuerdo, pero hay que atenerse a la realidad. Por otra parte, apostaría cualquier cosa a que no has leído ni una vez a Müller.[32]

No. Irene Gal no ha abierto el texto de Filosofía. Irene Gal no ha abierto otros libros que los escolares, desde que llegó a La Estrada.

Suavemente se separa de los brazos de Máximo Sáenz, se levanta de la cama y se ajusta la bata, sin mirarle.

—Esto... Bueno, Max, yo creo... Lo del permiso, ¿sabes?... No me parece oportuno ahora... Ahora que empieza a marchar aquello.

Máximo se levanta también de la cama y busca su bata.

—¿Aquello? —pregunta distraído—. ¿Qué es lo que empieza a marchar ahora?

—Bueno, todo estaba patas arriba... quiero decir que fui yo quien puso las cosas patas arriba... Desde que se jubiló la señora Obaya... A su modo mantenía la disciplina. Hizo su labor. Entonces llegué yo, traté de cambiar las cosas, de darle a todo un sentido nuevo... y en la escuela no quedó títere con cabeza...

Máximo Sáenz vuelve la cabeza a un lado para que Irene no le vea reírse.

Con la cara apoyada contra la piedra de la chimenea, ·y en voz baja, casi en un susurro, Irene continúa su confesión:

—Hubo desorden... ¡algo terrible!... Verdadera anarquía... Creí que no podríamos entendernos nunca... Ahora vamos encajando. Espero que podamos ganar el tiempo perdido.

32. *Müller*: dado que este apellido puede referirse al precursor de la escuela histórica alemana de *Elementos de política*, al teólogo luterano de *La doctrina cristiana sobre el pecado*, al filósofo de Gottinga de *Para el análisis de la rememoración y de la representación*, o al filósofo alemán, convertido al catolicismo, de *Doctrina de la antítesis*, no ha sido posible precisar este dato.

Máximo Sáenz busca algo con insistencia. No está encima de la mesa. Ni sobre la chimenea... Sí, aquí en la ventana, aquí está su pipa.

La carga pausadamente. La enciende... Bien, ahora ya puede intentar convencer a Irene.

Con ironía:

—Ese celo la honra, señorita Gal, es usted una perfecta innovadora. ¿Cómo decía en sus cartas?... ¡Ah! Lo recuerdo. "Tengo una responsabilidad moral enorme, desde que me hice cargo de esta escuela." Perfectamente, señorita Gal, pero permítame recordarle que todavía es usted una colegiala, que sus estudios no han terminado, que esa labor y otra más fecunda puede llevarla a cabo, cuando desempeñe un cargo con carácter definitivo. Y por último... ¡ejem!... Sospecho, que si el importante Strada-Laboratory-Plan[33] no se realiza, el panorama de la Educación Nacional no perderá gran cosa.

Irene Gal está a punto de enfadarse.

—¿Por qué te burlas?

—¡Ah!, no me burlo, pequeña. Me limito a recordarte que tus estudios no han terminado. Tienes que pasar por la Facultad y...

—...y acompañar a Máximo Sáenz, que me necesita, ¿no es así, egoísta?... Bien, Max, también yo te necesito. ¿Crees que no me duele esta separación? Pero tú que hablas siempre de la evolución...

Irene es quien matiza ahora sus palabras con suave ironía:

—...de que si la Naturaleza no camina a saltos, de que tal

---

33. A imitación de las propuestas del Plan Dalton, Irene Gal creó una nueva noción de escuela libre. Sus ideas son muy interesantes, y dan cuenta, también, de lo innovadores que fueron los sistemas de enseñanza durante la República.

y que cual... debes comprender, que las cosas también suceden cuando tienen que suceder. Y ahora...

—... ¿ahora, Tortuga?

—Ahora mi deber está allí, en mi puesto. Sí, Max, debes comprenderlo... Timoteo...

—¡Maldito sea Timoteo y toda su ralea! Ya estoy harto de Timoteo.

Y después de una pausa medida y estudiada sabiamente:

—Bien, sí, ¡tengo celos de Timoteo!

Máximo Sáenz va hacia la ventana para ocultar la risa que le retoza en los labios.

Tiene que mostrarse duro con Irene. Y fingir celos. Eso es, celos. Los celos agradan a las mujeres y las convencen.

Casi gritando:

—¡Celos! Sí, celos... Timoteo en tus cartas. Timoteo en tus planes... ¿No crees que es bastante Timoteo? Odio al tal Timoteo. Acabaré por asesinarle.

Irene ríe de buena gana.

Máximo piensa:

(—Bien, me he excedido... La verdad, no me van estas escenas. Será mejor reír con Irene.)

—En fin, Tortuga, le indultaremos... Pero si no le mato, tú dirás qué hacemos con Timoteo. No pensarás llevártelo a Madrid...

La sonrisa de Irene no es ya de ironía.

—¡Max! Has tenido una gran idea. Sí, a Madrid. Si es preciso, arrancaremos a Timoteo de aquel ambiente y entre tú y yo... y tus amigos...

Irene no se atreve a continuar. Quiere decir: "Timoteo a vuestro lado se hará un hombre. En el pueblo todos odian a Timoteo. Timoteo no ha tenido nunca un amigo. No puedo abandonarle en estas condiciones".

Esto es lo que quisiera decir Irene, pero no se atreve. La

comedia de celos que Máximo intentó representar era divertida. Ni ella ni él tomaron la cosa en serio. Pero ahora Max agarra su pipa por la cazoleta y frunce el ceño, malhumorado. Esto quiere decir: "Un disparate. Está bien en el pueblo el tal Timoteo".

Irene Gal juega con las dos borlas del cordón de su bata y mira con insistencia al fuego. Máximo empieza a pasear por la habitación, desde la ventana a la chimenea, desde la chimenea a la ventana.

Habla con calma:

—Escucha, Tortuguita. Está bien que uno sienta interés por su trabajo, que cumpla contento con su deber, pero no hasta el extremo de desentenderse de sus intereses. Que es lo que tú haces. Y lo que yo no te consentiré. Si tus estudios no te importan a ti, a mí sí me importan. Te obligaré a tomar el asunto en serio. Y ya que hablamos de esto hay que decidir...

—¡No, Max! Comprende... Comprende, te lo suplico... Son unos meses... He empezado a organizar aquello. Me gustaría que marchara solo cuando lo ponga en manos de mi sustituta... En cuanto a Timoteo...

En voz baja, como si hablara consigo misma:

—...Me necesita tanto en este momento... Si tú supieras, Max... Si tú conocieras a Timoteo... Es... ¿cómo te diría?... Bueno, como una moneda de oro en un estercolero. Eso es, como una moneda. Y a poco que se la limpie, empieza a brillar...

Máximo Sáenz sonríe.

Bien, bien. Muy bien todo esto. Muy bonito el cuento de la moneda y el estercolero. Admirable la postura de Irene Gal. Él ya conoce su lema: "Donde no halles amor, pon amor y encontrarás amor".[34] No siempre, claro... Aunque

34. Cita de San Juan de la Cruz.

sí es cierto que ha de hallarse, por lo menos, el propio amor que se ha puesto. ¿Suficiente recompensa?

Irene habla con frecuencia de Timoteo. Él y ella saben que Timoteo ha venido a ser, entre ellos, como un símbolo. No se trata ya de Timoteo-individuo, sino de Timoteo-pueblo.[35] ¿Le ama por eso Irene?

Bien, bien, Máximo Sáenz está de acuerdo con Irene Gal en esto del símbolo y de las monedas de oro y los estercoleros. Malditos sean por los siglos de los siglos, quienes permiten que se pierda en los estercoleros el oro que Alguien puso en circulación generosamente.

Sí. De acuerdo. Irene Gal es su discípula predilecta y él está orgulloso de ella. Sólo que... En fin: Irene tiene diecinueve años,[36] ve el mundo con ojos nuevos, recién estrenados... Mientras que él, Máximo Sáenz, se acerca a los cuarenta. Sus ideales se han recortado, se han achicado un poco, para acomodarse al molde de la realidad.

Razona:

(—Si a mí no me parece mal ese entusiasmo por su trabajo. Yo la he alentado. Esta clase de muchachas es lo que necesitamos en las escuelas. Pero ahora están sus estudios. Su vida privada. Tendré que defenderla contra ella misma de su generosidad.)

Y así propone:

—De acuerdo, Irene. Pero ahora no se trata de tu trabajo, sino de tus estudios. Los exámenes se acercan y yo opino...

---

35. Con este juego —individuo/pueblo—, la narradora quiere destacar la función social de la enseñanza. Este tipo de reflexiones permite incluir esta obra dentro de la literatura social de la época.

36. Este dato desvela una distribución ficticia del tiempo. Dolores Medio nació el 16 de diciembre de 1911. Terminó su carrera de Magisterio en junio de 1930, con 18 años; con 19, empezó a dar clases en la escuela de Intriago, cerca de Covadonga. Sin embargo, en el diario, este dato está fechado en 1935 y, en esa fecha, la autora tenía 24 años.

—No insistas, Max. Me entusiasma la idea de ingresar en la Facultad de Filosofía y trabajar a tu lado. Pero estos meses, por favor, estos meses, sólo estos meses... Hazte cargo de que Timoteo... Si le dejo ahora de mi mano...

Máximo Sáenz pierde la paciencia:

—Irene. Acabaré por exigirte que escojas entre Timoteo y yo, ya que te empeñas en hacernos incompatibles.

—¿Por qué hablas de esa manera. Max, si de sobra sabes...?

—...que irás a Madrid, ¿no es eso?

—Claro que sí, Max. En junio. A examinarme. Después, si no me rechazan, ya no nos separaremos. Te lo prometo.

Máximo Sáenz detiene sus paseos frente a la chimenea. Con los brazos cruzados sobre el pecho, contempla a Irene. Acaba de descubrirla. Realmente, es ahora cuando empieza a conocer a "la muchacha del primer banco". Suave y flexible por fuera, al parecer materia maleable, pero en el fondo, un carácter. ¿Es esta Irene Gal que sostiene su punto de vista con energía, la misma Irene dócil y humilde en la entrega?

Máximo chupa su pipa, lanza pequeñas bocanadas de humo y sigue, a través de ellas, contemplando a Irene.

No había reparado hasta hoy en la perfecta línea de su cuello. Ni en sus rasgos regulares. Ni en la pureza de formas... Irene era sólo su Tortuguita: la muchacha infantil y dócil, apta para compañera; arcilla blanda en sus manos, dispuestas a modelarla a su capricho, como un nuevo Pigmalión. Pero Irene no es tan fácil de modelar. Ya ha tropezado con un punto de resistencia. Irene Gal tiene voluntad.

El hecho no le molesta. Repara con agrado en el mentón ligeramente pronunciado de la muchacha y sonríe.

(—Testaruda, cuando defiende algo que cree justo.)

Después, la mirada de Máximo Sáenz resbala sobre ella, de arriba a abajo, al contrario de como lo hiciera en otra ocasión, en la Universidad de Oviedo. Pero ahora se recrea en su posición. Irene Gal es suya, enteramente suya. Hasta en su rebeldía. Porque Irene Gal defiende las ideas que él le ha inspirado.

Ella le mira ahora, sin comprender. Le ha dicho hace unos momentos: "Ya no nos separaremos. Te lo prometo." Y esperaba que Máximo dejara a un lado su maldita pipa y se acercara a ella. Pero él no tiene prisa de abrazarla.

La contempla ahora con un gozo estético, con un gozo nuevo en sus relaciones: ha descubierto una faceta nueva de su carácter. Y ha descubierto también, en su exploración, que Irene tiene un cuerpo perfecto.

La desnuda con la vista. Al resplandor caliente y rojo de la chimenea, Irene Gal, de pie, con las manos cruzadas sobre la nuca y los pies descalzos, se le antoja una figurilla de tierra cocida, una pequeña tanagra.[37] ¡No! Algo más que eso. Irene Gal tiene ahora la belleza inquietante de una diosa pagana.

Le suplica:[38]

—Por favor, Irene, ¡quítate la bata!

El calor del fuego que arde ante ella, impide al hombre reparar en que a Irene se le ha puesto la cara roja. ¡Vaya una ocurrencia! Máximo sabe bien que bajo la bata no lleva otra ropa. Instintivamente, Irene, se la ciñe más al cuerpo.

—¡Eh! ¿Qué diablo haces, Tortuga?... Quítate la ropa... así... Un momento, sólo un momento... Déjame verte desnuda... ¡No, por favor, retira las manos!... Así, tras de la nuca, como las tenías...

---

37. *tanagra*: estatuilla griega de arcilla cocida; tomó este nombre por ser en esta población de Beocia donde se encontró este tipo de esculturas (M. Moliner).

38. Toda esta parte final no aparece en la primera edición del 61.

Y después de unos momentos de admiración:

—¡Cómo me agradaría ser escultor!

Ella dice:

—Lo eres... En cierto modo...

Pero Máximo Sáenz ya no la escucha. Sin tocarla apenas, sus dedos la van recorriendo toda. Le recogen el pelo sobre la nuca. Acarician su cabeza, y el mentón redondo, y el cuello largo que, hace unos minutos, le ha señalado el camino a descubrir. Resbalan sobre los pechos, sobre el vientre, sobre las piernas largas...

Los labios de Irene tiemblan ligeramente, al sentir el contacto de sus dedos.

Él dice, como un susurro:

—¡Mi pequeña Astarté![39]

—Después se inclina ante la muchacha, se arrodilla ante ella. Y le besa los pies desnudos.

---

39. *Astarté*: divinidad semítica. Era la diosa del planeta Venus, de la aurora y del crepúsculo; representaba, también, el lazo de unión entre el reino de las tinieblas y el de la luz. Era, además, diosa de la guerra, aunque su más importante advocación fue la de ser diosa del amor. Su culto fue famoso por las prácticas licenciosas que se desarrollaban en los templos a ella consagrados y, por ello, fue severamente reprobado por los profetas del Antiguo Testamento.

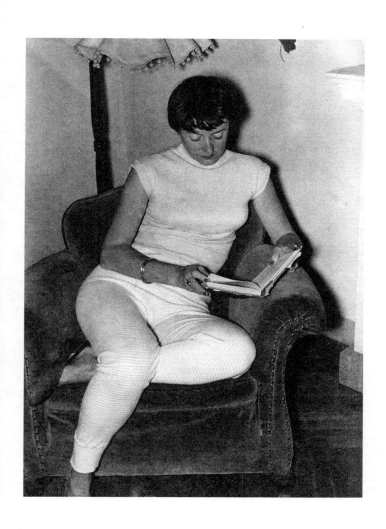

La autora en 1953.

Máximo Sáenz tenía razón. Las cosas se están poniendo bastante mal. El resultado de las elecciones ha dado al traste con la esperanza de las derechas de asentarse definitivamente en el poder. Tampoco las izquierdas podrán mantener la unión que les daría la fuerza. Todos gritan. Todos protestan. Nadie se entiende. Los dos bandos políticos quieren tener la razón, toda la razón y sólo cada uno de ellos la razón.

Irene Gal, con su postura ingenua frente a la vida, piensa que tal vez con un poco de buena voluntad por las dos partes se pudiera llegar a una situación estable. No hay situación estable. No hay un mínimum de buena voluntad entre los hombres, y la ingenuidad de Irene no la impide presentir la catástrofe que se avecina.

(—Cuando sería tan fácil evitarlo... Bastaría que se colocaran todos en el centro y contemplaran *la silla* desde el mismo *punto de vista*. Claro que, entonces, como en los cuentos, todos seríamos felices. Y la vida no es un cuento. ¡Intereses, siempre intereses particulares, sobre todo interés común! Así, ¿adónde vamos?)

Ella a su casa.

Irene Gal se encuentra bien en su casa. Puertas adentro, el pequeño departamento que ocupa sobre la escuela, pese a su sobriedad, a su pobreza franciscana, o quizás a causa de ella, es para Irene Gal su Morada de Paz.[40] Su único

40. Alusión a la obra de R. Tagore, Premio Nobel de Literatura en 1913.

143

lujo, los libros. Libros por todas partes. Sobre las pequeñas estanterías, sobre el somier de colchoneta escocesa que le sirve de cama, sobre la mesa de pino... Los libros son los mejores amigos de Irene Gal. Nunca la han defraudado.

Sobre la mesa —una mesa pequeña que atiende a todos sus menesteres: comer, escribir, estudiar, preparar sus lecciones— y siempre a punto de naufragar entre libros y papeles, hay también una fotografía de Máximo Sáenz.

No fue fácil conseguirla. Max se resistía a posar ante un fotógrafo y hasta amenazó a Irene con la ruptura de sus relaciones si insistía en conseguir una fotografía. Le resultaba francamente odioso adoptar una postura forzada ante otro hombre que iba a ordenarle que levantara el mentón, que estirara el cuello, que cerrara la boca o que iniciara una sonrisa falsa. Después debía aguantar así hasta que el hombre le dijera: "Bien, ya puede usted recobrar su personalidad, sus gestos habituales, en fin, amigo mío, le autorizo para que vuelva a ser usted Máximo Sáenz"... ¡No, no y no! Mil veces, no. Y menos para darle la fotografía a Irene. Recordaba con desagrado las dos o tres veces que se había retratado, siendo ya hombre, para utilizar las fotos en *carnets* y pasaportes. Eran eso, fotografías de *carnet*, bastante forzadas. Mejor sería que Irene le recordara reconstruyendo su imagen con sus recuerdos. Su verdadera imagen. Esto pensaba Máximo Sáenz. E Irene tuvo que hacerlo así durante los primeros meses de separación. Pero un día, el fotógrafo sorprendió a Máximo Sáenz en una tertulia, en un acto cultural, en un banquete, en fin, en alguna parte. Una foto natural, bastante aceptable. Máximo se apresuró a enviársela a Irene, cumpliendo así su deseo, e Irene la colocó en un portarretratos sobre la mesa. Desde entonces, Máximo Sáenz preside todas las actividades de la vida sencilla y austera de Irene Gal. Agarrando con fuerza la cazoleta de su pipa, con la boca ligeramente ladeada y la mirada irónica, parece preguntarle desde el retrato: "¿Qué hay, Tortuguita? ¿Cómo van tus cosas? ¿Qué hacemos con Timoteo?"

A Irene no le molesta la ironía de Max. Máximo Sáenz es extraordinario. Tiene derecho a burlarse suavemente de la ingenuidad, de la torpeza de ella, cuando ambos se enfrentan con los problemas que la vida les plantea. Piensa Irene que Max es la cabeza y ella el corazón. Aunque alguien ha dicho que el corazón posee a veces razones que la cabeza no comprende, la cabeza puede exigir al corazón que se someta a sus razones si ambos no marchan de acuerdo. Bien, bien, como quiera que sea, Irene Gal acepta esta unión, perfecta a su juicio, y es feliz, con la relativa felicidad de sentirle sólo materialmente ausente, cuando se refugia en su casa con él y con sus libros, que son también algo de Máximo Sáenz: sus amigos, sus compañeros, su mundo.

Puertas adentro, el pequeño departamento que Irene Gal ocupa sobre la escuela, es su grato refugio. Su Morada de Paz.

Puertas afuera... Bien, puertas afuera, las cosas cambian. Irene quiere ser fuerte, sentirse siempre dueña de la situación. Lo consigue en su trato con los muchachos. Pero no con la gente. Es difícil el trato con la gente. Cuando el pueblo se ha dividido en dos bandos y lanzan de uno a otro a la maestra, cuando los dos quieren que Irene les pertenezca o la rechazan si su conducta no coincide exactamente con el comportamiento que esperaban de ella, es difícil mantener el equilibrio. Irene Gal sólo desea mantener su serenidad, su independencia, adoptar una postura ecléctica que no moleste a nadie, que la permita desarrollar su trabajo sin imposiciones ajenas y sobre todo, que la permita vivir de acuerdo consigo misma, con su pensamiento, que tal vez no se ajuste a ningun patrón político determinado.

* * *

Bien, sí, es difícil.

Ocurre así que esta tarde, cuando Irene Gal regresa de su paseo al acantilado, pasa bajo las ventanas de la señora Campa y...

—¡Mire! Mire usted, señor cura, por dónde viene la revolucionaria esa —dice la señora Campa—. Todavía no hace un año que entró en la escuela y aquello parece... qué sé yo, cualquier cosa menos una escuela. ¡Quién la ha visto y quién la ve!

El cura se rasca su gorda barriga.

—Señora Campa... Señora Campa... un poco de caridad. No juzguemos al prójimo ligeramente —dice.

Y moja su tostada en el chocolate. El chocolate de la señora Campa es bueno. Se lo envían de El Molinón,[41] una casa de Oviedo que tiene fama de fabricar los mejores chocolates del Principado. También la tostada de *Pepa Doncel* es buena. Ella misma prepara las tostadas cuando la visita el cura, la maestra vieja o alguna personalidad importante de la villa. Al cura le gustan las tostadas y el chocolate de la señora Campa y le place saborearlos en su casa, en tanto vela por la salvación de su alma.

—Cuidado, señora Campa —otro mordisco a la tostada—. No está bien hablar mal del prójimo... Además Irene Gal parece una buena chica. Quiere a los muchachos...

41. Nombre real que correspondía a una tienda, muy bien surtida, situada en la actual calle de Jovellanos.

—...y los muchachos la quieren a ella. Claro que sí. Como que no hacen más que jugar y aprender cosas que... ¡válgame Dios!, más valía que no las aprendieran. Y ella, siempre con gentes desharrapadas...

—Cristo...

—¿Qué tiene que ver Cristo con esa gente?... ¡Timoteo!... Lo peor del pueblo... Buenas migas han hecho... Tal para cual... ¿Va a compararme a Cristo con Timoteo?...

—Por favor, señora Campa, no desquiciemos las cosas... No he comparado a Cristo con Timoteo, sino con la muchacha. Quiero decir...

—...que esa comunista, porque es una comunista... Está revolucionando al pueblo... Atreverse a quitar de la escuela los carteles de Historia que siempre estuvieron colgados de sus paredes... Quemar los libros que leíamos en nuestra infancia... Y ahora, ¿qué leen los niños? La historia de un burro...[42] Si al menos fueran fábulas educativas, pero ¡ca!, no, señor, nada de eso... Se trata de un burro que come flores y anda paseando por el pueblo con un poeta loco.

La vieja y buena señora Obaya también se alarma.

—Dice bien aquí... Si se tratara de fábulas educativas...

La señora Obaya deja su tostada bañándose en el chocolate y señala —apuntándola apenas con el dedo— a la señora Campa. No se atreve, como el cura, a llamarla señora Campa. Demasiado ceremonioso para la aldea. Tampoco Tía, tratamiento que las jóvenes dan a las viejas. Ella no es una joven. Y le parece un abuso de confianza llamarla Candelas, como le dicen otras viejas del pueblo que fueron jóvenes con ella y conocen los primeros pasos de su

42. Se trata de *Platero y yo* de Juan Ramón Jiménez. En aquellos años el pueblo critica, con dureza, este tipo de enseñanza por encontrarlo demasiado lúdico y poco formativo. Con el tiempo, sin embargo, se aceptaron y valoraron, en lo justo, esas prácticas de lectura (Entrevista).

pequeña fortuna. Por eso, evita siempre nombrarla cuando la visita.

—Aquí... tiene razón. Yo no estoy de acuerdo con esos métodos modernistas. Pero como una es ya vieja...

También el cura se confiesa viejo:

—Puede que sea eso, señora Obaya... Somos ya viejos y ciertas cosas... la verdad, no las comprendemos.

—¿Verdad que no? Todos fuimos jóvenes y yo digo...

La señora Campa no dice nada. La mirada del cura cae sobre ella, resbala sobre ella, va a posarse sobre sus dedos cubiertos de sortijas... Y la señora Campa se olvida de pronto de algo que iba a decir sobre la juventud y vuelve con renovada atención a su chocolate.

La buena y vieja señora Obaya, lanza desde su inocencia un cable al que se agarra la señora Campa, para regresar airosa de su poco afortunado viaje al pasado.

—Aquí... tiene razón. Todos hemos sido jóvenes, todos hemos cometido alguna ligereza, pero en aquellos tiempos había otro respeto, otro temor de Dios.

—Eso es, otro temor de Dios... ¿Quién se atrevía a hablar entonces como se habla ahora?... Ni hay temor de Dios ni se respeta a nadie.

Ese "nadie" es el cura, concretamente. Es también Tim, el viejo. Y la señora Obaya. Y... y ella misma, ¿por qué no? Irene Gal no somete a su aprobación sus planes y sus decisiones. Irene Gal hace y deshace en la escuela sin consultarles. Ha llegado a la desfachatez de convertir la escuela en teatro... ¿Pueden tolerarlo?

* * *

Bien, sí, es difícil. Ocurre así, que esta tarde, cuando Irene Gal regresa de su paseo al acantilado, pasa junto a las tierras donde trabaja *La Loba* y...

—Vamos, José... Mira quién viene allí —dice *La Loba*—. Habrá que dejarle el paso... Desde que se hizo el ama de la aldea.

José Monte suelta la azada, escupe sobre sus manos, se las frota... Después se rasca una oreja.

—Mujer, tanto como dejarle el paso... Ella va por su camino.

—Bien me entiendes. Por el nuestro es por el que ella debe caminar. ¿O no le paga un sueldo la República para que se ponga al lado del pueblo?

—Los muchachos la quieren...

—¿No han de quererla si no hacen otra cosa que retozar en vez de aprender?... No se va a jugar a la escuela, sino a aprender, que no somos ricos y hay que empezar en seguida a ganarse la vida.

Otra vez la oreja. José Monte vuelve a rascarse la oreja, pretendiendo sacar de ella alguna idea. Después toma un papel de fumar que encuentra en uno de sus bolsillos, vierte sobre él parte del contenido de su tabaquera y empieza a liar un cigarrillo.

Pausadamente dice:

—Mujer... Uno no entiende mucho de estas cosas de la enseñanza... Yo digo que sí... que bueno... que antes se enseñaba bien al que quería aprender... ¡Qué regletazos daba la vieja!... Pero como aprender... uno aprendía... Bueno, ahora parece que se enseña de otra manera. El maestro de Nozales...

—¿Cómo puedes compararla con *Nozales*? Ése es nuestro... Ése está con el pueblo. Pero ella... Que si tal, que si cual... y se ha negado a ayudarnos en las elecciones.

—No tiene voto.

—¡No es una razón!

Ahora es *La Loba* quien arroja a un lado la azada, escupe sobre las manos y después de frotárselas con fuerza, las apoya sobre las caderas.

Repite:

—¡No es una razón!... Mi hijo... Mi hijo era un muchacho. Y nadie le preguntó si tenía voto para fusilarle.

—La revolución, es la revolución... Le cogieron con las armas en la mano.

La Loba se alza de hombros. Toma de nuevo la azada y vuelve a su trabajo.

Con ironía:

—Claro que sí... Pero a Irene Gal no la cogerán... más que haciendo títeres en la escuela.

* * *

Irene Gal no oye los comentarios que a su paso va levantando, pero sabe lo que la gente dice y lo que piensa. Lo sabe porque los muchachos hablan en la escuela con libertad. Lo sabe porque así tiene que suceder. La psicología de un pueblo no se diferencia de la de otro pueblo. Y los pueblos reciben siempre con recelo toda innovación, cualquier intento de rebeldía... Y está también la política, la pequeña política, que ha convertido cada pueblo, cada aldea, cada familia, en un avispero.

(—Lo dice Max... La incomprensión es la moneda con que paga el pueblo a los innovadores. Nosotros, los pioneros de la Enseñanza, los revolucionarios de la técnica, los servidores de la nueva filosofía de la vida, hemos de pagar esta... bueno, vamos a llamarla anticipación. Dentro de quince años, de diez, acaso de cinco —depende de la prisa con que ruede el mundo— todo esto habrá sido superado. Pero ahora...)

Ahora tiene que luchar con valentía, enfrentarse contra todos, no desanimarse ante cada obstáculo que le presenten... Al principio, es natural, vacilaba, caminaba un poco a ciegas, tanteando... Ahora camina ya firme, camina segura, por el camino que se ha trazado.

¿Segura?

(—La gallina... ¿No habré ido demasiado lejos?...)

Irene levanta la punta del delantal y se la lleva a la boca. Después de mordisquearla, como distraída, se limpia el sudor de la cara y queda perpleja.

Antes de que Timoteo se pregunte qué le pasa a Irene, ella, en voz baja, trata de explicarle:

—Escucha, Timy... Yo creo... Bueno, es difícil explicar esto... Verás, yo creo que... que no debimos hacerlo.

—¿Hacer qué?

Timoteo clava la azada en la tierra y, apoyándose de brazos sobre el mango, se queda mirando a Irene.

—¿Qué es lo que no debimos hacer, señorita Irene?

—Lo de.. eso, lo de la gallina.

—¿Lo de...? ¡Ah, vamos!

Timoteo hace un gesto expresivo con la mano.

—...¡lo de traérnosla de la Granja!

—Irene mira al suelo. Representa su papel de persona consternada, perfectamente. Vueltas y más vueltas a las puntas de su delantal, entre sus dedos nerviosos.

—Eso es, Timy. Lo de... bueno, como tú dices, lo de traérnosla de la Granja.

Irene subraya la palabra "traérnosla", dándole su verdadero significado.

—Fue una mala idea, Timy. No debimos hacerlo.

—Bueno, ¿por qué? ¿Qué le pasa ahora? ¿Es que tiene miedo?

—¿Miedo?

153

Irene se envalentona:

—No, no, claro que no... ¿Por qué he de tener miedo? Ya me conoces. Yo no tengo miedo. Esta es una de las cosas en que nos parecemos. ¿No es así?... Pero...

Sonríe con malicia.

—...digámoslo francamente, Timy, aquí entre nosotros. La hemos robado. ¿Comprendes? Esta es la verdad. No nos engañemos. La hemos robado. Y ahora, cuando lo pienso, me da... pues, sí... me da vergüenza. ¿Por qué no decirlo? Además... imagínate que alguien entrara en nuestro terreno, se llevara nuestros pollitos...

Timoteo levanta la azada.

—Pues, eso, Timy... Creo que le abriríamos la cabeza.

Los dos se ríen.

Comprenden el valor de la propiedad —aún tratándose de una propiedad tan menguada— y el derecho a defenderla.

No obstante, el muchacho alega:

—Pero ellos tienen dinero. Mucho dinero... Una gallina, para ellos...

—...nada significa —le ataja Irene—. ¿No es eso, Timy? Ellos tienen una granja de verdad. Nosotros, nada... Pues a pesar de todo, me parece que no está bien lo que hemos hecho. Sea como fuere, hemos robado algo...

—...y ahora tenemos remordimiento. Justo castigo a nuestra perversidad —bromea—, sobre todo, si pensamos que el cura puede enterarse y enviarnos al infierno.

Timoteo suelta una carcajada.

Irene no corresponde a su risa. Vuelve a enredar con su delantal y acaba por sentarse sobre un mojón que limita los terrenos de la escuela.

—Puedes burlarte, Timy. Ríete si quieres. Sé que en tu interior me das la razón, que estás de acuerdo conmigo. Ni tú ni yo tenemos miedo al cura. Tú lo sabes... No es eso. Es que yo creo, ahora que lo sabemos por experiencia, que no está bien que nadie se apodere de nuestras cosas. Tenemos nuestro derecho. Entonces, ese derecho tienen los otros y hemos de respetarlo.

Timoteo se alza de hombros.

—¿Los derechos de los otros? Bueno está lo bueno. Nadie hace lo que debe sino lo que quiere. ¡Bastante le importa a nadie lo de los otros! Buena es la gente... ¿Les importa a ellos la escuela?, pongo por caso... ¿En qué nos ayudan?... Los muy marranos... Dinero, sólo dinero... Llenar su panza, eso les importa. Y roban cuanto pueden. Entonces, si el refrán dice que robar a un ladrón...

—Supongamos que otros lo hacen. ¡Allá su conciencia! Eso no nos justifica. Hemos robado.

El muchacho se rasca la cabeza y mira a Irene tratando de comprender. Vaya perra que ha cogido la maestra con lo del robo...

(—Bien, ¿qué ha pasado? ¿Por qué le da tanta importancia ahora, si antes... si ella...? El mismo diablo entienda a las mujeres.)

Hemos robado. Irene dice "hemos robado", aunque ella sabe que la gallina no fue robada. Que fue pagada honestamente. Que sólo está representando una comedia ante el muchacho, para llevarle a donde quiere llevarle. Que por eso y sólo por eso, está razonando en falso.

¿En falso?

Sí. En falso. No porque mienta en lo referente al robo de la gallina. Eso es cosa aparte. Está razonando en falso porque... Bien, aquí está el escollo. Su conciencia, naturalmente, no puede reprocharle un robo no cometido. Pero Irene comprueba, con sobresalto, que si el robo hubiera sido efectuado, su conciencia tampoco se lo reprocharía, aunque se viera obligada a representar la misma comedia, para despertar en el muchacho el remordimiento de una acción que a ella misma no le parece mala. Más claramente: Irene cree que Timoteo tiene razón cuando alega: "Ellos son ricos. Para ellos una gallina nada significa. ¿Y qué le han dado a la escuela?"

(—Claro está que nada. Son egoístas. Incapaces de hacer nada por los demás. Poco les importa el bien de la comunidad. Sólo su bolsillo. Timy tiene razón, robar a un ladrón... Aunque bien mirado, la propiedad es la propiedad. Al César lo que es del César... Robar es siempre robar, cualquiera que sea el destino del producto del robo. ¿Entonces?... Pero Timoteo... Bueno, la verdad es que yo tampoco encuentro delito... Pero es delito... Es un robo. Un pequeño robo, pero robo al fin... Quedarse con lo que a uno no le pertenece...)

Mientras Irene lucha con su conciencia, Timoteo se desentiende del asunto, con ligereza. ¿Para qué darle tanta importancia? Escupe sobre las manos, agarra el mango de la azada y sigue cavando.

Irene se alarma. ¿Cómo? ¿Qué es esto?... No puede escapársele Timoteo de esta manera. Ya estaba en el camino de conseguir lo que se había propuesto y ahora...

(—El que a una se le ensanche la conciencia con el ejemplo de los demás, no quiere decir que la cosa esté bien hecha... No importa lo que yo opino en este momento. La verdad es la verdad. Esto es un robo. Un delito. ¡Un delito! —se repite para convencerse—. Yo he traído a Timoteo a esta situación, asociándome a su delito para curarle de sus raterías. Eso es, raterías. Robo... Bueno estaría que en vez de curarle a él, me arrastrara a mí... Y el caso es que la conciencia no me remuerde de pensar así... Qué fácil es deslizarse por el camino de la irresponsabilidad... Freno y marcha atrás, Irene, o acabarás por tomar en serio la comedia que representas con el muchacho y creer que, en verdad, estáis los dos hechos del mismo barro.)

Casi grita:

—¡Timoteo!

Timoteo vuelve a soltar la azada, se limpia el sudor que le mana de la frente y del cuello y le empapa la camisa. Con la cabeza ladeada se queda mirando a Irene.

—Bueno, ¿qué mosca le ha picado ahora?

—La que debía picarte también a ti. Creo que me entiendes...

—Ni una palabra.

Irene se levanta, va a situarse cerca de Timoteo y acaba por apoyarse en su brazo.

—Claro que me entiendes, Timy... Ya eres un hombre y eres inteligente. Sí, que me entiendes...

Irene aguarda un momento la reacción del muchacho. Le ha dicho: "eres un hombre y eres inteligente". Si no fracasa en su cálculo, Timoteo tiene que sentir la responsabilidad que ella le atribuye gratuitamente. Tiene que hacerse digno del crédito moral que ella le concede.

Y Timoteo responde.

—Bueno... tal vez no esté bien lo que hemos hecho, como usted dice, pero no es para morirse de un sofocón. Todo el mundo roba. Y en todo caso...

—En todo caso, ¿qué?

Timoteo mira a Irene con cierto sentido de protección, como queriendo descargarla de este pesar, de este lío en que se han metido.

—...en todo caso, señorita Irene, usted no ha hecho nada. Fui yo quien trajo... eso... La gallina, quiero decir. Fui yo quien la...

—No, Timy. No cargues sobre tus hombros toda la culpa. Yo te inspiré la idea, yo aprobé la idea, pensando que más adelante podíamos pagarla o devolverla. En realidad fui yo quien... quien...

Irene está emocionada. No necesita fingir, representar

157

su comedia cuando se apoya en el brazo de Timoteo. Sólo exagerar un poco las cosas, resaltar el gesto de Timoteo, dándole la sensación de integridad, de superioridad moral que quiere infundirle, para librarle de su complejo.

—Timy, eres un gran muchacho. Eres un caballero... ¡Qué pocos chicos quedan como tú!

Él desdeña:

—¿Que no?... Todos...

—Te equivocas, Timy... Si nos conoceremos... Todos hubieran dicho "usted me lo ha mandado". Todos se disculparían.

Irene y Timoteo contemplan unos minutos a los muchachos que juegan o trabajan —trabajan y juegan a un tiempo— en el campo de la escuela. Los chicos en sus parcelas, sembrando, arrancando hierbas... Las niñas en la tomatera y en sus pequeños jardines, adosados a los muros de la escuela. Bien se ha aprovechado todo el terreno. No hay una pulgada libre, si no es el paso entre las parcelas que Timoteo ha repartido entre ellos en su Reforma Agraria...[43]

...de la que, por cierto, está ya arrepentido. Los pasos, aunque estrechos, casi impracticables, roban un espacio que nunca debió perderse, dado lo reducido del terreno. El próximo año —ya se ha discutido y todos están de acuerdo— no se hará otra división que la necesaria según los cultivos y se trabajará en equipos. De sabios es rectificar y esto hay que rectificarlo. En cuanto a las niñas... Les dejarán sus parterres[44] y el gallinero. Y si las cuentas de la lechera no fallan, ellas se encargarán también de cuidar el cerdo o el par de cerdos de la comunidad. ¡Ah! Y de lo otro, lo de la casa, el cuidado y la limpieza de la escuela y

---

43. A imitación de las propuestas de la Reforma Agraria, que se habían aplicado, durante la República, en Andalucía y Extremadura.

44. *parterres*: galicismo: arriate.

las labores que, junto con los trabajos manuales de los muchachos, servirán para rifarlos o venderlos.

Irene y Timoteo piensan en esto cuando contemplan el bien aprovechado recreo de los escolares.

Irene se los señala al chico con un avance de su barbilla:

—Buenos muchachos, ¿verdad? Pero ninguno de ellos, te repito, haría lo que tú. Se disculparían... Son chicos... Tú eres un hombre, Timy. No me equivoqué al juzgarte.

El muchacho vuelve a alzarse de hombros con fingida indiferencia. Y a su vez repite:

—Buenos muchachos... Todos.

—Pero son niños. Todavía inconscientes. Tú eres quien me ayuda. A tu lado... no sé cómo explicarte... A tu lado me siento segura, como protegida...

—¡Y puede estarlo, Irene!

La réplica impulsiva, apasionada, pone en guardia a la maestra. ¿No habrá ido, acaso, demasiado lejos en sus concesiones de simpatía y amistad hacia Timoteo? ¿Existe el peligro de que el muchacho, creyéndose, efectivamente, un hombre, vea en ella a la mujer y no a la amiga?... No había pensado en este nuevo problema que podía planteársele.

Irene se muerde los labios y acierta apenas a decir:

—Gracias...

Timoteo, con la cara encendida por la sofocación —posiblemente sea la primera vez que Timoteo siente vergüenza de algo— da vueltas entre sus manos al mango de la azada.

—Perdón, señorita Irene... Soy bastante bruto... usted ya lo sabe. A veces... a veces pienso en usted como si fuera una amiga de toda la vida, como si yo... como si usted... bueno, como si usted se hubiera criado aquí, entre nosotros... quiero decir que me olvido de que es usted la maestra...

Irene salva rápidamente la situación:

—Gracias, Timoteo. No sabes cuánto me agrada lo que me dices... Esto de considerarme amiga y no una extraña. Yo también creo que nací en el pueblo, que vosotros sois mi familia...

Así, con naturalidad, sin dejar traslucir su temor de que el muchacho desvíe el curso de sus afectos por un cauce peligroso para sus relaciones y en consecuencia para su formación. Ya pensará, con calma, si en lo sucesivo ha de emplear una nueva táctica, para no malograr su obra.

De momento...

—Bien, que somos buenos amigos ya lo sabemos, Timy— dice. Y sonríe con ironía—, pero no se trata ahora de eso... Vamos con lo otro, con... con el asunto de la gallina. Yo creo que, en cuanto los pollitos puedan valerse por sí mismos... ¿me oyes, Timoteo?

No. Timoteo se le ha escapado y viaja ahora por su mundo interior del que empieza a tener consciencia. Cuando regresa, dice algo raro:

—...yo pensé siempre, ¿a quién importan mis cosas?

Hasta ahora a nadie, posiblemente. Ahora le importan a Irene. Ha emprendido la tarea difícil de ponerle en el camino de encontrarse a sí mismo y colocarse en el lugar que le corresponde y ahora, que está a punto de conseguirlo...

—A mí me importan, ¿oyes, Timy? Y a tus amigos. Ya ves los chicos cómo te quieren. Tú dirás qué haríamos todos sin Timoteo...

Y después de una pausa:

—Quedamos en que tú y yo trabajaríamos juntos para meter en cintura al pueblo. ¿No es así, Timy? Y lo vamos consiguiendo. Nos respetan, se fían de nosotros. Y nosotros...

Irene mira a uno de los polluelos que picotean la tierra, cerca de su pie.

160

Timoteo mira también al pollo y se rasca la cabeza.

—...y nosotros, robamos una gallina. ¡Vaya un delito!

Timoteo se burla, pero Irene sabe que esa burla es sólo superficial, que Timoteo empieza a tomar en serio su papel de mando, que le agrada que los demás le admiren y le respeten... y que esto tiene un precio y hay que pagarlo.

Irene sabe que el caso-Timoteo es caso resuelto. Claro está que ahora empieza a planteársele otro problema con el muchacho. Pero éste, posiblemente se resuelva solo, con su ausencia temporal del pueblo. Ausencia que puede convertirse en definitiva. Entre tanto, Timoteo acabará de hacerse hombre, tratará a las chicas...

Y ella...

Máximo apremia en sus cartas. Tiene que estudiar. Se aproxima la fecha de su ingreso en la Facultad.

Después...

Fiesta del "Nadal 1953" (6 de enero 1954).
Elisabeth Mulder y Dolores Medio en un brindis.

6 de junio de 1936

"...el rey[45] dijo entonces: de ésta no te escaparás. Has vencido muchos obstáculos, pero de los remos no hay quien se escape: a menos, claro está, que otro tonto vaya a sustituirte.

"Y así, el muchacho llegó a la orilla del río y dijo al barquero:

"—Buen hombre, ¿quieres pasarme en tu barca?

"El barquero dijo:

"—Bueno... Pero como ves, soy viejo. Apenas tengo fuerzas para remar. Tendrás que ayudarme.

"Y diciendo y haciendo, puso en las manos del muchacho los remos. Y tan pronto como se hubo deshecho de ellos, empezó a gritar:

"—¡Soy libre!... ¡Ya soy libre!... ¡Ahora arréglatelas como puedas!

"Y salió fuera de la barca y empezó a correr, como alma que lleva el diablo, en dirección a la aldea.

"El muchacho no comprendió, de momento, lo que aquello significaba. No lo comprendió hasta que llegó a la otra orilla del río e intentó soltar los remos.

"—¡No puedo... no puedo soltar los remos! —gritó angustiado.

45. "... el rey dijo entonces... rabia: cuento de Iván Bunin (1870-1953). Dolores Medio sentía una gran preferencia por este autor que fue, en 1933, Premio Nobel de Literatura.

"No podía soltar los remos. Los tenía como pegados a sus manos.

"Sollozó:

"—Ahora comprendo las palabras del barquero.

"Y lloró de rabia..."

Irene Gal cierra el libro, suspende la lectura unos momentos y sonríe con tristeza.

—(Bien... ¿no me ocurre a mí algo de esto? Intenté pasar el río, sólo pasar el río y...)

Sí. Está claro. El Barquero que le puso los remos en la mano, no le permite soltarlos todavía.

Irene llegó a la aldea sólo de paso para su destino. Sala de espera... ¡Eso pensaba ella! Antes estaba su vida de estudiante, sin preocupaciones. Casi sin problemas. Sólo el de tener que ganarse unas pesetas dando lecciones, para sostenerse como estudiante. ¡Ah, sí!... También estaba el amor, entrando en su vida de una manera brusca, casi violenta, apoderándose por sorpresa de ella. Este amor era ya su pasado y será su futuro. Lo de ahora, su vida en el pueblo, es un pequeño *Intermezzo*.[46] Después, otra vez las aulas universitarias, la vida alegre y despreocupada de los estudiantes y la mano fuerte del hombre, conduciéndola por la vida.

Bien, pero el paréntesis que ella abrió voluntariamente, no acaba de cerrarse. Alguien ha puesto en sus manos una tarea de la que no sabe cómo deshacerse. Máximo Sáenz tiene razón para protestar. La necesita a su lado. Y está el interés de Irene: sus estudios.

Pero Irene Gal tiene también sus razones para solicitar un nuevo plazo. Una de ellas se llama Timoteo. ¿Puede abandonarle ahora, ahora precisamente, cuando empieza a recoger el fruto de su esfuerzo para ganárselo?

---

46. *Intermezzo*: término italiano. En música instrumental significa interludio, o composición breve, que sirve de introducción.

Ha empezado a alimentar un idilio suave, un idilio casi infantil entre el muchacho y Ana,[47] una de sus alumnas, que trata de imitar en todo a Irene. Ni Ana ni Timoteo se han percatado de los planes arriesgados de la maestra. Son en sus manos dos títeres que ella va moviendo con precisión casi matemática, cuidando minuciosamente cada jugada, para no malograr la empresa. Es una experiencia audaz, pero va a intentarla. Timoteo necesita una razón para seguir el camino que ella le ha trazado y esa razón va a ser Ana. Si Irene entrega a Ana a Timoteo, o dicho más exactamente, si Irene pone a Timoteo en las manos de Ana, es porque la conoce, porque sabe que puede confiar en ella.

¿Otra razón? Su plan. Tanteos, fracasos, incertidumbre, desaliento... Y por fin, las cosas empiezan a marchar solas. Cierto que hay grandes lagunas, que hay que rectificar constantemente sobre la marcha... Pero algo muy importante se ha conseguido: la colaboración, la autodisciplina, la aportación voluntaria, el entusiasmo de los muchachos... Entonces, ¿qué importa la cantidad de conocimientos no adquiridos todavía?...

No está de acuerdo el pueblo con Irene, con los métodos seguidos por Irene. Los dos bandos la han incluido en la lista negra, y acumulan cargos: los chicos juegan en la escuela en vez de estudiar. Los más pequeños "la tratan de tú" y se duermen en sus brazos, sin el menor respeto... Los chicos y la maestra se bañan en el río o en cualquier playa próxima, con menos ropa de la conveniente... La maestra y los chicos hacen títeres en la escuela y lo grave es que ellos mismos, los que critican, acuden a su teatro, pagan su entrada y se divierten con las comedias... Y a propósito: ¿a dónde va a parar ese dinero?... ("¿Y qué me dice usted de

47. *Ana*: nombre ficticio.

los recitales? —a la señora Campa se le saltan las lágrimas de vergüenza—. La luna vino a la fragua[48] con su polisón de nardos, el niño la mira mira... Bueno, lo grave es lo otro. La luna, ¿sabe usted?, enseña lúbrica y pura sus... sus senos, de duro estaño..." Claro está que los versos del "gitano",[49] no inquietan a *La Loba*. Pero esto de que los muchachos trabajen la tierra en vez de estudiar, de que la señorita de la ciudad les obligue a trabajar para que no olviden que son los parias, que han de ser siempre los parias...)

Máximo Sáenz piensa que Irene Gal es terca cuando defiende algo que cree justo. Máximo Sáenz conoce bien a Irene. Irene Gal empieza a enamorarse de su trabajo, empieza a agarrar con fuerza sus remos...

¡Ah! Existe también una tercera razón por la que Irene Gal ha aplazado su ingreso en la Universidad. Esta razón —tiene que confesárselo— es su falta de preparación para el examen. No ha abierto el texto de Filosofía, no ha abierto ningún libro del Preparatorio, absorbida íntegramente por su trabajo.

Será ahora, durante el verano, cuando estudie, dirigida por Max, al lado de Max. Así es fácil la tarea. Otro verano a su lado. Como el anterior. Su compañera. Su amiga... Toda la vida llena de Max. Max piensa... Max opina...

Es curioso lo que le ocurre a Irene. Cuando está sola y tiene que actuar, cobra energía y resuelve rápidamente. Cuando está con Máximo Sáenz —¿una jugada del subconsciente?— se le entrega de tal modo, que hasta le da pereza pensar. La invade como una especie de laxitud, de dejarse ir... No le hace sólo una entrega material, sino inte-

48. Poema de García Lorca.
49. Se trata de Federico García Lorca. Dolores Medio fue una gran admiradora de este escritor y enseñaba sus poemas en la escuela. Los niños los aprendían de memoria e, incluso, escenificaban algunos versos.

lectual. Como si le dijera: "Piensa tú por mí". Le agrada abandonar su personalidad, sentirse niña, vivir y actuar como una criatura que se sabe mimada y protegida. Hasta eso: "Piensa tú por mí. Yo, un objeto tuyo..." ¿Una descarga moral del peso quizás excesivo para su juventud inexperta, que reclama en cada "evasión" sus derechos a ser aún conducida?

Recordando a Máximo Sáenz, Irene Gal sonríe. A los muchachos no les extraña la sonrisa de Irene. Irene se ríe sola cuando recuerda algo que le agrada. Lo mismo que ellos.

Pregunta, cuando vuelve a la realidad:

—¿Dónde estábamos, muchachos?

Y alguien dice:

—Con los remos...

5 de octubre de 1936

Irene Gal no se pregunta qué es lo que ocurre.

Irene Gal no se detiene a pensar por qué la ciudad se está convirtiendo en un montón de ruinas. Por qué la gente corre alocada a refugiarse en los sótanos de las casas cuando suena la sirena del puesto de observación y las campanas de la catedral tocan a rebato. Por qué las puertas y las ventanas de las casas están cubiertas de sacos terreros. Por qué las calles están alfombradas de ceniza, de tejas, de cascotes... Por qué han sido requisados los alimentos. Por qué no hay pan. Por qué la ciudad permanece a oscuras. Por qué las bocas de riego abiertas al servicio público están controladas por movilizados, y hombres, mujeres y niños forman colas interminables, aguardando, bajo una lluvia de balas, su ración de agua...

Hace apenas tres meses, Oviedo era una ciudad tranquila, casi desierta. El verano limpia las calles de Oviedo de vagos y paseantes, que se van rumbo a las playas. Los centros culturales y de enseñanza permanecen cerrados. Programas de saldo en las carteleras. Somnolencia en los cafés. Banda de música en el Bombé.[50] Cervezas y refrescos

50. *Bombé*: muy conocido paseo de la época. Así lo describe en *Atrapados en la ratonera*: "los que se quedaban en la ciudad [...] paseaban por el parque de San Francisco, en el que jugaban grupos de niños y parejas de enamorados buscaban la cómplice soledad de sus lugares umbríos, la banda de música del Regimiento de guarnición daba sus conciertos en el paseo de El Bombé, y familias enteras, [...] se desplazaban al campo, cruzando la ciudad de un

en las terrazas del Pabellón. La "vita mínima" de la ciudad se condensa en el parque de San Francisco. Así, hasta que San Mateo devuelve a la ciudad a los veraneantes y atrae con sus festejos a los forasteros. Hace apenas tres meses, Oviedo era una ciudad tranquila, casi desierta. De pronto, un día de julio, Oviedo perdió su paz. Después de una sacudida brusca, de un despistado entrar y salir fuerzas, de una toma de posiciones un poco al azar, la "Muy Noble, Muy Leal, Benemérita, Invicta, Heroica y Buena Ciudad de Oviedo" se encontró sitiada. Dentro de la plaza de los militares y voluntarios movilizados contra el Gobierno de la República. Atacándola, las fuerzas del Gobierno. Dos meses largos de sitio, nada pacífico.

Irene Gal no se pregunta qué es lo que ocurre.

Irene Gal va y viene por la ciudad, mirando todas las cosas con ojos indiferentes, con mirada ausente. Parece como si lo que sucede no sucediese en torno suyo, en un mundo real, con hombres vivos, con dolores vivos, sino en un tablado de marionetas y ella contemplara el espectáculo desde fuera.

Al principio, pareció interesarse por los sucesos. Ocurría algo extraño, indudablemente. Algo que nadie sabía determinar. Se hablaba de un Alzamiento militar. ¿Otro levantamiento? ¿Algo parecido a los sucesos revolucionarios del 34?... Todos —hasta ella misma, en medio de su ingenuidad, de su ignorancia política— lo esperaban. Al fin se abría la válvula de escape necesaria para aliviar la presión alta a que estaba sometida España. Tenía que suceder y sucedió. Irene aceptó el hecho.

Lo aceptó sin ahondar mucho en las cosas, obsesionada por otra idea. Cuando las cosas se complicaron y alguien

---

extremo al otro. Era la 'vita mínima' de nuestro Oviedo, que en los días festivos de la canícula, latía a ritmo lento" (p. 23).

lanzó la palabra guerra, "estamos en guerra", Irene se asombró sinceramente:

(—En guerra... Esto sí que es bueno... Estamos en guerra...)

Cuando era niña, creía Irene Gal que las guerras se convocaban como una Asamblea. "...y declaró la guerra a tal nación." ¿No decía así la Historia?... Creía también que se elegían los campos de batalla y se concertaban de antemano las alianzas y los acuerdos y todo el mundo sabía ya a qué atenerse.

Ahora Irene Gal sabe por experiencia que las guerras no siempre estallan como una granada, ni se preparan deliberadamente, sino que a veces son "una situación". De pronto alguien dice: "estamos en guerra".

(—Estamos en guerra... Esto sí que es bueno.)

Irene Gal es un ciudadano de un país en guerra, pero un ciudadano bastante extraño. Va y viene por las calles de la ciudad, indiferente a cuanto la rodea. No se pregunta qué es lo que sucede ni por qué sucede, sino sólo dónde está Máximo Sáenz.

(—¿Dónde está Max? Tengo que encontrarle.)

Ha olvidado sus problemas particulares y los problemas que el pueblo le planteaba, se ha olvidado de sus estudios y de sus proyectos, se inhibe del ambiente angustioso, irrespirable que la rodea, obsesionada por la idea única de encontrar a Máximo Sáenz.

Cada rincón, cada calle, cada plaza, cada paseo, guarda un recuerdo para Irene Gal. Es un testigo de su amistad, de su intimidad con Máximo Sáenz. Máximo Sáenz tiene que estar en alguna parte... Le ha prometido venir para pasar el verano juntos y Máximo cumple siempre lo que promete. Precisamente el día de su llegada...

—¡Eh, chica!... ¿Dónde vas? ¿Quieres suicidarte?

Irene Gal se detiene. Mira a todas partes. Desde un portal un soldado le hace señas con los brazos para que se aparte de la calzada.

—¡Vamos, quítate de ahí! ¿No ves que están tirando esos malditos?... ¡Ya les daremos...!

Sí. Están tirando desde el Naranco. No hay combate, pero desde las posiciones del Naranco las ráfagas de ametralladora barren las calles. Ahora comprende Irene por qué han atravesado aquí este coche, un autocar viejo de A.L.S.A., relleno de sacos terreros. El coche sirve de muro y la gente se escuda tras él para cruzar la calle.

Irene cruza la calle pegada al coche y llega a la acera opuesta sin novedad. Así, de un modo mecánico, porque un soldado le ha gritado desde un portal. Junto al portal y en la esquina de la casa, hay unas flechas grandes pintadas de blanco y sobre las flechas una advertencia: "Al refugio".

(Refugios por todas partes. Cada sótano, cada almacén medianamente acondicionado, se ha convertido en refugio. Y el refugio, a su vez, se convierte en cocina, en hospitalillo, en restaurante, casa-cuna y sala de fiestas... En los refugios nacen niños y mueren hombres. Se come, se duerme, se baila, se juega. Se comenta acaloradamente la marcha de la guerra, en voz alta cuando se trata de noticias oficiales u oficiosas tomadas de la prensa o de la radio de la España Azul,[51] y en voz baja, con el sabor ácido de la conspiración, las noticias que llegan de la España Roja. Unos creen y otros dudan de las columnas que llegan a levantar el cerco[52] de la ciudad. ¿Existen realmente tales

51. Radio de la derecha española.

52. En su libro *Atrapados en la ratonera*, Dolores Medio relata, con minucioso detalle, el cerco de Oviedo; con un realismo estremecedor, va dando cuenta de las batallas, el hambre, el silencio y la muerte. Es un testimonio histórico de una gran precisión, en donde se intercalan las vivencias de la autora y el relato propiamente histórico.

columnas, o se trata sólo de sostener la moral de los defensores de la ciudad?... Posiblemente sí... posiblemente no... Siguen naciendo niños en los refugios y muriéndose enfermos y heridos por la metralla. Un mal día una bomba de aviación o una bala de cañón se cuela por algún punto vulnerable y el refugio se convierte en un montón de ruinas. Los supervivientes, cuando los hay, buscan otro refugio y se instalan en él de nuevo...)

Irene Gal pasa ante el refugio, sin detenerse. Prefiere andar y andar, sin ir, en realidad, a ninguna parte. Irene Gal, impermeable a los estímulos del mundo externo, se refugia únicamente en su inquietud:

(—¡Max!... ¡Max!... ¿Dónde está Max?...)

Septiembre 1954.

✦✦
✦✦

20 de diciembre de 1936

Todo para llegar a este momento. Para tener entre sus manos, un minuto, las manos de Máximo Sáenz. Para poder besarlas... ¿por última vez?

Los dos piensan lo mismo cuando se las aprietan con angustia, cuando se las estrujan en un deseo desesperado de fundirse uno en otro.

Él dice:

—¡Tortuguita!

Y ella, en un grito:

—¡Max!

Ni otra palabra. Ya está dicho todo. Todo lo que puede decirse en el locutorio de una prisión, cuando el hombre sabe que no va a morir y al otro lado de la reja se queda ella, la mujer, con su dolor de vivir a cuestas.

En seguida les separan. Otras manos. Otras palabras. Otras prisas...

El locutorio es pequeño. Apenas mide dos metros. Es el locutorio sucio y estrecho de una cárcel[53] de pueblo, des-

---

53. Se trata de la cárcel de Castropol: "Yo llegué hasta Castropol, viajando en los convoyes militares, en los coches de línea, y en algunas carracas que prestaban su servicio entre los pueblos. Mis papeles en regla. Era una maestrita que iba a pasar sus vacaciones en Ribadeo. (...) Y en Castropol finalizó mi odisea, al encontrarle en aquella cárcel.

Un edificio de aspecto noble, que no desentonaba del paisaje, pero en el que se ocultaban tantas miserias... Allí estaba, al fin, la guerra, la represión, el odio de los hombres, disimulado artera, o pudorosamente, en aquel edifi-

tinada en principio a alojar a los delincuentes comunes, habilitada ahora, provisionalmente, para recibir a los presos políticos, que esperan ser enviados a alguna parte para ser juzgados. Y tal vez... ¡No! Más vale no pensarlo.

—Tortuga... ¡chiquitina!... ¿por qué has venido?

Máximo Sáenz dice sólo esto. Pero desea añadir: "¿Por qué has venido? ¿Por qué te comprometes? ¿Por qué quieres ligar tu vida a la mía, si tu pequeña vida no interesa a nadie?"

Pero nada añade a sus primeras palabras, porque las manos de la mujer han roto ya el contacto, arrastradas por la marejada de otras angustias, de otros deseos...

En la reja, reforzada por una alambrada, hay sólo un hueco de unos veinte o treinta centímetros cuadrados, que permite a los visitantes entregar a los presos los paquetes que les han traído, después de haber pasado por el control. El hueco practicado en la alambrada ha servido a Irene Gal para estrechar las manos de Máximo Sáenz, para inclinarse sobre ellas en un intento inútil de besarlas. Inútil, porque al intentarlo, alguien la ha apartado con brusquedad, con prisa de estrechar también otras manos y dejar algo entre ellas.

Para esto, para tocar un momento los dedos de Máximo Sáenz, para decirle "no estás solo, yo estoy contigo", ha salido Irene Gal de la ciudad sitiada, exponiendo su identidad al presentarse a las autoridades militares, en demanda de un salvoconducto. Se ha expuesto a ser detenida y encarcelada, como persona poco grata o quizá sospechosa de traición a los fines del Alzamiento.

Para esto, para tener entre sus manos las manos de Máximo Sáenz, y decirle "estoy a tu lado" ha atravesado la línea de fuego en el convoy militar, detenido al pasar El

---

cio blanco y gris, que parecía un centro oficial o una vieja escuela" (*Atrapados...*, ob. cit., p. 165).

Escamplero[54] por la metralla cruzada. Ha permanecido largos minutos de angustia tirada en la cuneta de la carretera, sintiendo silbar las balas sobre su cabeza y estallar las granadas en torno suyo.

Para esto, para ver por última vez la sonrisa amarga de El Conductor,[55] ha vendido sus joyas, su pequeño tesoro, su reserva para el mañana, a los logreros[56] que quieren invertir dinero, temerosos de que, al terminar la guerra, no tenga ningún valor.

Para esto, para decirle a Máximo Sáenz "te quiero", ha viajado en convoyes militares, con la soldadesca, ha recorrido todas las cárceles del occidente del Principado, hasta dar con él en el límite[57] de la provincia, cuando ya desesperaba de encontrarle.

54. Este lugar se encuentra al salir de Oviedo, por la carretera de Galicia. El recorrido era: Oviedo — El Escamplero — Grado. En *Atrapados en la ratonera*, aparecen descritas todas las luchas que, durante el Frente de Asturias, se realizaron en este estratégico emplazamiento.

55. Máximo Sáenz.

56. *logrero*: persona que presta dinero a un interés excesivo. Usurero (M. Moliner).

57. Se trata, como he dicho, de Castropol, pueblo limítrofe con Galicia. La autora ya conocía este lugar; había pasado por allí de viaje a Galicia, cuando era institutriz de los hijos de los marqueses de Villaverde de Limia. Así describe este pueblo, en *Atrapados en la ratonera*: "La pequeña ciudad de Castropol, situada —me atrevería a decir mejor, posada, como una blanca gaviota— sobre un promontorio de la costa cantábrica, en el límite de Asturias con Galicia, era en aquel tiempo, y aún sigue siendo, uno de los más hermosos pueblos que he conocido. Ni la guerra había alterado su semblante de una perfecta armonía de líneas y de colores —blanco, gris, verde pastel—, sin estridencias, sin ruidos, sin el ajetreo de otras ciudades, como una ciudad encantada en siglos pasados que aún no hubiera despertado de su hechizo. Silencio en sus placitas recoletas, en las fachadas de sus palacios y caserones, con sus puertas cerradas o entornadas, como velando su intimidad, en sus callecitas que serpenteando subían o bajaban al embarcadero y a la carretera. El ruido, el movimiento, la vida activa, se habían detenido en ella. También la guerra [...] la pequeña vida de la ciudad, que se presentaba intacta ante mis ojos, como ya la había conocido algunos años antes" (p. 163).

Para esto, para decirle sólo "¡Max!" en un grito de angustia, está ahora aquí Irene Gal, al otro lado de la reja que separa a los que todavía son personas libres, de los otros, de los que tienen que pagar con su vida o con su libertad el delito de rebeldía... Aquí, entre el pueblo, después de guardar cola a la intemperie, codo con codo con otras mujeres que protestan, que gritan, que injurian, que blasfeman...

Un minuto, sólo un minuto, el tiempo justo para estrecharse las manos. Después, al sentirse desplazada por otras manos, que la empujan, que la apartan de Máximo Sáenz, Irene Gal busca el modo de aproximarse a la reja, para seguir hablando con él. Consigue apenas unos centímetros de espacio, a los que acerca la cara.

Y grita:

—¡Max!... ¡Aquí!... ¡Estoy aquí!...

Y aquí está Max. Otra vez cerca de ella. Por entre la alambrada, que finge celdillas exagonales, sale un dedo del hombre y acaricia la cara de la mujer, deteniendo una lágrima que resbala.

—¿Y esto?... Bueno, ¿qué es esto?... ¿Por qué lloras, pequeña? ¡Vaya una chica valiente!...

—Max, yo... ¡No, Max, no es posible!... ¡No es posible!...

—¿Qué no es posible?

—No has hecho nada, Max... No pueden...

Un sollozo ahoga la voz a Irene.

—No... no pueden... ¡No has hecho nada!

—Todos somos culpables de algo, Tortuga... Y estamos en guerra.

Después, rompiendo la tensión del momento y la angustia de su propia acusación— "todos somos culpables de algo" —Máximo Sáenz, se atreve:

—Escucha, Tortuga, ¿tienes... Perdón, pequeña... un poco de tabaco...?

178

Irene sonríe.

—Pues claro que tengo, Max... todo este paquete... Es para ti... Ahora cuando pueda te lo daré. Cuando me dejen acercarme a esa gatera...[58]

Ríe Irene, satisfecha en medio de su dolor, al poder proporcionarle a Máximo Sáenz algo que él desea.

—Te traeré tabaco todos los días, Max... ¡Todo lo que necesites!... Nada te faltará en tanto que...

—¡Concluye!

—Quiero decir... hasta que salgas a la calle, Max... Saldrás en seguida. Se arreglará todo.

Máximo se alza de hombros.

—¿Todo? ¿Qué es lo que va a arreglarse?

—Esto... Lo tuyo... No van a tenerte aquí encerrado toda la vida.

—¡Ah, no! Claro que no.

Máximo Sáenz suelta una carcajada que restalla en el aire quieto y espeso de la prisión.

—No, ciertamente, Tortuga... Nadie se pudrirá en esta mazmorra. Hay que dejar sitio para los que llegan.

Después, dulcificando su crueldad, dolido por el daño que sus palabras causan a la mujer, vuelve a sacar un dedo por la alambrada y le acaricia la cara.

—Bueno, tampoco es para tomarlo por lo trágico. Irene... Estamos en guerra. La vida de un hombre no vale nada en estos momentos. Perderla no es suceso extraordinario. Pero no llores, pequeña... Se arreglará... Yo también creo que se arreglará... Salvaré el pellejo... Siempre he sido un hombre con suerte... Vamos, Tortuga, límpiate la cara. No pensemos en cosas tristes... Anda, cuéntame... ¿qué se dice?... ¿Cuándo se acabará esto?

58. La cárcel de Castropol era muy pequeña y no estaba pensada para tanta gente. La autora emplea el símil de "gatera", para dar cuenta de lo pequeño que era el hueco.

Irene está pesimista respecto a un posible fin de la guerra. La verdad es que los dos bandos aseguran que la victoria es suya, y ante esta seguridad, con una moral firme por ambos bandos, no hay que pensar en un próximo fin de la guerra. Esto es lo que Irene piensa, pero no puede decírselo a Máximo Sáenz, cuya vida depende, posiblemente, del fin o del resultado de la contienda.

Se le ocurre una idea:

—¿Sabes, Max?... Se habla con mucha insistencia... sí, muchísimo se habla estos días de un acuerdo entre los dos bandos... De un pacto, o algo así. Las aguas volverán pronto a su cauce.

Máximo se alza de hombros. Después se agarra a las rejas y mueve la cabeza con desaliento:

—No, Tortuga, no sueñes... No habrá cauce... Cuando se llega a los extremos a que hemos llegado en España, no puede haber más que vencedores y vencidos... Mientras las fuerzas estén igualadas, como al parecer lo están, mientras uno espere aplastar al otro, no habrá componenda. Y si uno de los bandos lleva las de ganar, tampoco va a regalar al otro un triunfo. ¿Comprendes?... No sueñes, Tortuguita. No habrá arreglo.

Y después de una pequeña pausa:

—Lo que te preguntaba es si... bueno, si es cierto lo que se dice de que éstos entraron o están entrando en Madrid... Un golpe así puede decidir la guerra.

Otra vez no sabe Irene qué contestar. ¿Lo desea, realmente, Máximo Sáenz para salir de la cárcel, para que se juzgue con menos severidad a los prisioneros, o prefiere que ganen las fuerzas de la República aunque él pague con su vida, aunque caiga entre el río revuelto de la desbandada? ¿Cómo puede contestarle si no sabe qué palabra puede herirle? Acaso sea mejor... Sí.

—¡Max!... Ahora... toma el paquete... Ven, por aquí...

Irene hace un esfuerzo para abrirse paso entre las mujeres que llenan materialmente el locutorio. Consigue deslizarse cerca del ventanillo y meter por él el paquete. Consigue también acariciar otra vez las manos de Máximo Sáenz, antes de que se retiren apretando codiciosas el regalo. Al retirar Irene las suyas, un alambre suelto se le engancha en una, produciéndole un desgarro en los tejidos. Hace un esfuerzo para retirarla y brota la sangre.

Irene Gal se inquieta. No es que la asusten ni el dolor ni la sangre, que mana generosamente. Es... sí, se lo confiesa, es como un presentimiento. Irene Gal no es supersticiosa, pero cree en los presentimientos, en las corazonadas, que sin duda proceden de algo que el subconsciente ha registrado, sin percibirlo la conciencia, y produce un estado latente de angustia. La sangre siempre le causa este sobresalto.

Se apresura a vendar la herida con su pañuelo.

—¿Eh? ¿Qué tienes, Irene?... Oye... ¿Qué te pasa?...

Irene quiere decir, "no tiene importancia. Es sólo un rasguño." Pero ya Max no la escucha. Otra vez les han separado, otra vez la han empujado a ella hacia fuera, hacia la puerta y otra mujer ocupa el sitio que ella había conquistado y levanta a un niño en sus brazos para que alguien le vea.

—¡Juan!... ¡Juan!... Aquí... Te he traído al niño... Anda, hijo, acerca la cara, dale un beso a padre.

La mujer habla a voces. Todos hablan a voces, cruzándose veinte conversaciones. Imposible entenderse.

Irene Gal busca entre las cabezas de los presos la cabeza querida.

Hace ahora un año, precisamente, en el refugio de la Sierra, la cabeza de Máximo Sáenz reposaba sobre su pecho y ella podía acariciarla hasta saciarse. Fue una hermosa Navidad. Pese a que Máximo andaba ya preocupado por el cariz desagradable que las cosas estaban presentando. "No me gusta cómo se están poniendo las cosas —le había dicho—. Nadie se entiende. Nadie quiere enterderse. No hay buena voluntad entre los hombres. Egoísmo, sólo egoísmo... Acabaremos en una guerra."

Y la guerra había llegado. Con toda la crueldad que una guerra civil arrastra consigo. ¿Cuál sería su fin?

Entre todas las cabezas de los presos, se destaca una. Para Irene Gal no existe más que esa cabeza y sigue sus movimientos. Si pudiera acercarse otra vez a la reja, sentirla cerca...

Pero ya se está dando orden de retirada. Los diez minutos que les conceden a los presos a la hora de la comida, para recoger lo que les traen sus familiares, han transcurrido y el director de la cárcel ordena a los dos centinelas que desalojen el locutorio.

Irene se queda junto a la puerta, para ver otra vez a Máximo Sáenz. Otra vez. Desde la puerta. Para decirle adiós con la mano. No, adiós no, hasta mañana. Volverá mañana. Y todos los días, hasta que de algún modo se resuelva la situación.

Ya se van todos. Antes de cerrarse la puerta, Irene grita:

—¡Max! Volveré mañana.

Y él, tras alguna vacilación:

—Espera, Irene... Un momento... Un momento, por favor...

Vacila, avergonzado...

—Irene, si pudieras... si no te fuera gravoso... Por favor, una camisa... Necesito una camisa limpia.

Irene no contesta. No puede hablar. Hace un gesto afirmativo con la cabeza, antes de que la cabeza de Máximo Sáenz desaparezca tras de la puerta.

Irene no puede hablar. Otra vez se le ha puesto "el

nudo" en la garganta, impidiéndole articular una palabra. Le duele todo lo que a Máximo le sucede, como si lo sintiera sobre su carne. Como si tuviera la carne viva y le rozaran las cosas... Si ella pudiera cargar sobre sí misma lo que hace daño a Max y sentirle libre a él, lo haría con mucho gusto. Pero no es posible. Max está en la cárcel, Max ha de sufrir los rigores que sufre un preso. Sólo puede serle útil ayudándole como sea.

Acaricia la puerta que les separa.

—Sí, Max, tendrás tu camisa limpia. Ropa limpia, comida, tabaco... Lo que tú quieras... Lo que necesites... Yo... yo...

Se da cuenta, de pronto, de que está hablando en voz alta, de que está diciendo ahora lo que no pudo decirle antes de cerrar la puerta. Se da cuenta de que la miran los hombres. El director de la cárcel, los centinelas, el portero, que juega con las llaves como si manejara una campanilla. La atención de los hombres no la molesta. Curiosidad. Simple curiosidad.

Se alza de hombros. Sonríe a modo de justificación o de despedida y sale a la calle.

Sus pisadas sobre los cantos rodados de las callejuelas, sobre las losas mojadas de las estrechas aceras, van reflejando en su chapoteo la obsesión de su pensamiento:

Max... Max... Max... Max...

12 de enero de 1937

El pequeño comedor del hotel[59] huele a humedad. El papel que tapiza las paredes tiene manchas de humedad. En el techo hay dos manchas de humedad. Una de ellas, como las de las paredes, seca en los bordes, con un cerco oscuro. La otra, viva hoy, mana de vez en cuando una gota de agua. Una gota redonda y brillante como una moneda, que produce un sonido metálico al chocar contra el fondo del caldero de cinc colocado entre dos mesas.

Nadie hace caso de la gotera. Ni de los cristales rotos de las puertas. Por una de las puertas entra el vaho caliente de la cocina y el olor de los guisos. Entra también la voz de un ordenanza que canta en el patio mientras trajina:

—El caballo del teniente... ente... Tiene una estrella en la frente... ente...

Entra el olor de los guisos, entra la voz del soldado, pero no entra algo o alguien a quien parece aguardar el teniente Moure.[60] Los ojos se le van del plato a la puerta y de la puerta al plato. Hasta que, de pronto:

59. Se trata del hotel *Argentina* de Castropol, hoy desaparecido: "Me hospedaba yo por aquellos días, en el Hotel Argentina de Castropol y solía desayunar a primera hora, para evitar las aglomeraciones en el comedor y la asidua atención que me prestaba un teniente gallego, creo que de Intendencia que dirigía o regulaba el paso de convoyes entre Galicia y Oviedo" (*Atrapados...*, ob. cit., p. 168).

60. *teniente Moure*: nombre inventado que correspondía al teniente gallego de Intendencia.

185

—¡Mira!... Es ésa. Ésa que entra ahora... Mira, hombre, a la derecha... la que se sienta en la mesa, junto a la ventana.

Antes de levantar la cabeza, José Vallés[61] acaba de servirse su ración de carne y coloca sobre ella una buena porción de puré de patata, empezando a devorarlo con los ojos. Comer bien después del hambre pasada durante el sitio de Oviedo, es algo tan importante para los que salieron vivos de aquel infierno, que ni la presencia de una mujer tiene fuerza para desviarles de su objetivo.

(—Sí, claro... Los movilizados comíamos siempre —piensa—. Primero los defensores de la ciudad. Pero también hubo días... ¡jolín, qué días!... De la mañana a la noche, pim, pam... sin un descanso...)

José Vallés vuelca sobre su plato toda la salsa caliente y roja que hay en la fuente y empieza a bañar con ella el puré y la carne. Y ahora sí, ahora por complacer a Pablo Moure, más que por curiosidad, José Vallés hace girar la silla a la derecha y se vuelve hacia la ventana.

—¡Anda!... Pero si es... Sí, no cabe duda. Es ella.

—¿Ella? ¿Quién? ¿La conoces?

José Vallés vuelve a mirarla hasta asegurarse de que no se ha engañado. La muchacha que acaba de sentarse en la mesa reservada junto a la ventana, es Irene Gal.

—¿Que si la conozco? Amigos desde la infancia. Amigas las familias. Nosotros, ¡bah!, desde niños. ¿Quieres que te la presente?

La pregunta es ociosa. En plena guerra, viviendo en el mismo hotel, en la intimidad forzada de un pequeño hotel, fuera de los prejuicios que la época de paz impone en una ciudad provinciana, hablar de una presentación resulta infantil.

---

61. *José Vallés*: nombre ficticio que corresponde a un amigo de la infancia, con el que jugaba en el Campo de San Francisco, en Oviedo.

Irene Gal y el teniente Pablo Moure se conocen desde que Irene llegó al hotel. Aunque, en realidad, Pablo Moure sólo sabe de ella los datos que consigna su salvoconducto, extendido por la Comandancia Militar de Oviedo: nombre, edad, estado civil... Y lo de siempre: objeto del viaje: evacuados de la ciudad, para reunirse con su familia que reside en Galicia. O en cualquier parte. Cierto que la muchacha abandonó el convoy militar a la mitad del camino, pero esto nada tiene de particular. Lo hacen muchos refugiados que se van quedando en los pueblos próximos, esperando regresar pronto a sus hogares. Todo esto es natural. Lo que intriga a Pablo Moure y le obliga a interesarse por la muchacha, es su soledad, su constante abstracción. Irene Gal vive fuera del mundo que la rodea. Come sin levantar la vista del plato, como no sea para fijarla, sin ver, sobre un punto cualquiera. Por ejemplo, sobre el zurcido de uno de los visillos de la ventana. Pero nunca se entera de quién entra o sale del comedor, ni de los comentarios que despierta. No coquetea, como otras mujeres, con los militares que, en constante reflujo, pasan camino del frente, ni con los evacuados que llegan de la ciudad. Como si no existieran. Como si todo el hotel estuviera únicamente a su servicio y los que se mueven por los pasillos y por el comedor fuesen invisibles. Contesta distraída a los que le hablan. Y así, la amistad que Pablo Moure intenta anudar con ella, no progresa mucho.

Pablo Moure comenta:

—Bueno, si te digo que todavía no conseguí acompañarla en uno de sus paseos... Hace una vida rara esta muchacha.

—Y, ¿a qué ha venido? ¿Por qué eligió este pueblo?

—Eso es, precisamente, lo que me pregunto. Que yo sepa no tiene aquí familiares ni amigos. No se trata con los evacuados... Ya te digo que hace una vida bastante rara... Sale de casa todas las mañanas, esté lloviendo o nevando y recorre todo el pueblo. Vueltas y vueltas... ¿Pasea por pasear? ¿Por qué le agrada andar bajo la lluvia?... ¡Yo qué sé!... Dos o tres veces intenté seguirla y tan pronto se da cuenta de que la sigo, baja al embarcadero y pasa la ría en una "motora".[62] No regresa al hotel hasta el mediodía. Y llega, como has visto, distraída, tropezando con la gente. Ocupa su mesa junto a la ventana. Yo digo...

—¡Calla! Ya la cazamos.

José Vallés chasquea los dedos, satisfecho de su descubrimiento. Después se frota las manos antes de atacar a su plato.

Habla mientras come:

—Me parece que conozco el motivo de su viaje por estas tierras. Ese tío... Está visto. Es ese tío.

—¿Qué tío?

—Un indeseable. Debe andar escondido por alguna parte... Quizás esté preso... Sí, eso es. Preso... Ahora recuerdo haber oído algo sobre su detención... Creo que intentaba entrar en Oviedo o que había llegado cuando empezó esto... Y ¡zas!, le atraparon.

—¿Un revolucionario?

—No. Peor que eso. Éste no es de los que salen a la calle a pecho descubierto. ¡Ca! No, señor... Éste es de los que tiran la piedra y esconden la mano... Un filósofo de vía estrecha. De los de Ortega. Siembran ideas subversivas y después se lavan las manos. Son los verdaderos culpables de cuanto sucede... uno no sabe cómo tratarles, cómo deshacerse de ellos. Más daño hacen...

---

62. *"motora"*: lancha de motor, para el pasaje, que iba de Castropol a Ribadeo y a Figueras: "bajaba en las primeras horas de la mañana al embarcadero y pasaba en la motora a Ribadeo, donde compraba tabaco y lo que podía llevarle a él a la cárcel, y después de pasear por la ciudad durante un par de horas, o refugiarme en un café si llovía, regresaba a Castropol a la hora de la visita, subiendo directamente a la cárcel" (*Atrapados...*, ob. cit., p. 168).

—¿Y la muchacha?

—Los dos miran hacia su mesa. Irene Gal sigue comiendo en silencio, con la vista fija en los cristales de la ventana. Sobre los cristales resbala mansamente el agua. La lluvia arrecia. Se la siente rebotar sobre las losas de la acera y tamborilear sobre los paraguas que pasan bajo el canalón roto del hotel. El chapoteo de las almadreñas de los paisanos y de las botas de los militares se confunde con la música de fondo: la canción del soldado, interrumpida siempre en la misma estrofa:

—El caballo del teniente... ente... Tiene una estrella en la frente... ente...

Y otra gotera nueva.

Ésta, junto a la ventana. Precisamente sobre la mesa donde come Irene. Nadie se percata de ella, hasta que la primera gota caliza salta sobre el mantel, dibujando una manchita blanca.

Irene sigue comiendo, sin enterarse. Ahora contempla de nuevo el zurcido de uno de los visillos. Y sonríe. Posiblemente tras el visillo, tras de la cortina de agua, hay una imagen querida, invisible para todos... Pero algo ocurre de pronto. La cara de Irene se contrae en un gesto doloroso. Cierra los ojos y acaba por ocultársela entre las manos, como intentando borrar algo que la aterra... Después, las manos resbalan sobre la cara, vuelven a posarse sobre la mesa y recobra su inexpresión, su mirada vaga, que cae terca sobre el zurcido.

—¿Y la chica, es también?...

—No creo... Bueno, ¡qué sé yo!... No sé si ahora... Las personas cambian... Además, las mujeres suelen ser lo que los hombres quieren que sean. Pero ella pertenece a una familia tradicionalista. Gente bien. Todos movilizados. Camaradas, claro... Ya han caído dos... De Irene hace mucho tiempo que no sé nada... Se quedó huérfana siendo una cría... Ocho, diez años... Cuando yo la conocí vivía con su abuela.[63] La abuela se murió hace dos o tres años y ahora me figuro que andará suelta, como perro sin amo.

Un pedazo de pan naufraga en la salsa y José Vallés tiene que ocuparse de ponerlo a salvo y trasladarlo cuidadosamente a su estómago. Ya realizado, vuelve a mirar a Irene.

—¿De modo que ésa es tu dama desconocida?... La que te trae en jaque... Pues ya estás listo. Me parece que puedes despedirte de ella. Como me entere de que ese tío anda por aquí, va a durarles poco el idilio... He de evitar que la chica se comprometa y pueda sucederle algo desagradable... Por su familia, claro... Y también por ella. ¡La tonta ésta!... No están las cosas para jugar a revolucionaria.

—¿Qué piensas hacer con ella?

—Aún no lo sé... Desde luego, sacarla de este lío,[64] quiera o no quiera. Esto es asunto mío.

---

63. Dato falso. No se trata ni de los Rivero ni de los Estrada. Durante la guerra murió su madre, de hambre, en el sitio de Oviedo. Este hecho marcó su vida. Así lo describe en *Atrapados en la ratonera*: "nuestra madre, seguía muriéndose lentamente, resignadamente, como tantos millares de personas que se iban muriendo sin culpa alguna, sin odio ni rebeldía y sin tener la satisfacción de morir por algo, porque no comprendían aquella locura. Niños, viejos, enfermos, se morían sin saber por qué se morían. Muertes más crueles por inocentes, por indefensos... (...) No necesito asesorarme sobre la veracidad de estos recuerdos, porque murió nuestra madre el día 23 de octubre y estuvo seis días sin enterrar, por no tener donde hacerlo" (pp. 131 y 142). Su *Letanía para una madre muerta* finaliza con un reto a Dios:

> Yo, tu hija, la atea
> le exijo a Dios que exista
> y cree para ti un cielo
> si no lo hubiera (p. 148)

64. Este episodio está muy bien descrito en *Atrapados en la ratonera*, con el diálogo siguiente:

—Te estás buscando voluntariamente que un día te detengan, suponiéndote enlace de los rojos, y que te arrimen al paredón.

José Vallés empieza a mondar una manzana, cuidando de no romper el rizo que va formando la piel. De pronto, da un tirón, arranca ésta y la arroja sobre el plato. Se pone de pie, apartando la silla sin hacer ruido. Se guarda en el bolso del pantalón otra manzana y mordiendo la que ha mondado, hace señas a Pablo Moure para que le siga.

—Bueno, ¿qué bicho te ha picado? ¿No la saludas?

—¡Chist! Cállate... No me ha visto. Mejor así... No vayamos a levantar la caza.

Y ante un gesto de protesta de Pablo Moure:

—Bueno, tú quédate —dice—. Pero no le digas nada.

Por la puerta abierta de la cocina, que también comunica con el patio, entra otra vez el estribillo de la canción, que ahora silba el ordenanza.

José Vallés, abre los brazos, se alza de hombros... Y después...

—Oye, ¿por qué no asesinas a tu asistente... ente o le quitas a tu caballo la estrella... ella?

Ríen los dos, como dos muchachos. Como lo que son. Aunque desde hace seis meses juegan todos los días con la muerte.

—No soy enlace de nadie

—Eso supongo, pero nadie va a fiarse de tus palabras, conociendo tus ideas.

—Mis ideas...¿Qué ideas?

—Las que sean, no eres de los nuestros (pp. 169-170).

En su mesa de trabajo.

13 de enero de 1937

Sí... Eso es... Están bombardeando en plena noche la ciudad dormida... Una... dos... tres... cuatro bombas estrellándose contra el asfalto... Ni la fusilería ni los antiaéreos responden al ataque. Un silencio sigue al ruido producido por la metralla.

Irene Gal abre la boca, instintivamente. Alguien ha dicho que es conveniente abrir la boca durante los bombardeos, para que el tímpano pueda vibrar y no reviente con la explosión. Irene abre la boca y cierra los ojos. Y se tapa la cabeza bajo el embozo. El corazón le late apresuradamente.

Cuando por segunda vez en el silencio de la madrugada vuelven a sonar los golpes, Irene Gal, ya despierta, los percibe claramente. Bien, bien, no se trata de un bombardeo. Debe tranquilizarse. Recuerda que está en un hotel de un pueblo de la retaguardia, lejos del fuego, acostada en su cama y... alguien llama a la puerta de su habitación.

Antes de reaccionar e incorporarse, se abre la puerta y alguien entra en el cuarto, se acerca a la cama y la zarandea con suavidad.

—¡Irene!... ¡Irene!... Vamos, Irene... Levántate.

Irene abre los ojos. Bosteza. Trata de reconocer al hombre que se mueve por la habitación, apartando las cortinas y abriendo las contraventanas.

Rápidamente, piensa:

(—¡Max!... Es Max... Pero, ¿qué es esto? ¿Cómo está aquí?... Bueno, a ver si estoy soñando...)

No. Ni es Máximo Sáenz, ni está soñando. El hombre, un militar, un falangista, se planta otra vez ante ella.

—Vamos. Irene. Es tarde.

Irene mira al hombre, sin comprender.

(—Tarde, ¿para qué?)

El hombre tiene la barba crecida como corresponde a todo combatiente. Hasta los emboscados se dejan crecer la barba. El afeitado y la corbata son dos signos de cobardía que sólo algunos viejos se permiten ostentar sin avergonzarse. El hombre viste el uniforme caqui del Ejército y la camisa azul de la Falange, y enganchada sobre un hombro de la guerrera, la boina roja del Requeté. Como sus primos, como todos los movilizados.

A pesar de la barba, se le adivina joven, casi un muchacho. A pesar de la barba, Irene acaba por reconocerle.

—¡José Vallés!

José Vallés, de los Vallés, de Oviedo. Se conocen desde niños. Jugaron juntos en el parque de San Francisco. Más tarde se encontraron en el Instituto... Hace tiempo que no veía a José Vallés. Sabía que andaba metido en todas las algaradas estudiantiles, en el bando de los de la F.E.[65] Cuando la revolución de octubre...

(—Bueno, pero ¿qué hace aquí, en mi cuarto?... No comprendo nada.)

Irene Gal vuelve a bostezar. Se restriega los párpados con los puños. Después trata de poner un poco de orden en sus ideas. Entre tanto, se tapa con el embozo de las ropas hasta la barbilla.

Casi hostil, dice:

—¿Qué quieres? No vendrás a detenerme...

José Vallés sonríe. Toma de una silla la ropa interior de Irene y se la arroja sobre la cama.

65. *F.E.*: Falange Española.

—No seas estúpida, chica... Anda, vístete en seguida. No disponemos de mucho tiempo.

—De tiempo, ¿para qué?

—Esto no te importa. Te he dicho que te vistas inmediatamente.

Irene Gal vacila. ¿A dónde quiere llevarla? ¿No se tratará de...? No. Los Vallés son buena gente. Las familias se conocen desde siempre. Claro está que la guerra... La guerra es la guerra... Una guerra civil... Hermanos contra hermanos... En las mismas familias se han dado casos... Él sabe o supone que Máximo Sáenz es... Sí, claro que lo sabe. Ella quiere a Max. Nunca lo ha ocultado. Entonces...

(—José Vallés es ahora un enemigo —concreta—. Viene a detenerme... ¿Tal vez a...? ¡No!)

Los dientes de Irene Gal castañetean. De frío o de miedo. Posiblemente a causa de las dos cosas. Sujeta bien las ropas bajo la barbilla. Con un hilo de voz, pregunta:

—¿A dónde me llevas?

José Vallés ve el terror reflejado en los ojos de Irene Gal y se acerca a la cama. Acaricia su cabeza.

—Vamos, vístete, Irene. Tenemos que salir inmediatamente. El convoy ya se está formando.

—¿El convoy?... ¿A dónde me llevas?

—Con tu familia. A Oviedo. Ahora ya lo sabes.

—No quiero volver a Oviedo. ¡No quiero! No tengo a nadie en Oviedo... Mi vida no importa a nadie.

—Y por eso te la juegas tontamente.

—No juego nada.

—¿Ah, no? Y vienes a meterte en la ratonera. ¿Quieres que te detengan y te arrimen al paredón[66] cualquier día, suponiéndote enlace de los rojos?

—No soy enlace de nadie.

---

66. *arrimen al paredón*: fusilar.

—¡Toma! Ya lo sé... Pero nadie va a fiarse de tus palabras conociendo tus ideas...

—¿Qué ideas?

—Las que sean... No eres de los nuestros.

Es la primera vez que se lo echan en cara. "No eres de los nuestros."[67]

Irene se muerde los labios y no contesta. Nada tiene que objetar. En realidad, no sabe bien lo que quiere, ni lo que espera. Le importa sólo una cosa: Máximo Sáenz... La vida de su hombre es lo que le interesa. Lo demás... Hasta su propia vida pierde importancia. Por eso defiende su posición frente al falangista. Tiene que cuidar a Max. No marchará del pueblo. No se irá.

—¿Y si no quiero seguirte? Aquí no hago daño a nadie.

—Claro que no. Desde luego... Si fueras peligrosa para la Causa, te entregaría a las autoridades militares sin contemplaciones. No haces daño a nadie, de acuerdo, chica. No haces daño a nadie, más que a ti misma, con tu pasión estúpida por ese hombre... Bien, Irene, se acabaron las ideas y venidas a la prisión y tus paseos al embarcadero.

—¿Quién te lo ha dicho?

—Eso no importa... Vamos, que ya hemos perdido bastante tiempo.

De un tirón, José Vallés arrebata las ropas de la cama y las arroja al suelo.

---

67. Así describe este penoso asunto en *Atrapados en la ratonera*: "Era la primera vez que me reprochaban abiertamente lo que más tarde iba a escuchar durante muchos años: 'No eres de los nuestros'. Claro que no, de eso estaba yo bien segura. Pero, de momento, sólo una cosa me obsesionaba: la vida de él. Confieso que la República, la democracia, la guerra, mi propia vida, me importaban por aquellos días, bastante menos que la suerte que él pudiera correr en manos de los franquistas" (p. 170). En efecto, sus relaciones con Máximo Sáenz y sus ideas liberales le costaron separaciones de su cargo de maestra nacional, a pesar de que en 1936 había firmado la adhesión al Movimiento.

—Vístete inmediatamente o te haré salir en pijama de la habitación.

Poca es la diferencia de edad que media entre ellos... Tres... cuatro... acaso cinco años, pero el hombre tiene ahora la autoridad y la hace valer frente a la muchacha.

Irene Gal vacila. Está claro que ha de salir en el convoy militar con dirección a Oviedo, sin ver a Max. Pero antes tiene que buscar el modo de despedirse, de encargar su cuidado a alguien, hasta que pueda volver a localizarle y otra vez pueda correr a su lado.

Se atreve a suplicar:

—Sal de la habitación. Me vestiré.

José Vallés sonríe.

—Ni lo pienses, Irene... Saldremos juntos.

Después se vuelve de espaldas a la muchacha, cara a la ventana. Durante unos minutos tamborilea con los dedos sobre los cristales, silbando el *Giovinezza*.[68]

A través de los cristales se adivina el amanecer lluvioso y frío de un día de enero. Caen unos copos de nieve en un tímido intento de vestir de blanco el paisaje gris. Pero todos saben que no habrá nevada. Rara vez nieva en la costa. Por lo menos, rara vez cuaja la nieve. Los copos blancos que se aventuran a anunciar una nevada, se resignan en seguida a convertirse en agua y dan al César lo que es del César: agua sobre los campos verdes encharcados de agua. Sobre las carreteras y caminos convertidos en barrizales. Agua sobre el agua gris de la ría que, a su vez, soñó ser verde y acabó pagando al paisaje gris su tributo.

José Vallés silba el *Giovinezza,* mientras Irene Gal se viste, con prisa, mirando a hurtadillas hacia la ventana.

Piensa José Vallés:

---

68. *Giovinezza*: canción fascista de Mussolini que cantaban los falangistas españoles.

(—Agua paralizando las operaciones en los frentes de Asturias. ¿Cómo, diablos, vamos a acabar pronto con esto? Cuando llegue la primavera...)

E Irene piensa:

(—Hace un año exactamente, había también un hombre en mi habitación. "Tortuga... Tortuguita... Chiquitina mía..." Ardía un buen fuego en la chimenea. Los copos de nieve la asustaban... "No, no aparta las manos... Déjame contemplarte desnuda... ¡Mi pequeña Astarté!..." Los coches que subían la carretera, metían la luz de sus faros en la habitación y la retiraban, para volver a volcarla dentro, como la luz de los Faros... "No me gustan cómo se están poniendo las cosas. No hay buena voluntad entre los hombres... Nadie se entiende... Acabaremos en una guerra.")

En fin, la guerra ha llegado. Máximo Sáenz está en la cárcel, y en la habitación de Irene hay otro hombre, un falangista, que la obliga a vestirse rápidamente, para salir en el convoy militar con dirección a Oviedo.

—Vamos, ¿ya estás, Irene?

Irene dice algo ininteligible, en tanto se chapuza la cara y las manos en el agua fría de la palangana. El agua acaba de despabilarla, devolviéndole al cerebro su lucidez. Pese a ello no acaba de trazarse un plan para resolver lo de la despedida. Si pudiera hablar con la camarera...

José Vallés llama a la camarera y le pide que sirva en seguida en el comedor dos tazones de café bien caliente y unas tostadas y que preparen también la cuenta de Irene Gal, que sale de viaje.

Todo sin consultar con la muchacha. Seguramente divirtiéndose en su papel de mando, que tal vez no ha ejercido nunca sobre una mujer.

La ayuda a hacer la maleta, compartiendo una intimidad que molesta a Irene. La aguarda, maleta en mano, junto a la puerta, cuando Irene entra en el retrete. Ya en el comedor, le sirve el café, le unta las tostadas de mantequilla... Terminado el desayuno paga su cuenta y la toma del brazo, conduciéndola hasta un viejo *Ford* que espera en la puerta y les lleva hasta El Empalme.

El convoy militar está ya formado. Como si esperaran sólo por ellos, cuando Irene entra en la cabina de uno de los coches de la Intendencia el convoy se pone en marcha.

Ni recomendaciones, ni despedidas. Todo previsto. Todo preparado. El teniente Vallés desaparece para ocupar su puesto en alguna parte.

El teniente Vallés ha desaparecido, e Irene Gal se encuentra ahora desamparada. Mientras José Vallés estuvo a su lado, en tanto sintió sobre ella su autoridad —aunque esta autoridad chocara con su deseo— sentía la tranquilidad de no ser responsable de sus actos, de dejarse arrastrar por las circunstancias. Todo intento de rebeldía resultaba inútil. Era, pues, necesario someterse. Pero ahora, aunque se siente prisionera de su influencia, José Vallés no está aquí, a su lado, ordenándole lo que debe hacer en cada momento, e Irene empieza a sentirse como desplazada.

Trata de situarse en su realidad. Su realidad es ésta: va aquí, sentada en la cabina de uno de los camiones de la Intendencia, que lleva el suministro de víveres al frente de Oviedo. A su lado van tres hombres desconocidos. Los hombres la miran a ella con curiosidad. Con una curiosidad relativa. No es la primera vez que se les confía la custodia de una persona que entra o sale de Oviedo. Ellos saben quién es Irene, puesto que llevan su salvoconducto y órdenes terminantes de no permitirle quedarse en ningún pueblo del trayecto. La consigna está clara: meterla otra vez en la ciudad sitiada, para que no vuelva a ver a Máximo Sáenz.

¡Máximo Sáenz!... Apenas ha tenido tiempo para pensar en él esta mañana. Sucedió todo rápidamente. José Vallés ha contado con el factor sorpresa para separarles; de otro modo, ella se habría escondido en cualquier parte, para volver a ver otra vez a Máximo Sáenz.

Vuelve la cabeza, intentando ver por el ventanillo de la cabina el tejado gris de la cárcel y el pueblo que se va quedando atrás. No puede ver nada. Por una parte la lluvia, la espesa cortina de agua, que le oculta el paisaje. También el cargamento. A través del cristal que separa a éste de la cabina, ve sólo la lona gris que lo cubre, resguardándolo del agua. Sabe que el camión transporta latas de carne. Es el primer suministro que envía Argentina a la España de Franco. Lo sabe porque los hombres de la cabina lo van comentando. El más alto de todos, el capitán, el que le ha cubierto las piernas con una manta, le regala dos latas. Otro de los muchachos, un alférez, le da un paquete de galletas, una lata de sardinas en aceite y un paquete de cigarrillos. Y le sonríe amistosamente, cuando Irene le mira.

En verdad que es cosa triste que estos muchachos jóvenes y optimistas, llenos de vida, tengan que enfrentarse con otros hombres, también jóvenes y ansiosos de vivir, que militan en el Ejército de la República.

Este pensamiento subleva a Irene.

—¿Por qué ha de pagar siempre la juventud los desaciertos políticos de los viejos?)

Delante de la Intendencia ruedan en el convoy camiones y camiones de soldados de una columna gallega.[69] Mar-

---

69. Así los describe la autora en *Atrapados en la ratonera*: "No era difícil averiguar su origen, porque en los costados de los camiones llevaban grandes pancartas con enormes centollos pintados sobre la tela, bajo unas letras también enormes: 'Asturianos, aquí vamos los gallegos a liberaros'. El teniente me explicó que, como los rojos habían llamado 'mariscos' a los soldados gallegos de las primeras columnas que entraron en la capital, éstos habían adoptado como mascota un centollo y lo pintaban en sus carteles y en sus banderas" (p. 171).

chan cantando. Por encima del ruido de los motores, dominando el viento y la lluvia, llega de vez en cuando hasta la muchacha la canción de los soldados:

> Dicen que avanzan los Rojos
> por el Puerto de Somiedo.
> Pero se van a encontrar,
> pero se van a encontrar
> con un batallón gallego.

Un alarido, al estilo del "ixuxú" asturiano que ella tan bien conoce, cierra la copla. Y al cabo de un rato, empieza de nuevo.

Irene Gal se muerde las uñas. Después se frota las manos nerviosamente.

(—¡Está bien!... Los Rojos... ¿Quiénes son los Rojos?)

Todos los que luchan al lado de la República. La cosa está clara... En principio todo estaba un poco confuso. ¿Un alzamiento militar contra el Gobierno? ¿Una revolución como la de Octubre, pero de signo contrario? Eso parecía. Ahora no hay lugar a dudas, a medida que las cosas se van perfilando, se ve claro que no se trata de un simple levantamiento, que España tiene entablada una lucha a muerte, una verdadera guerra civil. Y los campos ya se han delimitado. A un lado, las fuerzas del Gobierno, los partidos del Frente Popular, englobados bajo el común denominador de ROJOS. Al otro lado, las tropas de Franco, a las que los rojos llaman los FASCISTAS. Las naciones extranjeras empiezan a tomar en serio el caso España y las simpatías y antipatías se manifiestan según el signo y el color de sus Gobiernos. De momento, fuerzas y simpatías parecen equilibradas. ¿Cómo terminará esto?

Irene Gal no se pregunta nunca quién tiene la razón. No puede analizar razones. Ni lo desea. Se guía sólo por sus sentimientos. Y por su conciencia. Pero ¿es que la conciencia no está también influenciada por los sentimientos?

La asusta analizar sus sentimientos, porque empieza a descubrir un fondo de egoísmo que desconocía. El mundo se divide para ella, en estos momentos, en dos partes desiguales: Máximo Sáenz y todo lo demás. Si ese "todo lo demás" fuera el precio de la vida de Máximo Sáenz, Irene lo daría sin vacilación y sin dolor. Sin remordimiento.

(—¿Seré la única persona que piensa así? ¿O también los demás tendrán sus sentimientos, sus intereses creados y los pondrán sobre todos los ideales?)

Irene Gal esconde la cara entre las dos manos y permanece así durante unos momentos.

(—No eres de los nuestros, dijo... Bueno y a mí ¿qué me importa? ¿De quién soy?... ¡Yo qué sé!... ¿Por qué pensar en éstos o en aquéllos? Max... Esto es lo único que me interesa. Si yo pudiera...)

Al reparar en la actitud extraña de la muchacha, el capitán la toma por los hombros suavemente:

—¿Qué hay, chica? ¿Te mareas?... Toma, bébete un trago de esto. Se te pasará.

Irene se sorprende al encontrarse en la cabina de un camión, rodeada de militares. Lo había olvidado. Se sonroja y no sabe qué contestar. Va a rechazar la cantimplora que el capitán le ofrece, pero no lo hace. Tiene sed y bebe.

Se encuentra mejor. El *brandy* la ha reanimado.

Rueda ahora el convoy carretera adelante, saltando sobre los baches, haciendo retemblar los puentes provisionales, salvando, a campo traviesa, los trozos de carretera en reparación... Delante van los coches militares, seguidos de la Intendencia. Cierran la caravana los turismos de los civiles, que se van agregando en cada pueblo. Es peligroso aventurarse a pasar solos la línea de fuego y entrar sin protección en la ciudad sitiada.

Cuando un coche militar se detiene por cualquier motivo, se produce un desagradable ruido de frenos. Todos los coches del convoy se detienen al mismo tiempo y hasta que la cabeza de la serpiente se pone en movimiento, no vuelven a sentirse las sacudidas de la cola, sobre la carretera enfangada.

Cortada por los baches, por las desviaciones de la carretera, por el ruido de los motores, llega hasta Irene, de vez en vez, la canción de los soldados:

—El caballo del teniente... ente.

Tiene una estrella en la frente... ente...

Bien, parece que ahora va a enterarse Irene Gal de lo que le ocurre al caballo del teniente que tiene una estrella. Presta atención un momento...

—Con un letrero que dice... ice...

No. Irene Gal no llega a saber tampoco esta vez lo que dice el letrero. Una curva de la carretera se traga al coche y las voces perecen en la revuelta. Cuando lo alcanzan, los soldados atacan ya el estribillo:

—Carrasclás, carrasclás,

qué bonita serenata...

Carrasclás...

¡Se acabó!... Tampoco la serenata tiene final. Ahora es la plancha de acero de un puente la que cubre con su quejido metálico las voces de los soldados. De estos hombres, casi niños, que van cantando a la muerte.

Irene Gal siente piedad por ellos. Y por los otros, por los que bajarán, también cantando, el Puerto de Somiedo, obedientes a las órdenes de sus jefes.

Esto es la guerra... Esto y el sitio de las ciudades... Y los bombardeos... Y las cárceles... Y las depuraciones...

(—Máximo tenía razón. No hay buena voluntad entre los hombres. Cuando sería tan sencillo amarse... ayudarse unos a otros... Ser bueno es fácil... Eso, basta ser bueno...

No hace falta ser rico ni inteligente. Basta tener una buena voluntad... "Paz en la tierra a los hombres de buena voluntad"... Pero no hay buena voluntad entre los hombres. Los hombres no quieren la Paz.)

Las canciones de los soldados llegan intermitentes, en oleadas, como la marea. Suben, bajan, desaparecen, vuelven a caer encima...

Al pasar por los pueblos se interrumpen y vitorean a Franco y al Partido. Saludan. Gritan... Los campesinos corresponden levantando el brazo. Los chicos contestan a los gritos de los soldados y siguen al convoy militar mientras sus piernas se lo permiten. Si la guerra dura algún tiempo, también ellos irán un día al frente en los camiones.

Ha cesado de llover. Irene Gal puede ver ahora, al tomar las curvas, los coches militares que les preceden. Llevan grandes carteles en los costados con unos centollos enormes pintados en la tela, sobre los que se lee: "Asturianos... Aquí van los gallegos a liberaros."

El alférez explicó a Irene que los Rojos, llamaban "mariscos" a los soldados de las columnas gallegas y éstos habían adoptado a los centollos como emblema.

Otra vez kilómetros y kilómetros de carretera, saltando sobre los baches, adormeciéndose con el ruido del motor y de las canciones de los soldados. Un ligero tiroteo y un pequeño choque con la artillería enemiga, al pasar cerca de la loma de Cuero,[70] donde se bate el cobre. Salvado este incidente, el convoy se detiene cerca de Grado, aguardando la noche para entrar en Oviedo.

Irene Gal no pregunta nada. No siente curiosidad por conocer nada. Come y bebe con los militares. Oye indife-

---

70.   Loma que se encuentra entre Grado y Cornellana. Este incidente aparece igualmente descrito en *Atrapados...*, ob. cit., p. 172 y ss.

rente sus conversaciones. Tampoco ellos le preguntan. Se limitan a cumplir su misión de conducirla a Oviedo.

Entre dos luces, el convoy vuelve a ponerse en marcha. Pero ya no hay vítores ni canciones. Están entrando en zona de combate y hay que salvar la línea del frente, ofreciendo el menor blanco posible al fuego enemigo. Avanzan con los faros apagados, reduciendo al mínimo el ruido de los motores y guardando entre los coches un espacio prudencial que les permita acelerar la velocidad en caso de ataque.

Irene Gal empieza a sensibilizarse. Sale de su abstracción, sintiendo la necesidad imperiosa de orinar. Primero es sólo como una molestia. Piensa que se quedaría tranquila si orinara. Pero esto no es posible. No debe pensar en ello. Aunque dejara a un lado todo pudor y manifestara esta necesidad a sus compañeros, no detendrían el coche. Ello equivaldría a detener a todos los camiones que les siguen y a los turismos... Absurdo pensar en ello.

El convencimiento de que no podrá orinar hasta llegar a Oviedo, aumenta su nerviosismo y su deseo. Más que deseo es ya una necesidad. Empieza a ser una angustia... Llega a pensar que no hay placer comparable en la vida al de orinar cuando se tiene ganas de hacerlo. ¿Qué daría en este momento por poder hacerlo? ¡Lo que fuera!... Empieza a enumerar todas las cosas gratas de la vida, para caer, terca, en lo mismo: orinar... orinar... ¿Y si a cambio le propusieran la vida de Máximo Sáenz...?

(—¡Qué tontería! A quién iba a ocurrírsele... Pero si ahora, de pronto... ¡Sí!... Sería estupendo.)

Lo que Irene desea en este momento, es nada menos que el enemigo abra fuego sobre el convoy, obligándole a detenerse. Unos minutos, sólo unos minutos. Los suficientes para que ella...

Y el convoy se detiene.

—¿Eh? ¿Qué pasa?

Nada. No hay tiroteo. La tortuosa carretera provisional de El Escamplero está resbaladiza y ha patinado un coche. Un incidente sin importancia. Con tal de que los diablos rojos no empiecen a vomitar metralla y haya que contestarles adecuadamente.

Los rojos no abren fuego. Irene abre la portezuela y salta del coche. El capitán sonríe. Hace tiempo que viene observando el nerviosismo de la muchacha... y comprende.

El alférez se dispone a saltar de la cabina.

—Oye, tú, ¿dónde vas? ¿Es que crees que la chica va a escaparse?

—Nada de eso, es que yo también... ¡demonio!...

El sargento palmotea sobre el volante.

—El miedo es libre, mi capitán... No crea que mis nervios andan muy firmes.

Y con un gesto teatral:

—¡Temblando de miedo, pero en mi puesto!

Todos al coche. Otra vez el convoy en marcha. No hay más incidentes. Irene Gal, libre de su obsesión, está un poco avergonzada, aunque nadie parece haberse dado cuenta de lo ocurrido.

El capitán le pregunta:

—¿Dónde vive tu familia?

—¿Mi familia?

Irene abre la boca. Abre los brazos...

—Mi familia... Pues... seguramente en ninguna parte... Quiero decir... Los hombres, por los frentes... Ellas, las mujeres y los niños, por algún pueblo de la retaguardia... En Galicia... Sí, en Galicia...

—Y, ¿dónde vas a hospedarte tú?

Irene vuelve a abrir los brazos y se alza de hombros... Verdad es que no había pensado en ello. Pensaba en Max, en la cárcel, en los días transcurridos a su lado... El pensamiento se le había quedado allí y ahora tenía que hacer un esfuerzo para incorporarse a la realidad. No tenía casa. No viviría en ninguna parte... Bueno, sí...

—En el Refugio del Banco Herrero. Es lugar seguro.

El capitán le da unos golpecitos cariñosos en la cara. Le da también algo más práctico que una caricia: unos botes de leche condensada y otra lata de carne. Y le promete:

—Iremos alguna vez a tu refugio, ¿verdad, Corrales?...[71] Tenemos que alimentar a este gorrioncete.

Irene Gal vuelve a pensar otra vez en el dolor y en la injusticia de las guerras que convierten a los hombres en enemigos. Estos hombres cordiales y simpáticos, son enemigos de Máximo Sáenz. Son los que retienen en la cárcel a Máximo Sáenz. Y ella no puede odiarles... De nuevo se hace Irene Gal la misma pregunta:

(—Es injusto, es... sí, criminal. ¿Por qué tiene que pagar la juventud la política desastrosa de los viejos?)

En fin, otra vez Oviedo. El frente de Oviedo. El sitio de Oviedo.[72] El convoy entra en silencio en la ciudad por el único paso practicable. La ciudad está oscura y silenciosa, disfrutando de una pequeña tregua de paz.

Cuartel de Santa Clara. El coche donde viaja Irene Gal se detiene. Despedidas. Nuevas promesas de llevarle al refugio algunos alimentos.

Irene Gal toma su maleta y tras alguna vacilación empieza a caminar en dirección a la Escandalera.

Alguien silba una canción.

Irene Gal se detiene. Vuelve sobre sus pasos.

—¡Capitán!

El capitán se acerca a la muchacha.

71. *Corrales*: aunque este nombre es real, no corresponde a la descripción del personaje (Entrevista).
72. Una descripción completa y exhaustiva se encuentra en *Atrapados en la ratonera*.

—¿Eh? ¿Qué pasa? ¿Quieres que te acompañemos?

Irene Gal se turba. Sospecha que el capitán va a burlarse de ella. Lo que Irene Gal quiere preguntarle es algo tan infantil, tan fuera de situación... Pero no tiene más remedio que averiguarlo:

—¿Qué le pasa al caballo del teniente?

—¿Del teniente?... ¿De qué teniente?

—Ese caballo que tiene una estrella, ella... con un letrero que dice, ice... Los soldados lo cantaban por el camino. Pero no he podido saber lo que dice el letrero.

El capitán tampoco lo sabe. Se rasca la barbilla, desazonado. Cuántas veces ha silbado la canción, sin tratar de averiguar lo que el letrero dice.

—¿Qué tal si le ponemos valiente como consonante?... Con un letrero que dice, ice... Mi amo es el más valiente.

De acuerdo.

Se despiden otra vez, e Irene Gal se aleja, arrastrando su maleta, ni muy grande ni muy pesada. El capitán la ve desaparecer poco a poco, diluyéndose entre la niebla.

Dando una conferencia en Alicante (febrero 1958).

La brocha, apoyada sobre los bordes del bote, gotea una masa blanca y espesa, que forma en el suelo un pequeño charco.

Sentada sobre el suelo, Irene Gal contempla el charco blanco que la pintura va formando a sus pies. Después, la mirada de Irene Gal empieza a elevarse desde el suelo de baldosines rojos, trepando por la pata de la cama, a medio pintar, y queda detenida por un grito de angustia que llega de alguna parte.

—¡Sacadme de aquí!... ¡No quiero morir!...

No quiero morir... Tampoco Irene Gal quiere morir. ¿Por qué ha de morirse nadie?

Busca con la vista algo en lo que pueda limpiar los dedos. No encuentra nada. Acaba por limpiárselos en la bata y se incorpora sobre sus piernas dobladas.

Otra vez el grito:

—¡No quiero morir!... ¡Socorro!...

Y la desbandada... Monjas, enfermeras y sanitarios, corriendo de un lado a otro del Hospital, transportando heridos.

—¡Vamos, Irene Gal, ayúdenos!... Deje eso... Los heridos... Los heridos ante todo.

Irene Gal regresa de la cárcel y vuelve a situarse en la

73. 1937: el 21 de febrero, las fuerzas republicanas intentan, por segunda vez, conquistar Oviedo. La batalla fue muy cruenta.

realidad. Su realidad es ahora el Hospital de Sangre del Frente de Oviedo. Oviedo es frente de combate. Primera línea. Y ella, enfermera del Hospital.

¿Cómo llegó Irene Gal al Hospital de Oviedo?

Ni ella lo sabe. Empujada, como siempre, por los acontecimientos: bombardeos. Refugios. Ruinas. Colas para conseguir la ración de agua. La ración de pan. Bombardeos. Calles desiertas. Refugios. Llegada del convoy de Galicia. Animación. Comida. Bombardeos. Ruinas. Refugios. Deambular por las calles, al azar...

Y el encuentro con Maysa Echevarría:[74] "Hacen falta enfermeras en el Hospital. La Sala 10 no tiene servicio. Los moros son sucios... ¡Ah, claro... y carecen de atractivo para las muchachas!... Otra cosa son las salas de los oficiales y de los falangistas."

Pero los moros son también hombres... Hombres heridos... Humanidad... Frentes, cárceles, hospitales... ¡Humanidad, pobre Humanidad...!

Irene Gal viste el uniforme blanco de las enfermeras, y aprende al mismo tiempo que a curar heridas, a fregar orinales...

...y a pintar camas. Nada es obligatorio en el Hospital, pero es necesario hacerlo. En los períodos de calma, cuando puede evacuarse a la retaguardia a los convalecientes y alguna que otra sala queda desierta, se impone una limpieza general. Hoy le toca el turno a la Sala 10. Irene Gal pintaba, cuando de pronto...

(—Bueno, pero ¿qué sucede?... ¡Ah, ya!... El anunciado ataque... Empieza la danza...)

Abstraída por completo en su pensamiento, no se había percatado de que "el volcán entraba en erupción" como

---

74. *Maysa Echevarría*: nombre real. Las seis hermanas Echevarría ejercieron de enfermeras durante el cerco de Oviedo.

decían los soldados, y que esta vez iba la cosa en serio. ¿Un combate definitivo para el Frente Norte?

Irene Gal acaba de incorporarse sobre las piernas, derribando el bote de la pintura y se une a las demás enfermeras.

Alguien repite:

—¡Pronto!... Los heridos... Sacadlos de aquí.

Sí. Hay que salvarles. "No queremos morir" dicen o piensan todos. No quieren morir en la cama del Hospital. Están heridos, ¿no es cierto? Entonces han conquistado, con su propia sangre, el derecho de vivir, el derecho a una tregua en el combate, en tanto se convierten otra vez en carne de cañón.

Pero no hay tregua para los heridos. No hay derecho de asilo para el combatiente en una ciudad sitiada. Si ellos no van al frente, el frente viene a buscarles a la misma cama del Hospital, para cebarse en ellos como lo hace en las mujeres y los niños. No hay retaguardia. Todo Oviedo es un frente. Cada casa, cada reducto, un objetivo militar, y hay que destruirlo.

Irene se incorpora al grupo de salvamento. Torpemente. Sin saber lo que debe hacer.

—¡Vamos, Irene, échame una mano!

Es Maysa Echevarría quien la toma de un brazo con violencia, quien le pone entre las manos las varas de unas angarillas improvisadas.

—¡Vamos, aprisa, Irene, no te duermas!

No se duerme Irene Gal. Ocurre sólo que tarda en incorporarse a la realidad, que tarda en darse cuenta de lo que sucede. Estaba en este momento lejos del Hospital, agarrada a la alambrada de una prisión, tras de cuyas rejas ha quedado un hombre que tampoco quiere morir.

—Vamos, Irene, pronto... Todos al piso bajo, más resguardado del fuego.

DOLORES MEDIO

Irene Gal hace mecánicamente cuanto le indica Maysa. Maysa Echevarría es uno de los tipos más "efectivos" del Hospital. Ella y sus cuatro hermanas. La doctora Echevarría ha organizado el servicio de enfermeras y dirige ahora el traslado de los heridos.

De los heridos que surgen por todas partes, que saltan aterrados sobre sus muletas, que caminan o se arrastran, agarrándose a las camas, a las paredes... Es preciso sujetarles, reducirles a la inmovilidad, para que no obstaculicen la labor de las monjas y de las enfermeras.

El hombre que ahora se apoya en Irene para caminar es un herido leve. Un balazo en una pierna, a la altura de la rodilla. Va bien la herida. Si no se le declara la gangrena, puede considerarlo un tiro de suerte.

—¿Le duele mucho?

—No, chica, gracias... Doler, ya nada... Si no fuera esto...

Dice él y se queda mirando a Irene.

—Oye... yo creo que te conozco...

También Irene cree reconocerle... ¿Auxiliar del Instituto?... Max le había saludado alguna vez cuando iba con ella.

Él dice:

—¿No eres tú la novia de Máximo Sáenz, ese profesor que han condenado a muerte?... Lo sentí. Buen muchacho. Yo le trataba. Me enteré casualmente...

El cerebro de Irene Gal tarda unos momentos en acusar el golpe. No acaba de comprenderlo.

(—¿Max...? No es posible... ¡No es posible!) —se dice.

Pero siente la sensación de que algo se le vacía dentro del cuerpo, de que se le enfría el cuerpo, de que las piernas se le paralizan...

Piensa:

(—Voy a caer.)

212

Pero sigue andando, soportando sobre sus hombros el brazo del muchacho y escuchando sus comentarios, como si le llegaran desde otro mundo.

(—Max... ¡Max!... ¡No es posible!... ¿Y ahora?...)

Ahora el grito de rabia, de dolor, de su carne ya sensibilizada, de su carne ya despierta, ya hecha herida en carne viva...

Se desprende del brazo pesado del hombre, en una brusca sacudida y se tapa la cara con las manos.

(—¡No es posible! ¡No es posible!... ¡No quiero!)

Los dedos, crispados, le resbalan cara abajo, arañando la piel, clavándose en los labios, rasgándole los labios... Muerde las uñas y los dedos para no gritar:

(¡Mentira!... ¡Mentira!... No han fusilado a Max... ¡No! ¡No es posible!...)

Corre por los pasillos del Hospital, tropezando con la gente.

Maysa Echevarría la llama desde una sala:

—¡Eh, Irene!... ¿Qué te pasa? ¿Estás herida?

Sí, herida.

Irene Gal sale al jardín y empieza a caminar bajo la metralla, otra vez impermeable a cuanto la rodea. ¿A quién importa su dolor?... A nadie. Entonces, ¿por qué va a importarle a ella el dolor ajeno.

El aire frío del campo calma sus nervios. Irene Gal acaba por serenarse... Todo lo que sucede, lo esperaba. ¿No es así?... Lo esperaba. Trataba de engañarse, pero lo esperaba. Máximo Sáenz le dijo: "Estamos en guerra. La vida de un hombre no vale nada". Pero Máximo Sáenz no es "un hombre" para Irene Gal, es su propia vida. Y se la han quitado.

El golpe está a punto de trastornarla.

(—Y ahora ¿qué?... Ahora... ¿qué?)

La respuesta a sus preguntas pueden ser estas ambulancias —a las que Irene Gal tiene que ceder paso— que traen al Hospital a los primeros heridos del combate.

Ahora esto, Irene Gal. También estos hombres te necesitan.

Irene Gal vacila unos momentos. Respira fuerte. Abre los brazos. Vuelve a plegarlos, sin estrechar nada entre ellos.

Rectifica su camino y regresa al Hospital.

(—En fin, ya ha terminado[75] la guerra en el Frente Norte. Otra vez[76] La Estrada...)

Irene Gal mira en torno suyo con desaliento. He aquí el panorama con el que ha de enfrentarse en su segunda etapa de maestra: dolor y miseria.

La escuela, más que ningún otro edificio de la aldea, denuncia el paso de la guerra. Su aspecto no puede ser más desolador: los cristales rotos, sucias las paredes, el techo ahumado, goteras, el suelo cubierto de excrementos de animales... Prisión, cuartel, cocina, cuadra... eso ha sido la

75. En el capítulo "Cuando se desabrochó la hebilla del cinturón", de *Atrapados en la ratonera*, la autora da cuenta de la caída del Frente Norte: "Lo que a mí me perseguía por aquellos días, sin apenas permitirme un relámpago de optimismo, era el pensamiento negro de la caída del Frente Norte de nuestra región. (...) Muchas veces me he preguntado si sentía aquello apasionadamente porque los vencidos eran 'los míos' o si hubiera experimentado el mismo sentimiento si los vencidos hubieran sido los vencedores, y sinceramente debo confesar que no podía aclarar esto en mi pensamiento. Ahora me inclino a pensar que sí, que su dolor y su humillación, y todo lo que más tarde se les vendría encima, hubiera despertado igualmente mi compasión y mi simpatía que, a fin de cuentas, hombres eran también y algunos de ellos amigos míos, o pertenecían a mi familia" (p. 208).

76. Esta angustia está muy bien descrita en *Atrapados en la ratonera*: "¿Qué encontraría en el pueblo —me preguntaba— al regresar a él después de un largo año, al pasar de una a otra zona de la guerra?... Miedo, sí, confieso que tenía miedo. No cabía esconder el pico bajo el ala para no pensar en lo que posiblemente pudiera sucederme, al tratar de integrarme en mi trabajo" (pp. 255-56).

escuela. La casa de la maestra no ha corrido mejor suerte. Los chicos también acusan el paso de los dos ejércitos en sus trajes negros, hechos de prendas usadas, algunas tan viejas que en tiempo de paz no las recogería un mendigo si las encontrara tiradas en el camino. La moneda con la que hasta ahora cobraron los aldeanos la venta de los productos de sus tierras, no tiene ya valor y hasta que se recoja una posible nueva cosecha no habrá dinero en la aldea.

Con todo, esta miseria física, esta miseria material, no tiene para Irene Gal la importancia del problema moral que se le plantea. Guerra civil, hermanos contra hermanos, el mayor azote que Dios puede enviar a un pueblo... En los bancos de la escuela han de sentarse juntos los hijos de los caídos en los dos frentes, los hijos de los que luchan en los dos frentes, los hijos de los fusilados en los dos bandos. Para cada muchacho, su padre es un héroe. Su causa, la buena causa. Su dolor, justo...

No, ciertamente, no es fácil la labor de Irene Gal. Convencer, sin vencer, sin lastimar los sentimientos de nadie. De los niños y de sus familias... No, ciertamente, su labor no es fácil. No se atreve a gritar contra los que gritan, pero está decidida a seguir sosteniendo su *punto de vista* y a seguir fiel al lema de su vida: "Donde no halles amor, pon amor y encontrarás amor"... Ahora más que nunca lo necesitan. ¿Puede equivocarse?

Cada muchacho[77] va llegando a la escuela con cargamento de noticias extraordinarias. Se sienten hombres porque han vivido la guerra.

Nestor, del Puente, cuenta cómo explotó la bomba que mató a Jano e hirió a otros cinco chicos:

—...Jano la encontró en un bálago[78] y me dijo: ¿ves esto? Es la espoleta. Para hacerla funcionar basta...

77. Todos los nombres son falsos. La autora temía que este dato pudiera perjudicar a los niños reales que describe.
78. *bálago*: en Asturias, la paja trillada.

216

Tito comenta:

—Eso no es nada... Yo estaba con mi madre en Avilés cuando atacaron el puerto y...

Olga trae en una caja de cartón la bandera que bordó en su juventud la buena y vieja señora Obaya y que ella, Olga, tuvo guardada en el granero de su casa durante un año. La vieja Obaya le dijo: "Nadie pensará que tu padre, que es comunista, tiene en su casa 'nuestra bandera'".

Irene no pregunta a Olga dónde está su padre. Aquí, en la escuela están las tres hermanas, con una cinta negra en el pelo. Irene besa a las niñas, acaricia a las niñas...

De pronto, en la puerta, aparece Ana.

Vacila un momento, sólo un momento, antes de arrojarse en los brazos de Irene Gal. Irene la retiene entre los brazos, acariciándole la cara, limpiándole las lágrimas con sus dedos, hasta que la muchacha se va calmando.

—¡Vamos, Ana... ya está bien!... ¡Ya está bien!... Tienes que ser valiente... Todos hemos sufrido mucho.

—¿Usted sabe...?

—Sí, Ana. Me lo han contado. Y estoy orgullosa de Timoteo.

Ana empieza a llorar de nuevo. Llora a voces, sin recato, con llanto infantil y desesperado, y no repara en los comentarios de los muchachos, que la miran asombrados. Sólo Irene Gal comprende este dolor, reflejo de su dolor, porque Irene lloró también la muerte de Máximo Sáenz con la misma infantil desesperación. Fueron unos días de angustia los que vivió, hasta que llegó una carta del Penal de Redondela. De la Leprosería de la Isla de San Simón convertida ahora en penal, donde Máximo Sáenz ha empezado a cumplir su condena. El indulto de Máximo Sáenz devolvió a Irene Gal el deseo de vivir, la esperanza de que algún día volvería a vivir...

Pero no hubo indulto para Timoteo. Ni hay consuelo, de

momento, para Ana Roces que perdió su primer amor.

Irene pasa su brazo sobre los hombros de Ana y la saca de la escuela. Se sientan en el banco que hizo Timoteo.

—¿Le querías mucho?

—Sí, señorita...

—¿Por qué me dices "sí, señorita"? Tú no eres ya una niña. Y somos amigas... Si me llamas Irene y me tratas de tú, creo que nos entenderemos. ¿Sabes, Ana? Nuestro Timy me llamaba también Irene.

Ana mira a Irene Gal con una mirada rápida en la que se mezclan el odio y la admiración. Tal vez sólo los celos. Y en seguida, con rencor:

—Timoteo estaba enamorado de... de ti, Irene.

—¡Qué tontería!... ¿Cómo puedes pensar semejante cosa?... Yo sé que le gustabas a Timoteo, que te quería...

—Porque me parecía a ti, porque yo trataba de imitarte en todo... Era a ti a quien él quería, aunque quizá no se diese cuenta. Pero yo estaba al alcance de su mano, mientras que tú, eras para él la luna... Cuando le... le... cuando le mataron...

Ana vuelve a abrazarse a Irene, vuelve a llorar.

Irene sabe lo que ocurrió. Ya se lo contaron. La primera noticia que le dieron cuando llegó al pueblo. Timoteo murió por defender al cura, por tratar de salvar la vida del cura, cuando unos milicianos de otro pueblo, capitaneados por *La Loba*, vinieron a detenerle. Le acusaron de haber denunciado al hijo de *La Loba* y a otros muchachos que se tiraron a la calle durante los sucesos del 34. Timoteo dijo: "No le llevaréis. Para poner la mano sobre el cura tendréis que pasar por encima de mí." No pasaron por encima de Timoteo, sólo le apartaron. Le dijeron: "Apártate, muchacho, y deja al cura. A ti no queremos hacerte daño." Pero Timoteo se defendió e instigó al cura para que se defendiese en la Rectoral hasta que el maestro de Nozales —que tenía algún cargo en un Comité— le pusiera a salvo. El maestro de Nozales no llegó a tiempo y el cura y Timoteo cayeron juntos, mezclando su sangre en el mismo barro... Timoteo trató de acercarse al cura y le dijo: "¿me perdona?" Y el cura dijo también: "Hijo, perdóname tú... perdónanos tú... No te comprendimos... Yo también te perdono en el nombre del Padre, del Hijo..." Timoteo hizo un esfuerzo para acercarse más al cura y besarle la mano. Después, también con esfuerzo, casi agotado: "Decidle... decidle a Irene..." *La Loba* dijo entonces: "¡Rematadles!" Y un tiro de gracia cortó la escena.

La escena que conoce ya Irene Gal en tres o cuatro versiones, con muy pequeñas variantes.

—Ana, estoy orgullosa de Timoteo... Timoteo era mi obra, ¿comprendes?... Sólo eso... Como un hijo, a pesar de los pocos años que nos separaban. Timoteo era mío porque yo le había defendido contra todo el pueblo. Tenía derecho a su cariño, ¿comprendes, Ana? Pero eras tú quien iba a continuar mi obra con Timoteo, cuando yo me fuera del pueblo.

—¿Irte del pueblo?... ¿Vas a dejarnos?

—Ahora, ya no... ¿Para qué?

Irene se alza de hombros. Abre los brazos... Repite:

—¿Para qué?

No puede captar Ana toda la desesperación, toda la amargura que hay en las palabras de Irene Gal... "¿Para qué?"... Sus estudios, sus proyectos, estaban ligados íntimamente a la vida y a los proyectos de Máximo Sáenz. En tanto que Máximo Sáenz esté en la cárcel, en tanto dure la guerra y las consecuencias que para sus estudios pueda tener la guerra, nada fuera de su trabajo puede interesarle. Entonces, ¿para qué va a dejar el pueblo? Su puesto está aquí.

—¡Otra vez los remos...![79]
—¿Qué remos?

Irene sonríe. Después, acaricia la cabeza de Ana, la cara de Ana, la niña que ella hizo mujer prematuramente, precipitándola en el amor, en el gozo y en el dolor de amar, para que la ayudara a completar su obra. Irene Gal se siente ahora un poco responsable del dolor de Ana, aunque tiene la seguridad de que Ana salvará su bache sentimental y un nuevo amor sustituirá al amor perdido. Es algo tan humano... Mientras que ella...

Ella, Irene Gal, no quiere pensar que la muerte rompa el lazo que la une a Máximo Sáenz. No quiere recobrar su libertad. Se agarra a la esperanza de un mañana, más o menos lejano, que le devolverá a Máximo Sáenz. ¿Cómo pensar en la vida sin meter dentro de su vida a Máximo Sáenz?

Bien, su caso es diferente, nada tiene que ver con el caso de Ana, que es lo que ahora importa. Si ella es un poco responsable de su dolor, debe ayudarla a defenderse de él y la ayudará. ¿Cómo?... Ya encontrará algún recurso. Por algo ha vuelto a tomar los remos.

—¿Los remos?... Oye Ana, ¿no recuerdas aquel cuento del barquero que no podía soltar los remos?... Algunas veces me pregunto si el Gran Barquero... Bueno, te contaré la historia otro día. Ahora tenemos mucho trabajo entre manos. ¿Quieres ayudarme?

---

79. Alusión metafórica al cuento de Iván Bunín.

18 de diciembre de 1937

Parece un globo de lona gris o de alguna materia opaca. Un globo que empieza a ensancharse por su base, hasta tomar la forma de un tonel. El color se le va aclarando según se transforma. Ahora el tonel se alarga y empieza a estrecharse por la cintura, amenazando con partirse en dos... Sí, ya está... Dos nubecitas independientes se separan y disfrutando poco tiempo de su libertad, se convierten en dos azucarillos que se disuelven en el grisazul del cielo.

El proceso le recuerda a Irene Gal el del núcleo de la ameba y de algunos animales unicelulares que se reproducen por escisión.

Bien, ahora otra nube... Y otra... Y otra...

Irene sigue, atentamente, la evolución de las nubes desde que asoman sobre el horizonte, encima de la costa, hasta que de algún modo desaparecen de su campo visual. Irene mira a las nubes y sigue sus evoluciones, tratando de distraer la atención de algo muy grave que la preocupa. Se toca el bolso. Estruja entre los dedos un papel. Un papel que contiene el motivo de su preocupación. Está claro que no ha soñado, que no es una pesadilla. Está despierta.

Sí, despierta. Y sentada en un banco del parque Méndez-Núñez de Avilés, cabe[80] la estatua del Adelantado. El parque se ha quedado casi desierto. Los árboles, desnudos de hojas, aumentan la sensación de soledad y abandono.

---

80. *cabe*: preposición poco empleada: junto a.

En el suelo, pequeños charcos en los que navegan las hojas muertas. La brisa húmeda del mar moja la cara a Irene, le estira más las puntas lacias del pelo, que le cae descuidado sobre los hombros. Irene agradece la caricia húmeda. Pone un poco de frescura en sus pensamientos.

Hasta ahora ni tiempo tuvo para pensar. Sucedió todo rápidamente. Ayer el aviso urgente. Esta mañana su viaje a Oviedo. La escena desagradable en la Delegación, ante la Comisión Depuradora...[81] El pliego de cargos... Y después, esto. A la calle. ¡A la cochina calle!

A decir verdad hubo un tiempo en que lo esperaba. Fue cuando llegó al pueblo, recién ocupado éste por las tropas de Franco. Vio la suerte que corrieron otros maestros, entre ellos el de Nozales, que había desempeñado algún cargo importante durante la etapa republicana. Pero a ella, nadie la molestó. ¿Por qué razón? Tal vez porque venía de zona nacional y había servido, durante el sitio de Oviedo, como enfermera en el Hospital. Cierto que andaban por medio sus relaciones con Máximo Sáenz, su odisea por las cárceles hasta encontrarle. Su valentía o su temeridad para desafiar cualquier peligro. Pero esto último, ¿quién lo sabía?... José Vallés se portó como un caballero. Viejos amigos. La amistad sobre todo. Verdad que ella tampoco había hecho nada que pudiera comprometerla... excepto, esto, lo de Máximo. Ahora tenía que agradecerle su intervención, aunque en principio la había molestado. "Quieta en Oviedo, o te entregaré a las autoridades". Quizá por eso no la molestó nadie cuando llegó al pueblo. Ocupó su cargo. Empezó a trabajar. Pasaron los meses... Y de pronto ¡zas! A la calle. La máquina de la Depuración, puesta

---

81. *Comisión Depuradora*: esta comisión acusaba a Dolores Medio de seis cargos y, en primer lugar, de haber orientado la enseñanza en sentido izquierdista.

ahora en marcha a toda potencia, la había alcanzado esta vez entre sus engranajes.

(—Bien... Sus razones... Tienen sus razones... Ven las cosas desde su punto de vista... Están en su derecho al destituirme... "No eres de los nuestros"... Defienden lo suyo... Es justo.)

Irene Gal sonríe con amargura.

Después, saca algo de su cartera. Un paquete pequeño, un tanto grasiento, que contiene un pastel de jamón y unas galletas, hechas, como el pastel, con un poco de harina de maíz que le han regalado. Casi un banquete. Pero con el disgusto, hasta el comer se le había olvidado.

(—Y debo comer... ¿o qué?... Tampoco es cosa de echarse a morir por esto.)

Sin apetito, empieza a mordisquearlo, en tanto sigue el rumbo de una nube, que, cambiando continuamente de forma, se desliza tierra adentro, sobre la ría.

(—Mientras sople esta brisa no lloverá... Aguantará hasta la noche... Pronto empezarán a crecer los días... El día de Santa Lucía, mengua la noche y crece el día. Hasta Navidad en su ser está. Desde Navidad hacia arriba, el paso de la gallina... Ahora, en su ser está. Patatín, patatán...)

Traga con dificultad los pequeños trozos secos que va desprendiendo del pastel. Y otra vez cae en su obsesión:

(—Ellos, su razón... Están en su derecho... Ven la silla desde otro punto de vista... Su razón, claro... Pero la tía esa... ¿por qué se mete donde no la llaman? ¿Por qué ha de hablarme de...? ¿Cómo se habrá enterado?... ¡Farisea!... Ella es la única perfecta, los demás...)

Otro bocado.

Pero el trozo de pastel no pasa de la garganta. Lo escupe junto al banco y aparta con el pie a un perro que se le echa encima.

223

—¡Vamos, chucho!... Lárgate de aquí... He dicho que te vayas...

El perro no se va. Se agacha sobre sus patas delanteras y así se planta ante Irene, esperando que le arroje otro bocado.

—Está bien, ¿tienes hambre?... Toma esto... ¡Eh, cuidado!... No me pongas las patas sobre el abrigo... Mira cómo me lo has puesto... Gran cochino... Vamos, así, toma este trozo... Pero sepárate de mí un poco...

Así. Un trozo... Otro trozo... Y otro... Ahora las galletas.

En fin, Irene Gal no tiene apetito. El perro tiene hambre. El perro despacha en un decir Jesús la comida de la maestra.

Y ahora ¿qué?

—¡Vamos, lárgate, chucho! Se acabó el banquete... He dicho que se acabó... No, nada... no busques que ya no queda... ¿Eh, qué pasa?... ¿Quieres comerme las manos?... ¡Ah! sólo lamerlas... Huelen a jamón... El viejo Tim tiene un jamón en su despensa. Guárdale el secreto. No andan muy bien las cosas por la aldea... Primero un ejército, después otro... Los campos abandonados... ¿sabes tú lo que es la guerra?...

El perro mira a Irene y menea la cola. Tal vez sepa algo por experiencia...

—Me he quedado en la calle, sin trabajo. ¿Sabes lo que significa?

Bueno, ¿no será preguntarle ya demasiado? Irene es un objeto que proporciona alimento. Debe mostrarse amable con ella, aunque no entienda una palabra de lo que le dice. ¿O acaso la comprende?... La mujer que le ha dado de comer, ¿es también un ser sin dueño y sin hogar, puesto que le ha dejado acercarse a ella y le ha acariciado? ¿Puesto que está sola en un banco del parque, cuando se acerca la Nochebuena y todos buscan la compañía? Bien, le ha dado de comer y le ha acariciado. Otros le despachan de un puntapié. Tal vez la mujer agradezca que pose su cabezota sobre su falda...

¡Ah, no! Se ha equivocado.

Irene aparta la cabeza del animal, sacude unas migajas de su regazo y se inclina sobre un charco de agua para lavarse los dedos. Se los limpia con un pañuelo y toca de paso, sólo de paso, el papel infamante. Si pudiera romperlo...

Pero no. Ha de contestar los cargos que le hacen, tiene que justificarse.

Justificar ¿qué?...

Se alza de hombros. Vuelve a sacudir la falda, maquinalmente, y se levanta. Es tarde. Tiene que irse. El último correo...

No, el autobús, no. Debe empezar a "incorporarse" a su nueva situación de parado. No tiene trabajo. Nada de tomar el autobús para regresar al pueblo. En vez del coche viejo y destartalado que va por la carretera haciendo una demostración de sus hierros mal ajustados, tomará el tranvía de Piedras Blancas, también destartalado y renqueante, también despintado y sucio, pero más barato. Puede ir en el tranvía hasta la loma de Vega y bajar al pueblo por el atajo. Andar un par de kilómetros no representa un gran esfuerzo para Irene Gal y significa una pequeña economía. Desde ahora ha de restringir sus gastos, reducirlos a lo indispensable.

Recoge el bolso y se dirige a la parada más próxima del tranvía. Pero Irene Gal no camina sola. A su lado, saltando alegremente, va el perro vagabundo... Mira a Irene. Se detiene unos momentos. Cuando ella se aleja una docena de metros, la alcanza en una carrera y vuelve a colocarse a su lado.

—Bueno, ¿qué es esto? ¿Por qué me sigues? ¿No te has comido ya todo el pastel? Entonces, ¿qué quieres?

Nada. No quiere nada. Sólo jugar. Demostrarle su agradecimiento por la comida. ¿O es que no debe hacerlo?

Irene se inclina sobre el animal y acaricia su cabeza.

—Bueno, bueno, ya me has dado las gracias. No es para tanto... Anda, ve ahora con tu amo. Estará pensando que te ha perdido...

Otra caricia. Un suave tirón de pelos.

—...aunque sospecho que ni amo tienes. ¡Vaya una pinta!... Parece que te has revolcado en un estercolero. ¿No te da vergüenza?... ¡Mira! Allí viene mi tranvía... Lárgate, chico.

Cuando el tranvía se detiene, Irene se apresura a instalarse en él y el perro la sigue. No está muy seguro de que en este monstruo chirriante se admitan perros. La verdad es que nunca se le ocurrió subirse a un tranvía. Pero Ella subió al tranvía. Ella, que le dio de comer y le acarició. Si el tranvía es suyo, ¿por qué no va a intentar la nueva aventura?

La nueva aventura del perro resulta un fracaso. Otra vez el puntapié en salva sea la parte y el aullido lastimero. Lo de siempre.

Irene acusa el golpe y se asoma a la ventanilla.

—¿Eh? ¿Qué ha pasado? ¿Qué tienes, chico?

Irene Gal sonríe con amargura:

(—Poca cosa, Irene Gal. Lo que ocurre siempre, ya lo has oído... Tú sabes que en el tranvía de Salinas viajan de acá para allá, durante el verano, los perros cursis y exóticos de los veraneantes, adornados con sus lazos y sus mantitas... Nadie les hace daño. Por el contrario, les miman y les festejan. Son perros elegantes. Perros que huelen bien y hacen monerías. Además llevan puesto su collar y su chapa, es decir, su cédula personal. Lo que significa que tienen todos los derechos y garantías que disfruta el ciudadano que vive dentro de la ley. Hasta el privilegio de viajar en el tranvía de la costa con sus dueños, sin que se les moleste. ¿No es así?... Pero un perro vagabundo, un perro sucio, sin amo, tal vez enfermo... ¡Vaya una ocurrencia!)

Bien, está claro que a los perros, como a las personas, les toca en la lotería de la vida un destino bueno o malo, con el que no siempre saben enfrentarse. Ahí estaba Timoteo, como ejemplo. Y tantos otros viviendo, con más o menos acierto, el papel que les tocó en suerte. En cuanto a este pobre perro, si ella pudiera...

Irene apoya la cabeza contra el cristal de la ventanilla, cierra los ojos y trata de imaginarse lo que sería un pabellón destinado a albergar a los perros vagabundos. No es la primera vez que se le ocurre la idea. Quizás hasta ahora no la hubiese concretado. Ahora, sí. Un asilo para perros. Para perros sin amo, para perros golfos, que también tienen derecho a un poco de amor. ¡Cristo! Qué fácil es regalar a la gente y a los animales un poco de amor... ¡y qué caro se vende!... ¿A los perros?... Sí, a los perros. ¿Por qué no? También son criaturas del Señor.

(—Verdad que hay tantos niños abandonados, tantos niños hambrientos de pan y de amor, que pensar en un asilo para perros, es pedir gollerías. Por otra parte, el perro vagabundo tiene también sus compensaciones. Está su libertad. ¿O es que no cuenta nada la libertad, la irresponsabilidad del que nada tiene y todo el mundo es suyo? En realidad, bastaría tratar bien a los animales. Por lo demás...)

El encuentro con el perro y su amistad fugaz, le permitió olvidarse unos minutos de su propio dolor. No del dolor material de encontrarse, en plena guerra, sola, en la calle y sin un céntimo en el bolsillo. Del otro... del dolor de su fracaso como maestra.

(—Está visto que he fracasado...)

Se rebela:

(—...¡no! No he fracasado como maestra. Yo creo que mis métodos son buenos. Estoy segura. He fracasado... ¿cómo diría?... Me ha fallado la diplomacia. Max tenía razón. He chocado con las fuerzas vivas del pueblo y... claro, sucedió lo que tenía que suceder. Falta de tacto... Bien, será mejor no pensar en ello.)

Pero hay que pensar en ello. Irene Gal es desde esta mañana un obrero parado —un funcionario parado— sin ninguna compensación. Tendrá que dedicarse a otro trabajo. Y hacerlo inmediatamente. No tiene dinero. Max y otros amigos, otros compañeros, necesitan su ayuda económica, además del consuelo espiritual de sus cartas. Max no debe saber lo que le ha ocurrido. Se sentiría un poco culpable de ello. Por otra parte, se negaría a aceptar su ayuda... Por Max, por todos, por ella misma, tiene que arreglar en seguida lo de su destitución y buscarse entre tanto otro trabajo.

(—Donde sea, como sea, posiblemente en alguna fábrica necesiten brazos... Escasea la mano de obra, ahora con la guerra y las depuraciones... "Monte Amboto"...[82] "Virgen del Carmen"... O institutriz... Mantenida y el sueldo libre... "Castillo de Coca"...)

El tranvía corre ahora a orilla de la ría, junto al puerto, en el que están varados algunos barcos de pesca y de cabotaje. Irene va leyendo sus nombres, maquinalmente:

(—"Castillo de la Mota"... "Monte Ulía"...)

Todos despintados, sucios... Algunos con señales evidentes de haber tomado parte en algún combate, o de haber sufrido abordaje... Aquí está también la guerra. Aquí y en todas partes. No es posible olvidarse de ella.

---

82. *"Monte Amboto"... "Virgen del Carmen..."*: nombres reales de los barcos de guerra que estaban en la ría de Avilés. La narradora va leyendo sus nombres al tiempo que va pensando en qué podría trabajar y cómo va a seguir viviendo.

Irene mira al cielo. Se está cerrando. Las nubes ya no juegan al azucarillo que se disuelve. Negras y apretadas, empiezan a formar un toldo plomizo que acelera el anochecer.

(—Si pudiera llegar al pueblo antes de la noche... No, quizá mejor cuando haya anochecido. "¿Qué se cuenta por Oviedo?" Nada, no se cuenta nada... Sin explicaciones... Mejor sin explicaciones... Es desagradable... Doce días de plazo para dejar la casa... Hasta que llegue la maestra nueva... Celebraré las Pascuas con los niños, sin decirles nada. Después, una mañana, sin despedirme... Desde Gijón pediré mis cosas... A Gijón, claro. Me conocen menos...)

El paseo[83] en tranvía por el Pinar de la Real Compañía Asturiana es delicioso por el verano. Ahora, en este atardecer de diciembre, no es tan agradable. Menos aún, cuando se tiene una preocupación, cuando se tiene planteado un problema de solución difícil.

Irene mira al cielo, cada vez más oscuro. Mira en torno suyo. También de entre los pinos empiezan a surgir sombras... Al final del Pinar está Salinas, la estación veraniega. Salinas pone una pincelada clara en el trayecto. Después otra vez las sombras y la soledad de la carretera.

Antes de llegar a Piedras,[84] Irene deja el tranvía para buscar el atajo que ha de conducirla al pueblo.

—¿Eh?... ¿Qué es esto?... Pero, ¿cómo?...

A su lado está otra vez el perro golfo vagabundo, que recorrió un trayecto de varios kilómetros, siguiendo al tranvía, para no abandonar a su nueva amiga.

Irene se alegra al verle. Bien. No está sola. Verdad es que muchas veces pensó en un perro como un buen compañero. Pero verdad es también que el momento presente

83. Gran paseo que va por dentro del pinar y llega hasta Salinas.
84. Se trata de Piedras Blancas.

no es el mejor para hacerse cargo de un animal. El perro es una boca. Y además, ¿a dónde va a llevarle? Porque ya no tiene casa. Ni casa ni brasa. ¿Entonces...?

Entonces, el perro salta de gozo en torno a Irene Gal cuando ésta le acaricia. Salta, retoza, le lame las manos...

—Bien, chico, ¡vamos!, ya está bien... Pero, ¿qué te pasa, estás fatigado?... Claro... Menuda carrera te has metido en el cuerpo... Está bien, descansaremos...

Irene se sienta sobre una piedra al borde de la carretera y el perro, aún jadeando, apoya la cabeza sobre su regazo.

Otra vez piensa Irene en Timoteo. Timoteo era también un perro golfo, maltratado por la vida. Una caricia, un poco de amor, le hicieron sentirse hombre. Más que hombre, héroe. ¿Había fracasado ella en este experimento? ¡No! Decididamente, no. No obstante, su manera de entender la vida le había proporcionado muchos disgustos en la aldea. Había tenido que enfrentarse contra la incomprensión, tal vez contra la mala voluntad de algunas personas...

(—Y ahora... esto.)

Irene acaricia la cabeza del animal y sonríe con amargura.

—Sí, Chico... Mi delito ha sido adelantarme un poco, romper moldes anticuados... Ser pionero de la enseñanza, de... de lo que sea, tiene su precio. Y hay que pagarlo.

Otra caricia al perro. Un suave tirón de orejas.

—Bueno, Chico... Tú dirás qué hago contigo.

Irene dice ya Chico y no chico, como una muletilla. Chico. El perro será ya Chico, su compañero. De algún modo hay que nombrarle.

—Si te empeñas en seguirme, tú dirás adónde vamos... Sí, claro, ahora a mi casa... Que ya no es mi casa... Y, ¿dentro de unos días?... A la calle. A la calle, a buscar, como tú, un mendrugo de pan en un parque público... En fin, Chico, uniremos nuestra miseria.

Los ojos tristes del perro, mirándola dulcemente, parecen decirle: "No, Irene, ni tú ni yo somos dos miserables. Tenemos riqueza de sentimientos, que no es pequeño tesoro. ¿Qué importa que los hombres no nos comprendan?"

Eso es, Irene tiene ya un buen compañero. La comprende o cree que la comprende. El perro ha llegado a su vida oportunamente.

Tiene también ante sí la perspectiva de una alegre Navidad entre sus muchachos. Cuando las fiestas hayan pasado... En fin, mañana será otro día.

—Guárdame el secreto, Chico. Los niños no deben sospechar que voy a dejarles.[85] ¿Sabes?... Han traído de sus casas algunas nueces, un puñado de harina de maíz, miel y mantequilla. Haremos el pastel de Navidad. También tenemos figurillas de barro para el Belén. Las ha hecho Raúl, nuestro escultor. Ya le conocerás. Es un buen muchacho. Todos son buenos. Siento dejarles. Será la última Navidad que celebramos juntos...

La última y la primera. Irene recuerda ahora una Navidad pasada en el Albergue de la Sierra. Fue una hermosa Navidad... Y otra Navidad, ya en guerra, en un pueblo del occidente de Asturias... Y ahora ésta, con sus niños. Sus tres Navidades desde que empezó a vivir. Tan próximas entre sí y tan diferentes como si las separaran años de distancia.

Irene Gal era aún, dos años antes, una colegiala. La vida no tenía para ella ningún matiz. Una especie de limbo, sin pena ni gloria, con la única evasión al mundo de los alegres proyectos. Y en esto, entró en su vida Máximo Sáenz.

85. En 1938, Dolores Medio, muy criticada como mujer de izquierdas, deja su escuela de Nava y regresa a Oviedo, al lado de su familia. Es destituida, temporalmente, por sospechosa y por haber abandonado su cargo. La descripción que hace en estas páginas corresponde a la propia vida de la autora, aunque no coinciden las fechas (Entrevista).

(—He aquí el Amor, Irene. Toma tu copa y bebe hasta saciarte... Max... mi copa... "Espero que no tengas que arrepentirte nunca de lo ocurrido"... No, Max, no me arrepiento, a pesar de todo... Fue tan maravilloso... Después, claro... la guerra... "Todos somos culpables de algo." ¡Todos somos culpables de algo!...)

Se levanta bruscamente.

—¡Vamos, Chico!... Se hace tarde... Hoy todavía tenemos donde comer y donde dormir... Después, ya veremos.

Empieza a andar despacio, con las piernas un poco entumecidas. Después acelera el paso. Quiere entrar de noche en el pueblo, pero no tanto que se encuentre todas las puertas cerradas.

Chico la sigue.

Así, por primera vez caminan juntos la maestra destituida y el perro golfo.

1968. De izquierda a derecha: Luis de Castresana, José Luis Martín Vigil, Gerardo Manrique de Lara, Dolores Medio, Ángel María de Lera, Manuel Vicent y Héctor Vázquez Azpiri; agachado, Juan Morales Miranda.

El viento le azota las piernas desnudas, le hincha las faldas, le ciñe al cuerpo la blusita de algodón blanca, le revuelve el pelo...

De un manotazo, Irene baja las faldas y las pone en orden. Después, aparta el pelo de la cara, se abrocha la raída chaqueta de lana, que, pese a su esfuerzo por conservar la apariencia, empieza a clareársele por los codos, y vuelve a quedarse quieta, apoyada en la barandilla, contemplando el mar.

Contemplar el mar. Esto es lo que hace Irene desde que la despidieron de su último empleo. Ahora anda por la ciudad de un lado a otro, mirando los escaparates y las carteleras de espectáculos, deteniéndose en cada plaza, en cada esquina, sin saber por qué. También, sin saber por qué, viene a parar al mar. Tal vez porque la zona costera, batida por el viento y bastante desagradable en estos días de marzo, está casi desierta y ofrece a Irene Gal la soledad que apetece. Irene Gal huye de la gente. Tiene miedo a la gente. Cree ver en cada persona a un enemigo que puede gritarle: "Tú eres roja. No eres de los nuestros. Eres una maestra destituida. Tu hombre está en la cárcel cumpliendo condena..."

(—Sí, roja... ¡roja!... Acabaré por volverme loca.)

Esto es lo que le vienen repitiendo desde que recorrió las cárceles de Asturias buscando a Máximo Sáenz. Y ahora empieza a sentir las consecuencias de su situación.

Al principio, cuando la destituyeron de su cargo, no tomó la cosa demasiado en serio. Todo se arreglaría, naturalmente. Entre tanto, ejercería su profesión sin depender del Estado. Además, la guerra no iba a durar siempre y las aguas de la normalidad volverían a su cauce.

Lo de ejercer la profesión, quedó en proyecto. Ni aquí, en Gijón, como antes en Oviedo, puede la gente sostener profesores particulares para sus hijos. Estamos en guerra y en plena guerra nadie piensa en la educación, ni en cuantas cosas puedan considerarse un lujo. Comer, vestir —si se puede— y salvar la vida. Esto es lo importante. Lo demás... Por otra parte, las familias que pueden confiar la educación de sus hijos a un preceptor o a una institutriz, suelen ser gente de orden, gente bien, y a esta gente, ¿qué garantías de moralidad ni de solvencia profesional puede ofrecerles una maestra destituida?

Sí, hay otros trabajos, desde luego. Ha hecho ya algún ensayo en este sentido. Pero en todas partes piden avales, informes favorables, referencias del último sitio donde trabajó... Estamos en guerra. En una guerra cruel y despiadada. En una guerra a muerte. Hay que tener cuidado con el enemigo que puede infiltrarse por cualquier resquicio y malograr la empresa. Irene Gal es un posible enemigo. Así lo han declarado al apartarla de su trabajo.

(—Sí, eso es, soy un enemigo... No sé de qué, ni de quién, pero soy un enemigo... Soy una roja...)

La palabra vuelve a martillearle el cerebro:

—Roja, ¡roja...! ¡Apartaos y dejadme sola! —grita.

Unos soldados bajan del Fuerte de Santa Catalina y pasan al lado de Irene, mirándola con curiosidad. La miran porque la ven con un perro, agarrada ella a la barandilla del muro, temblando los dos de frío. "Bueno, ¿qué hace aquí esta chica? —se preguntan—. ¿Qué busca? ¿A quién espera?" Pasan a su lado, sin decirle nada. Van en acto de servicio, transportando unas ametralladoras a otra posición. Nada le dicen, pero Irene cree ver en sus ojos la acusación.

(—Sí, soy una maestra destituida. Y a vosotros, ¿qué os importa...?)

Irene golpea con los puños la barandilla. Después se agarra a ella. Se agarra con fuerza, pretendiendo sujetar al mismo tiempo un pensamiento que empieza a sugestionarla.

(—¡No!... ¡No!... Una locura... No debo pensar en esto... Está Max... Max me necesita... Todavía, ¡quién sabe...!)

Otra vez las faldas volando, hinchadas por la brisa, las piernas desnudas, frías, salpicadas por el agua que salta sobre el muro.

Chico sacude su pelambrera mojada y se arrima a Irene. ¡Vaya un capricho!... No comprende por qué Irene permanece horas y horas junto al mar, temblando de frío. Si al menos tuviera medias, y botas y un buen abrigo... Pero nada de eso...

No hay medias, ni abrigo, ni botas de agua. Los zapatos de Irene están tan gastados, que a través de las suelas siente el cemento frío y húmedo del paseo y las arenas más finas. Son zapatos viejos, de antes de la guerra. Medias no lleva. ¿Quién sabe cuándo se compró el último par de medias? Han subido de precio y escasean. Son artículos de lujo. En cuanto al abrigo... Era un buen abrigo el de Irene Gal. Lo compró el invierno del 35, cuando pasó las vacaciones de Navidad con Máximo Sáenz, en un albergue de la Sierra. Bastante usado ya, le dieron por él diez duros el pasado mes. Los géneros empiezan a escasear. Las zonas fabriles están en poder del Gobierno. Todavía no se ve claro el fin de la guerra. Y aunque ésta se terminara inmediatamente, ¿cómo quedarían las fábricas de tejidos? ¿Cuándo se las volvería a poner en marcha? ¿Cómo se distribuirían las ropas al pueblo?... Eso debió pensar, seguramente, quien se apresuró a pagar diez duros por el abrigo usado de Irene Gal. Irene Gal pensó que la primavera se echaba encima y que para el otoño... quién sabe dónde estaría, quién sabe si viviría siquiera... Diez duros fue un buen precio. No podía quejarse. Con ellos pagó quince días de habitación —seis duros— y envió un paquete de comida al penal de Redondela.

Pero ahora los recursos se han terminado. Nada queda que vender para pagar los gastos más indispensables.

Reconoce:

(—Y todo, claro está, por este orgullo... Si me decidiera... No, ¡no puedo!... Antes prefiero morirme de hambre... Ellos lo saben y nada me dicen... Si acudiera a ellos, se burlarían... Me darían una limosna... tal vez intercedieran cerca de la Comisión Depuradora... Por ellos, no por mí. Soy la deshonra de la familia... todos conservadores, gente de orden... Todos movilizados por la Causa... Yo, el garbanzo negro... Una limosna, una recomendación... y cien consejos: "Te lo decíamos... Ese miserable..." ¡No! ¡¡No!!... Aunque me muera de hambre no recurriré a ellos.[86] No les pediré nada. Si ellos tienen orgullo, yo también. El mismo orgullo de la familia... Pudieron suceder las cosas de otra manera, y ¿entonces...?)

Pero las cosas no sucedieron de otra manera, e Irene Gal está pagando su rebeldía.

Vuelve a agarrarse a la barandilla, defendiéndose de algo que la atrae y la aterra al mismo tiempo. Todo sería muy sencillo...

---

86. A pesar de las estrechas relaciones de la autora con la familia de su madre, los Estrada, las diferencias políticas eran demasiado profundas. Incluso su madre le decía :"ese maldito hombre y esas ideas te han llevado a muy mal camino". Por ello, decide no recurrir a ellos (Entrevista).

(—...pero Max... Está Max.)

La vida no es tan desagradable mientras llegue hasta ella, desde la cárcel, una lucecita de amor y de esperanza. Irene Gal acaba por sonreír, pensando en el hombre.

Y se dice:

(—Si las cosas sucedieran de nuevo, si yo pudiera volver a empezar... Sí, Max... ¡mi vida!... Siempre... Otra vez... Como entonces... Todo fue tan maravilloso...)

Respira hondo.

(—Bueno, todas las cosas tienen su precio... y hay que pagarlo.)

Una vez más recuerda Irene un pensamiento de Rabindranath Tagore,[87] que anotó en su diario en los días felices, sin saber por qué.

(—"Existen dolores que hacen brotar a nuestros labios la pregunta de si los merecemos. Pero sabemos perfectamente que no hallaremos respuesta a esta pregunta. Así, pues, de nada sirve quejarnos. Más vale mostrarnos dignos de la causa que nos los trae".)

Después de esta reflexión, parece más serena. Si pudiera encontrar trabajo, un trabajo cualquiera que le permitiera ir tirando y ayudar a Máximo... Máximo no debe saber que se quedó en la calle. Es también orgulloso y no admitiría la menor ayuda en estas condiciones. Desde luego, si pudiera encontrar algún trabajo, no volvería a desesperarse. Pero ¿dónde está el trabajo?

(—Aquí. Tal vez aquí.)

Irene mira sus manos. En sus manos puede estar la solución. Todavía no ha jugado la última carta.

Ha fracasado en su intento de colocarse en una fábrica o en un taller. Los puestos de trabajos no especializados en

---

87. La autora conocía y admiraba la obra del escritor indio y, durante años, fue uno de sus autores predilectos.

los talleres y en las fábricas, como en las oficinas que mantienen su actividad, pese a la guerra, están servidos por mujeres. Un alud de mujeres se ha lanzado a conquistar los puestos que los hombres abandonan para irse al frente. Irene entre ellas. Gran parte de estas mujeres son campesinas que sirven en casas de hombres influyentes y aprovechan la influencia de los señores para conseguir su emancipación. La mujer empieza a gustar el derecho y el placer de su independencia económica y ahora se le presenta una oportunidad para conseguirlo.

Recuerda Irene algo que en alguna ocasión afirmaba Máximo Sáenz: "La oferta y la demanda, la libre contratación, el justo pago de la mano de obra"... Todo iba a llegar un día para todos. Para la mujer, también.

Y llegó el día. La guerra, precipitando los acontecimientos, gana terreno a la siempre lenta evolución social.

Naturalmente, el servicio doméstico es la primera institución que se resiente al producirse la desbandada.

Irene Gal vuelve a mirar sus manos.

(—¿Cómo no pensé antes...?)

Aquí está, de momento, la solución.[88] En el servicio nadie pide avales. Ni filiación política. O por lo menos, no se insiste sobre ello. Se supone, en principio, que quien sirve a un amo está con el pueblo, piensa como el pueblo, desea la victoria del pueblo... No hace falta consultar su opinión. Basta cuidar de no encomendarles algo que signifique responsabilidad y vigilarles si no son personas de confianza.

Bien, sin humillarse, sin mendigar favores, aquí está el trabajo que Irene Gal puede desempeñar, en tanto se resuelven sus problemas.

88. Dolores Medio trabajó, durante bastantes meses, "sirviendo, dando clases particulares... pasando mil peripecias, pero siempre con mi perro golfo" (Entrevista).

Contenta de haber hallado una solución, acaricia al perro, comparte con él un trozo de pan, ni muy blanco ni muy tierno, que saca de su bolso, y después:

—Chico, vámonos a casa. Mañana será otro día.

Irene Gal camina por las calles sin rumbo fijo. Cuando llega a una esquina se detiene, vacila, antes de decidirse a seguir por la derecha o por la izquierda. No va a ninguna parte. Anda por andar. Andar, andar... gastar energías, descargar de algún modo la tensión nerviosa, que en ella ha alcanzado hoy el grado emocional más alto.

(—Y ahora ¿qué?)

Chico camina pegado casi a sus piernas, olfateando algo extraordinario: bien, ¿qué le pasa a Irene? Esta mañana Irene le ha abrazado, le ha besado... se puso a bailar en la habitación, retozando con él, haciéndole saltar, hasta rendirse. Después, cansada ella de jugar, se arrojó sobre la cama y empezó a llorar. Jadeando todavía, y sin comprender nada de todo aquello, él se limitó a lamerle la mano que colgaba fuera y entonces Irene volvió a besarle, a acariciarle, a reír, como si estuviera loca... ¡y otra vez a llorar! Después le dijo: "¡Vámonos, Chico!". Y salieron a la calle.

Chico camina pegado casi a sus piernas. La animación en las calles es extraordinaria. Verdaderos remolinos de personas se forman alrededor de los estancos y de los kioscos de prensa.

Irene Gal se mueve entre la gente un poco ajena a cuanto la rodea y sin embargo inmersa en el ambiente. Va y viene por las calles tropezando contra unos y contra otros, oyendo conversaciones que no escucha, retenida su atención en su problema que acaso esté a punto de solucionarse. Por eso se pregunta:

(—Y ahora ¿qué?)

Ahora, el presente, es Max. Ayer, Max. Mañana, Max... Mañana que vuelve a ser ayer y hoy, porque al fin, Máximo Sáenz saldrá de la cárcel, volverá a su lado... ¡No! Será ella quien corra a su encuentro. Esta vez, sin vacilar, dejándolo todo antes de perderle. Y la vida comenzará de nuevo para ellos...

(—"Tortuga... Chiquitina... Mi pequeña Astarté..." ¡Max, amor mío!)

Irene dijo "amor mío" e inmediatamente se le puso la cara roja de vergüenza. ¡Amor mío!... Siempre le pareció una frase cursi. Tan cursi como un camafeo colgado al cuello con una cinta de terciopelo... Pero el camafeo tenía la cara de Máximo Sáenz, los labios de Máximo Sáenz, que temblaban ligeramente al sentir su proximidad. E Irene, impulsiva, gritó: ¡Amor mío!... Y abrió los brazos.

—¡Eh, muchacha!, ¿por qué no miras por dónde andas? ¡La tonta esta!...

Chico ladra protestando de la agresión. Si Irene Gal no le hubiera sujetado inmediatamente, se lanzaría contra el hombre que la empujó fuera de la acera.

—¡Cuidado, Chico!... Ese hombre tiene razón. Ha tropezado conmigo... quiero decir, he tropezado contra él, porque estaba pensando en Máximo. Tuve yo la culpa... Además, está amargado, ¿no lo ves? Éste es de los que pierden...

¡De los que pierden!... De los que pierden la guerra, que está llegando a su fin. Ya nadie piensa que el Gobierno pueda ganar la guerra. Desde hace tiempo que dentro y fuera de España se sabe que el Gobierno de la República no puede ganar la guerra. Ni se dice ya "el Gobierno". El Gobierno al que empiezan a tomar en serio todas las naciones, es el Gobierno de Burgos. Lo otro, es sólo la situación caótica que nadie comprende y a la que todos desean poner fin.

Y el fin de la guerra se precipita.

...28 de marzo de 1939. Se produce el rápido derrumbamiento del frente enemigo al primer empujón de las fuerzas de Franco...

(—Bien, y ahora ¿qué?...)

¿Desea Máximo Sáenz el fin de la guerra para que todo vuelva a la normalidad? Posiblemente. Todos están ya hartos de una guerra que no tiene más que un final. ¿Por qué prolongarla?

Irene Gal desea también que se termine la guerra. Cierto que su trabajo ha mejorado en los últimos meses. No bien organizada todavía la enseñanza oficial, ha conseguido algunas clases particulares que le permiten comer con cierta frecuencia y enviar de vez en cuando algún paquete al penal de Redondela. Pero en el aspecto moral su vida no ha cambiado mucho. Tímida y orgullosa, huye de su familia, de los amigos de su familia, que pueden echarle en cara su situación.

...29 de marzo de 1939. Las tropas del Generalísimo han liberado la capital de España de las hordas marxistas. No hubo necesidad de disparar un solo tiro para entrar en Madrid...

(—Y ahora, ¿qué?)

Ahora, la paz... ¡La paz!... ¿La paz para todos?... El final de una guerra civil no es el final de una guerra contra una potencia extranjera. Hermanos contra hermanos... Hay vencidos... Son muchos los vencidos, los que tienen que renunciar a sus ideas y someterse a la justicia del vencedor. ¿Será posible conseguir este renunciamiento, este sometimiento absoluto a un solo poder?

...30 de marzo de 1939. En el día de ayer continuó la liberación de numerosos pueblos por las fuerzas del Generalísimo...

(—Y ahora ¿qué?)

Prácticamente, la guerra ha terminado. Ahora el reajuste. Las cuentas claras... y otra vez a empezar.

Empezar la vida, para Irene Gal no es sino continuarla junto a Máximo Sáenz. Empalmar el presente con el pasado. ¡Volver a vivir! La vida es maravillosa cuando se ha sufrido mucho y se recobra la felicidad que se creía perdida. Como una resurrección del amor, más gozosa, por conocida y saboreada, que el mismo nacimiento.

Todo lo que rodea a Irene Gal tiene hoy sabor y color de fiesta. Las calles de Gijón, que durante un año largo tuvieron para Irene un gesto hosco y desapacible, cuando menos indiferente, parecen iluminarse ahora con la luz que irradia su propia esperanza. La ciudad tiene estos días el aspecto alegre de las fiestas del verano. Algunas casas, anticipándose a la noticia oficial, lucen ya las colgaduras de la victoria. Y hay manifestaciones de entusiasmo entre los vencedores.

Irene Gal no piensa en los vencedores ni en los vencidos. Sólo en la solución inmediata de su problema:

(—Bien, y ahora ¿qué?)

Ahora el indulto para Máximo Sáenz. Su liberación, su vuelta al mundo de los hombres libres. La rehabilitación de ella en su cargo. Quizá un año de espera —es joven, todavía puede esperar— en tanto se reorganiza la enseñanza y se dictan nuevas normas, y al fin, ¡a la Universidad!

Irene Gal acelera el paso. No tiene prisa, pero camina ligera. La impaciencia la obliga a caminar, pretendiendo, inconscientemente, precipitar con su prisa los acontecimientos.

Se detiene ante un bar lleno de gente. La gente rebosa el establecimiento y se estaciona ante la puerta. Todo porque el bar tiene instalado un altavoz y se dice que esta noche, en el diario de noticias, se dará a conocer al pueblo el último parte de la guerra.

El altavoz transmite sin cesar marchas militares, alternando con la música, los comentarios políticos y las disposiciones oficiales que entrarán en vigor inmediatamente, en las zonas recién conquistadas por las tropas de Franco.

Por fin, entre un silencio expectativo:

Parte oficial de guerra del Cuartel general del Generalísimo: En el día de hoy, cautivo y desarmado el ejército Rojo, han alcanzado las tropas Nacionales sus últimos objetivos militares. La guerra ha terminado. — Burgos, 1.º de abril de 1939 (Año de la Victoria). El Generalísimo Franco.

Irene Gal se inclina sobre el perro, le acaricia... Después, dice simplemente:

—¡Vámonos, Chico!

Las actrices Tina Sáinz y Mercedes Prendes en una escena
de *Cinco cartas de Alemania,* telenovela emitida por TVE en 1967.

(—Decíamos ayer...)[89]

Irene Gal cruza los brazos sobre el pecho y sonríe escéptica.

Una ojeada en torno suyo le basta para comprender que de su trabajo anterior no ha quedado nada; que no puede reanudar su labor, empalmando con su ayer, como si los cinco años transcurridos fueran una noche.

Se alza de hombros. Respira fuerte...

(—Bien, no es posible.)

Ha de empezar de nuevo su trabajo, pero ahora no ha de hacerlo sobre la tierra fértil que la buena y vieja señora Obaya le había desbrozado con su palmeta, sino arrancando hierbas viciosas que, a dejarlas crecer, malograrían su cosecha. Tiene que destruir para construir de nuevo, remover hondo, para encontrar la semilla de paz y de amor que ella había sembrado.

Desolada, mira en torno suyo.

Nada ha quedado de su labor anterior. Ni siquiera en el aspecto externo o material de la escuela. La sala de clase se ha convertido en la sala de banderas de un cuartel y hasta las paredes están decoradas con arengas militares,

---

89. *Decíamos ayer...*: conocidísima frase de Fray Luis de León, con la que empezó su clase al reintegrarse, en 1576, después de cinco años en la cárcel de la Inquisición, a su cátedra de Teología de la Universidad de Salamanca. La narradora resume de la misma manera el tiempo transcurrido desde 1939 a 1943.

afirmaciones políticas y adhesiones de firme e inquebrantable solidaridad e identificación con los ideales y la política de naciones beligerantes en la contienda mundial. Lo contrario, justamente, de lo que Irene Gal cree que debe ser la escuela. He aquí a lo que ha venido a parar su Morada de Paz, su *Shanti Niketan*[90] tan acariciado en sus sueños cuando estaba lejos del pueblo.

Cuando Irene Gal llegó al pueblo por vez primera —lo recuerda bien—, pensaba permanecer en él sólo el tiempo preciso para preparar la sustitución y marcharse a Madrid a continuar sus estudios. Pensaba entonces: "¿Existe realmente la vocación? Si es así, si la vocación es un deseo fuerte que nos arrastra a seguir un camino determinado, yo no tengo vocación. No seré nunca una buena maestra." Pero cuando se vio al frente de su escuela, dueña y responsable de un montón de pequeñas vidas que se le iban entregando al menor contacto amoroso, empezó a sentir esa fuerza, ese imperativo... Hasta el extremo de postergar sus estudios, de pedirle a Máximo Sáenz un nuevo plazo de separación, exponiéndose a perderle, para no malograr su obra.

Ahora, al hacerse otra vez cargo de su escuela, algo más fuerte aún que la primera vez, le exige una total entrega a su profesión. Posiblemente el hecho de haber conocido por experiencia su responsabilidad, o quizás algo más sencillo y más entrañable...

(—...sí. Ocurre en esto del ejercicio de la profesión lo que en el amor. Cuando una camina a ciegas, va de sorpresa en sorpresa, haciendo descubrimientos insospechados. Cada hallazgo es una alegría, que con frecuencia no se saborea a placer por inesperada. O tal vez porque resbala sobre la piel, sin ahondar en el sentimiento y en la

90. Obra de R. Tagore.

sensibilidad, hasta que "se registra" la emoción y empieza a desearse. Creo que cuando vuelva a reunirme con Max no seré ya una chiquilla inexperta de la que pueda burlarse... También en eso... Bueno, otra cosa, claro, pero hay algo... algo así... no sé cómo decirlo... Ahora sé concretamente lo que deseo y conozco el camino a seguir para realizarlo... Y gozo de antemano... Con una sensación física de placer... Ahora esto es mío, sé hasta dónde puedo llegar y espero...)

Cambio de tono. Bromeando se reprocha:

(—Vamos, Irene Gal, no empieces con tus tontas y pedantes divagaciones... Al grano, hijita, al grano... Aquí están, como entonces, los muchachos, esperando que les digas lo que han de hacer.)

Los muchachos... que ya no son sus muchachos. Les ha perdido y tiene que recobrarles. Los mayores se han ido. Los pequeños, los que se le dormían entre los brazos, han crecido bajo otra influencia y otra orientación y tampoco son ya suyos. La miran como diciendo: "Eres Irene Gal, te recordamos... En casa te nombraban alguna vez..." Pero eso es todo. Ni uno solo se atrevió a correr a abrazarla, como hacían antes, cuando la veían. Verdad que a ella le costó trabajo reconocerles y colocarles el nombre correspondiente. Cinco años son cinco años. Para los chicos, la mitad de lo que han vivido.

El pueblo, sí. El pueblo la recibió con los brazos abiertos. Todas las puertas se abrieron al paso de Irene Gal para saludarla, para contarle... No siempre cosas agradables, claro... Cada uno, sus problemas, sus proyectos... Y las bajas y altas de la aldea...

"La pobre señora Obaya, que estaba talmente como una rosa, después de reponerse de los sustos y disgustos de la guerra, se murió sin saber cómo, en un decir Jesús, de algo raro que tenía dentro de la cabeza..." La buena y vieja señora Obaya debió morir satisfecha. No esperó "la vuelta del Rey", para ella el suceso más importante que podía esperarse, pero su bandera, la bandera que ella bordó, ayudada por la abuela de Timoteo, volvió a ondear sobre el asta de la escuela...

"¿Y qué me dice, Irene Gal, de la señora Campa?... Después de denunciar a unos y a otros, diciendo que le habían robado y saqueado su casa y sus tierras, se fue a vivir a Avilés, porque nos tiene miedo. ¡La muy cochina!... ¿De dónde sacó lo que tiene sino de.." Bien, otra baja entre sus amigos.

¿Y Tim, el viejo Tim, al que tanto afectó la muerte de Timoteo?... "Pues ya ve, está el hombre tan fuerte y tan sano, que trabajando el campo no se le pone nadie por delante."

Hay una lista de muertos, desaparecidos, y huidos al extranjero. Gajes de la guerra...

Y se repite la historia de Timoteo. Ahora no es un portugués, obrero de las Obras del Ferrocarril, que se casa o deja de casarse con una muchacha por unas tierras, unas bestias y unos aperos de labranza. Nadie sabe quién es el padre de Claudio.[91] Berenice, la hija del caminero, se fue con los milicianos. Cuando salió de la cárcel trajo al niño, lo dejó con los abuelos y se fue del pueblo. Claudio es "el hijo de la miliciana", y los abuelos le odian por lo que para ellos representa: destitución del cargo, detenciones y un fardo pesado sobre las viejas espaldas.

Irene Gal se promete que el pequeño Claudio no será un niño rebelde y amargado como Timoteo. Claudio no tendrá complejos. Ha llegado al pueblo a tiempo para impedirlo.

Busca entre los muchachos al pequeño.

91. *Claudio*: nombre ficticio.

—¿Dónde está Claudio?

Claudio no contesta. Porque no quiere o porque no se entera de que le llaman. Irene descubre a Claudio, siguiendo la mirada de los muchachos. Claudio no puede ser otro que el muchachito flaco, huraño, que, casi acorralado en un rincón, está hurgándose las narices con un dedo de la mano izquierda, mientras que en la otra mano aprieta una cosa.

Irene sabe que lo que Claudio tiene en la mano es una piedra. Y que esa piedra irá a parar, sin duda, a la cabeza de algún compañero que al salir de la escuela le llame "hijo de la miliciana".

Hijo de la miliciana: he aquí su punto de ataque.

Se acerca a Claudio, pero no le acaricia ni le besa. Ni le quita la piedra que aprieta entre las manos. Se limita a exagerar su asombro, su admiración.

—Bueno, de modo que tú eres Claudio, el hijo de la miliciana... Cuéntame, Claudio, ¿es verdad que tu mamá estuvo en la guerra, como si fuera un hombre?... ¡Es estupendo!... ¡Qué valiente, tu mamá!... De modo que Claudio, el hijo de la miliciana... Tú serás también muy valiente, como tu mamá...

El pequeño cerebro de Claudio se pone en marcha. Dentro de su reducida capacidad pensadora, se arma un revuelo al recibir el impacto: angustia... Miedo... Curiosidad... Asombro... Seguridad en sí mismo... Alegría...

Claudio mira a la maestra y le sonríe. Irene sonríe también a Claudio.

—¡Es estupendo, Claudio!... Yo no sabía... Entonces tú, si te pareces a tu mamá, serás también muy valiente cuando seas hombre...

—Sí.

—Bueno, ya casi lo eres... Pareces un chico fuerte... A ver, a ver estas manos... Tienes manos de hombre.

El niño abre las manos y deja caer la piedra. La piedra que iba a emplear con justicia —con justicia infantil, insobornable— en defensa propia.

Irene toma entre las suyas las manos sucias y pequeñas del muchacho. Siente deseos de besarlas, de abrazarle a él. Pero se abstiene de hacerlo. La pequeña comedia no ha terminado.

—Unas manos fuertes, Claudio... Casi me dan miedo... Oye, no me pegarás con ellas...

—¡A ti, no!

La respuesta rápida, segura, indica a Irene Gal, que el círculo —impresión, elaboración, expresión— se ha cerrado en torno a la idea que trataba de inculcarle. "¡A ti, no!" Claro que no... Eso ya lo sabía ella. Ella es ya amiga de Claudio. Pero es preciso que Claudio no necesite llevar piedras en los bolsillos para defenderse de los muchachos. Y esto va a conseguirlo Irene Gal, actuando ahora sobre los otros, obligándoles de alguna manera a respetar a Claudio y hasta a admirarle, exagerando, caricaturizando la situación para darle más relieve.

—Ven aquí, Claudio... Siéntate en el primer banco. Junto a mí... De modo que tu mamá, miliciana... ¡Qué valiente!... Cuántas cosas vas a contarme... Cuántas cosas vas a contarnos a todos... Cuando tu mamá venga a verte, te contará... ¡La guerra!...

La reacción de los demás muchachos es también rápida y concreta: ¿De modo que ya no se le puede avergonzar con el apodo de "hijo de la miliciana"?... ¿De modo que Claudio estará orgulloso porque su madre haya ido a la guerra como un varón? Y hasta puede que su padre sea también un soldado... El caso es que la maestra no le desprecia y hasta le sienta en el primer banco...

Eso piensan los chicos, en tanto que ella, la maestra, calcula el modo de resolver el primer problema serio que su vuelta a la escuela le ha planteado. Formar a sus alumnos, es sencillo. Seguirá con sus métodos, con los que consiguió buenos resultados. Pero de ningún modo puede empezar a desarrollarlos en el ambiente de parcialidad, de beligerancia, que la maestra que la sustituyó parece haber fomentado en su escuela. Aquí están las banderas, como testigos.

Irene Gal se muerde los labios.

(—¡Estúpida!... Qué falta de tacto... Y ahora, ¿qué?)

Irene Gal pensó siempre, desde que empezó la segunda guerra mundial, que la ganaban los aliados. ¿Una convicción gratuita, por simpatía? Tal vez. Pero más tarde, cuando Alemania tuvo a su espalda un segundo frente, y más aún, cuando los americanos llegaron con su razón, y su fuerza... ¡y su oro!, esta convicción se convirtió en seguridad. Irene Gal está segura de que la guerra la ganarán los aliados. Y de que las banderas de Alemania, de Italia, y del Japón, en una escuela española, van a hacer un papel muy desairado...

No puede pensar, sin un íntimo dolor, en la postura falsa en que se han colocado algunos educadores desaprensivos que, rindiendo homenaje a sus ideas políticas —muy respetables por otra parte— se atrevieron a profanar el recinto sagrado de una escuela, en cuya ara sólo debiera quemarse incienso de Paz y de Amor a la Humanidad, imponiendo a los muchachos y al pueblo entero sus simpatías hacia un sector determinado de las naciones en guerra.

(—...de una guerra que ganarán los aliados, tarde o temprano, y entonces tendrán que rectificar, que arriar sus banderas, que proclamar públicamente que nada tienen de común con los países totalitarios, que son demócratas... en fin, que el pueblo acabará por desmoralizarse y perder la fe en la infalibilidad que se nos supone a los directores espirituales de las masas. Y todo en perjuicio de la educación de los chicos...)

Esto es lo que le duele a Irene Gal. Que el pueblo desconfíe, que se burle... Que la socarronería del campesino haga motivo de chanza de algo importante, en lo que ha de basarse, precisamente, la educación de sus hijos.

(—Piense cada uno como le dé la gana... Cada uno ve la silla desde su *punto de vista*... También yo... Todos, supongo... Es imposible no apasionarse, no defender íntimamente algo... A menos que no se piense... Pero la escuela es sagrada... Bueno, y en este caso, concretamente, ¡vaya un modo de columpiarse!)

Irene Gal se pasea nerviosa entre las mesas de los muchachos, acariciando a los más pequeños, preguntándoles su nombre, revisando los cuadernos de los mayores, en los que encuentra mapas y planos de guerra de los frentes alemanes.

(—Claro está que la guerra no puede borrarse con una esponja de los cuadernos, ni del ambiente... Ni de la vida pequeñita del hijo de la miliciana... Mucho tacto... Frenar sin violencia, dar marcha atrás... ¡y empezar de nuevo!)

No se le oculta a Irene que el camino de la paz, del amor, no es un camino fácil de seguir, tal como andan las cosas. Pero tiene la obligación moral de emprenderlo y de llegar en su empeño hasta donde le sea posible llegar. Siempre fiel a su lema, aunque no siempre se la comprenda, aunque a veces la juzguen ligeramente.

(—Paz, amor, vida sencilla... ¡Mi pequeño *Shanti Niketan*!...)

Mira en torno suyo con desagrado. Es preciso transformar el cuartel en una escuela. Sin lastimar ningún sentimiento. Pero también sin aguardar a una claudicación desafortunada, que en su día pueda perjudicar a la formación moral de los muchachos.

Dice con naturalidad, como al azar:

—¡Dios mío, qué paredes tan sucias! Hay que pintarlas... Vais a ayudarme a pintarlas... Bueno, antes tenemos que recoger todas las cosas con cuidado, para que no se estropeen...

12 de noviembre de 1943

El viejo Tim fuma en pipa.

Irene Gal se recrea viéndole fumar. También Max fuma en pipa. Cuando Tim agarra la pipa por la cazoleta y ladea la cabeza para mirarla, Irene recuerda los movimientos de Máximo Sáenz y siente deseos de besar al viejo.

He aquí lo que queda del viejo Tim, del viejo cascarrabias que gritaba y maldecía contra su nieto, cuando éste andaba por el pueblo haciendo de las suyas... Ahora ha muerto Timoteo, y Tim, el viejo se ha convencido de que un poco de amor, un poco de astucia por parte de una mujer, hubieran hecho del muchacho un hombre. Piensa también en su culpa. Está claro que él fue el culpable de todo, de la rebeldía del chico, de sus disparates. ¿Qué había hecho para atraer al muchacho al buen camino? Mientras que ella, Irene Gal, con su ternura...

Da otra larga chupada a su pipa y vuelve a quedarse inmóvil, contemplando a Irene.

Así, mirando hacia adentro, recordando, reprochándose íntimamente su conducta con el nieto, el viejo Tim pasa muchas horas sentado en el banco de la escuela, cuando el tiempo lo permite, o aquí, en la silla de la cocina, junto al fuego de leña que arde sobre el llar.

¿Cómo llegó hasta aquí, hasta la cocina de la maestra y disfruta su intimidad dulce y serena? Tal vez... ¡sí!, fue así: una tarde vino a consultarle algo a Irene. Algo referente a una declaración sobre la cosecha. Ella le dijo: "Siéntese.

Yo le cubriré el impreso, con los datos que usted me facilite". Así fue. Esto dice y hace Irene a todos los campesinos que vienen a consultarle alguna cosa. Y esto le dijo al viejo. El viejo se sentó y hablaron de la cosecha. Más tarde, de la guerra. Siempre de la guerra. Tan reciente, tan encima de sus vidas. Después hablaron de Timoteo. Esto les une. Tal vez por ello, el viejo Tim encuentra blando el banco de la escuela y mullida la silla de anea de la cocina. Sí, fue así como empezó la cosa. Con una consulta. Después, pasó otro día —un lunes, lo recuerda— cuando venía de Avilés, de llevar algo al mercado. Y ella volvió a decirle: "Entre y siéntese. Descanse." Y él entró y se sentó. Y volvieron a hablar de la cosecha, de los precios que las cosas alcanzaban en el mercado negro, del estraperlo, de la guerra... ¡Y de Timoteo! Y así un día y otro día. Hasta que se hizo costumbre la sentadita en el banco de la escuela. Y hasta que el viento de las castañas les echó del banco. Irene invitó al viejo a entrar en la cocina. Y el viejo entró en la cocina. Y empezó a aguardar la hora de sentarse en la silla de anea de la cocina, con la misma impaciencia con que aguardaba antes la sentadita en el banco de la escuela.

Todas las tardes viene a visitar a Irene y comentan juntos las noticias del día. El viejo es suscriptor de *La voz de Asturias* desde su fundación. Cuando llega el correo de la tarde y le entregan el diario, se lo guarda en el bolso, sin quitarle siquiera la faja y al decir de Petrona, la criada que le sirve desde que ambos eran muchachos, "el hombre no hace ya cosa con cosa, hasta que se larga a casa de la maestra". Entra pisando fuerte, orgulloso del privilegio de ocupar, por concesión especial, la silla de la cocina. Pausadamente y sin hablar —el viejo Tim habla poco— saca el diario del bolso de su pelliza y lo deja sobre la mesa. Sabe que Irene Gal no resiste a la tentación de leerlo. No todo, claro... Lee los partes de guerra, que acusan más o menos claramente el movimiento de las tropas en los frentes, y entre líneas, los comentarios, chismes y fantasías de la retaguardia, por lo que trata de deducir cómo andan las cosas.

El año 1943 se despide con un suceso importante para la marcha de la guerra: la ruptura del frente alemán en Italia y el avance, al parecer incontenible, de los aliados. ¿Representará, realmente, un paso decisivo hacia el final de la guerra?

Guerra... Guerra... Guerra... ¡Siempre guerra! Como si la humanidad se hubiese vuelto loca, sedienta de sangre. Cualquier suceso artístico o deportivo es desplazado de las primeras páginas de los diarios, por grandes titulares sobre la guerra:

5 de noviembre. Los anglosajones dan cuenta de la ruptura del frente alemán en Italia y dicen que la ocupación de Isernia es su mayor éxito desde la de Nápoles. Nuevo desembarco ruso en Kerch y nueva tentativa de apoderarse de Kiev. Más de mil aviones atacaron Wilhelmshaven. Bombardeo de Dusseldorf e Ipswich.

7 de noviembre. Tras obstinada resistencia, los alemanes se han retirado al norte de Kiev y evacuado la ciudad. En Italia los aliados ocupan Vasto y Venafro y cruzan el Garellano.

10 de noviembre. Churchill declara que habrá luchas encarnizadas durante todo el año 1944 y añade que Alemania dispone de cuatrocientas divisiones, pero que no duda del resultado final. Roosevelt habla de abastecimiento de países liberados...

—Decididamente, no está la paz tan próxima como

creíamos. El viejo gordo[92] no nos permite hacernos ilusiones.

Cuando Irene deja el periódico sobre la mesa y vuelve a su labor, Tim gruñe algo, busca sus gafas en los bolsos de su pelliza y cae otra vez sobre las noticias, releyendo los partes, tratando de descubrir lo que a su juicio no está claro.

Bien, ¿qué es lo que no está claro para Tim? ¿El triunfo de los aliados? ¿Desea Tim el triunfo de los aliados? Eso dice el pueblo... Tim no ha dicho a nadie que deseara la victoria de los aliados. Más aún: todos saben que durante la otra guerra fue germanófilo y ni un momento dudó de la victoria de los estados centrales. Después se mostró siempre partidario de los regímenes totalitarios. Pero, ¿y ahora?... Ahora la voz popular dice que Tim, el viejo, desea que ganen la guerra los aliados. ¿Por qué razón? Porque lo desea Irene. Irene Gal tampoco ha dicho nunca que deseara la victoria de los aliados, pero el pueblo le atribuye gratuitamente esta simpatía, y en consecuencia, también se la suponen al viejo Tim, que comenta la prensa con Irene.

Mientras que el viejo lee, Irene teje. Está haciendo un jersey para Máximo Sáenz. A Irene Gal le agrada tejer, hacer cualquier labor que le deje libre la imaginación, para recrearse en el recuerdo de Max. Es el único placer que Irene Gal se permite. Ocho años de separación, de esperar sin esperanza, no han conseguido borrar las breves horas de su intimidad. Lejos de esto, detalles que en su día pasaron inadvertidos para Irene Gal, se levantan ahora claros, bien dibujados, destacándose de entre el humo dormido de los recuerdos con una nitidez que la desconcierta. Algo en lo que entonces no había reparado de un modo

92. Winston Churchill.

consciente y que sin embargo se le había quedado grabado, surge ahora del pasado y le pone viva en la mente la
imagen de Máximo Sáenz: cómo hablaba, cómo reía, cómo
comía, cómo andaba Máximo Sáenz. Cómo[93] doblaba la
almohada hacia adelante para dormir... ¿Para dormir? No,
acaso sólo para descansar, cuando se quedaba mirando al
techo, jadeando aún, con los labios entreabiertos, tratando
de recobrar el ritmo normal de la respiración... ¿Era una
postura egoísta la de Máximo Sáenz, al acaparar la almohada para él solo, ya que al doblarla hacia adelante, la
privaba de ella? No, desde luego. Máximo Sáenz sabía que
su brazo era la mejor almohada para Irene... ¿Y el sonido
que producía su lengua contra los dientes, como un chas-
quido de fastidio o como una succión? Posiblemente sólo
una succión, para limpiarse las encías. Después pasaba la
lengua sobre los labios, se los mordía... Todo así, de un
modo inconsciente, rutinario... También recuerda ahora
cómo Max mordía el cepillo de dientes, como si fuera la
pipa, cuando se marchaba al cuarto de baño... Y el modo
de calzarse las zapatillas, siempre a tientas, sin mirarlas,
como si estuviera pensando en otra cosa... Y el dedo pul-
gar que apoyaba bajo la barbilla, rascándosela suavemente, mientras sostenía la pipa con los otros dedos y la miraba a ella, con ironía... La mirada de Max, los ojos de
Max, siempre con su chispita de ironía, que era como una
burla cariñosa hacia su ignorancia... Y el gesto enérgico,
cuando imponía su autoridad, ante cualquier vacilación de
Irene... Irene analiza ahora esos detalles insignificantes
minuciosamente, los desmenuza, se recrea en ellos. Ve
también, más que ve, siente, algo que en su día parecía
resbalarle sobre su piel, sin ahondar en el sentimiento, tal
vez porque, en la confusión, en la sorpresa, en el descon-

93. Parte suprimida por la censura en la primera edición de 1961.

cierto producido por lo ocurrido, no había tenido tiempo para reflexionar, y pese a la naturalidad y sencillez con que sucedió, la emoción le había impedido registrarlo en la conciencia... Ahora ve Irene frente a su cara, sobre su cara, la boca entreabierta de Máximo Sáenz, con los labios ligeramente avanzados, como sedientos, descubriendo los dientes blancos, ve sus ojos enturbiados por el deseo, siente el contacto vivo de sus manos sobre sus pechos, sobre sus piernas, y está a punto de gritar cuando lo recuerda.

—Bien va a nevar este invierno —comenta el viejo.

De vez en cuando un comentario sobre la guerra, sobre el tiempo, sobre la cosecha, la vuelve a la realidad.

—Año de nieves, año de bienes, dice el refrán.

—Pero es mal año para los que andan por esos montes.

—¿Todavía...?

Tim se alza de hombros:

—¡Yo qué sé!... Eso dicen. Parece que en la sierra de Peñamayor, allá, cerca del Sueve, parió una miliciana, se murió de parto y alguien dejó la criatura en la carretera.

—Parece un cuento.

—Sí, un cuento —dice el viejo.

Y se encierra de nuevo en su silencio.

Ahora no lee. Piensa. Los dos piensan, sin decírselo, en un tiempo que se quedó ya en la espalda del tiempo. El viejo dice siempre: "Antes de la guerra". Esto o aquello sucedió "antes de la guerra". Por aquella época, todo valía... claro está que hablo de "antes de la guerra"... Irene ajusta su cronología a otro cómputo particular: "antes de aquel día"... "después de aquel día..."

Cuando Tim se levanta para irse, Irene le acompaña hasta la puerta, le ajusta la bufanda y le da un beso.

¡Ah, claro, esto del beso es otro cuento!... Parece que un día el viejo se olvidó de ponerse la bufanda, lo advirtió Irene y se la sacó del bolso, colocándosela ella misma.

Como le tenía tan cerca de su cara no resistió a la tentación de besarle, mientras le decía: "cuidese un poquito..."
Al viejo le agradó la despedida y al día siguiente, con una treta infantil, no se puso la bufanda y la dejó bien visible, colgando del bolso de su pelliza. Después se hizo el remolón, junto a la puerta. Irene comprendió. Recogió la bufanda, que le arrastraba, se la puso alrededor del cuello... y le besó.

Irene Gal hubo de anotar en el diario de sus deberes: "...a las nueve, besar a Tim, el viejo, para despedirle..."

Dolores Medio (enero 1974).

Bajando desde la carretera hasta La Estrada, por el atajo, el camino se bifurca como a unos doscientos metros de su punto de arranque y el más estrecho de ambos, el de la derecha, se precipita sobre el pequeño puente de madera tendido sobre el río, salta sobre él y llega hasta el molino. Allí se ensancha y muere, convirtiéndose en una plazoleta de tierra blanca, pisada, espolvoreada siempre por la harina amarilla del maíz, y sucia de excrementos de las bestias que llegan con su carga hasta el molino.

En la bifurcación, precisamente, se detiene Irene Gal, vacilando entre seguir hacia el pueblo o bajar al río. El río la tienta. Con frecuencia baja hasta el río y deja correr las horas viendo pasar el agua bajo el puente. Durante el verano, la divierte caminar por el río contra la corriente, viendo saltar ante ella a las truchas, y a las anguilas, que huyen del remolino que forma la presa.

A Chico le divierte también el juego. Ahora aguarda junto a Irene su decisión.

—¿Qué hacemos, Chico? ¿Bajamos al río?

Chico sacude la pelambrera húmeda de revolcarse sobre la hierba mojada y es como un alzarse de hombros por respuesta. Lo que quiera Irene. A él le da lo mismo.

Bien, se deciden por el camino del río y bajan hasta el molino.

—Así charlaré un rato con el molinero. Vive tan solo...

Le duele a Irene mimar a Tim, el viejo, que al fin y al

cabo tiene familia y una buena casa, y visitar tan poco al molinero, que vive solo. Claro que la soledad de Roque es relativa. Constantemente entran y salen del molino las mujeres del pueblo con sus sacos de maíz y de trigo para moler.

Pero hoy es domingo y el viejo estará solo, sentado sobre la muela rota del molino, abandonada tras de la casa, que le ofrece un asiento resguardado del nordeste. Desde que se murió su compañera pasa las horas vacías de trabajo sobre la rueda, mirando en silencio al monte. Los aldeanos dicen que Roque sale al sol a rascarse los piojos que le comen vivo. Así anda de consumido. Dicen también que no come caliente por no hacer la comida.

Piensa Irene:

(—Mentira... Habladurías... Anda como todos los campesinos... Bueno, quizás un poco más descuidado porque vive solo...)

La soledad del viejo conmueve a Irene y hace propósito de visitarle con más frecuencia.

Pasa el puente, llega al molino y como no ve a nadie, lo rodea, segura de encontrar al viejo tras de la casa, sentado sobre la muela rota, calentándose los huesos a los últimos rayos del sol.

Pero sucede algo inesperado. No es al molinero a quien sorprende Irene, sino a una mujer que intenta retirarse rápidamente. No tanto que Irene no pueda reconocerla.

—¡*La Loba*!

La sorpresa la deja paralizada.

Es ella no cabe duda. Decían algunos que había huido a Rusia. Otros, que si andaba escondida por la Sierra de Peñamayor porque no pudo tomar el último barco de los que huían y se había tirado al monte cuando el frente Norte cayó en poder de las tropas de Franco. Esto debió suceder por cuanto que ahora está aquí, en el molino, a dos pasos de Irene Gal.

Irene Gal vacila unos momentos, sin saber qué hacer. No piensa ya en el viejo ni en su paseo. Sólo en *La Loba*. *La Loba* la ha visto. La ha reconocido. ¿Hará mejor marchándose sin hablarle, dándole a entender así que no la ha reconocido? ¿O deberá llamar al molinero?

Irene Gal piensa torpemente, un poco aturdida, sin decidirse a tomar una determinación.

Es *La Loba* quien se decide a afrontar la situación difícil, abriendo la puerta y quedándose plantada, con los brazos cruzados sobre el pecho, a cuatro pasos de Irene.

—Bueno, Irene, soy yo... No ha visto visiones... Una sorpresa agradable, ¿eh?

Irene Gal no sabe qué contestar. Ante ella está *La Loba*. No puede verla sin recordar la muerte del cura y de Timoteo. "¡Rematadles!". Eso había dicho *La Loba*, cuando los dos en el suelo, ya agonizando, se reconciliaban. Ella dijo "¡Rematadles!" ¿Lo había dicho ensañándose, gozándose en el sacrificio de dos seres humanos, o fue un grito piadoso, incontenible, recordando la muerte de su hijo, para abreviar esa agonía?... ¡Quién puede juzgarla!... Algo, no obstante, había de cierto en el crimen: la denuncia... el venir acompañando ella misma a los milicianos que buscaban al cura para detenerle. Pero aún así, ¿era una mujer mala, de instintos criminales, o trataba de vengar, enloquecida, la muerte de su hijo?

De cualquier modo, Irene Gal tiene que vencer el asco que le produce la presencia de *La Loba* y hacer un esfuerzo para no gritarle: ¡Lárgate de aquí o te entregaré a las autoridades!

Como si su pensamiento se trasparentara, *La Loba* recoge el reto:

—Bueno, ¿qué espera?... ¿Por qué no va con el cuento a la Guardia Civil de Piedras Blancas, para que me detengan?... Lo sospechaba, ¿verdad?... Por eso bajó al molino con el perro.

Irene Gal no sabe qué contestar. Le gustaría que su conciencia le dictara claramente la conducta a seguir. Pero su conciencia permanece muda... Sí, es cierto que se cometió un crimen, dos crímenes... ¿cuántos crímenes?... ¡Quién lo sabe!... Y esta mujer que está ante ella, con los brazos cruzados sobre el pecho, en actitud agresiva, o cuando menos, provocativa, es culpable de ellos. ¿Hasta qué punto es culpable?... Y aunque lo sea, ¿quién es ella, Irene Gal, para juzgarla?

Como una luz que alumbrara su indecisión, alguien pone unos versos en su memoria:[94]

(—"El varón que tiene corazón de lis, alma de querube, lengua celestial, el mínimo y dulce Francisco de Asís, está con un rudo y torvo animal...")

El asco instintivo que Irene Gal siente hacia *La Loba* empieza a diluírsele en un sentimiento de piedad, que la lleva a buscar una justificación para sus delitos:

(—Todos cometemos algún delito. Unas veces se realiza. La ocasión, las circunstancias... Otras sólo se desea, se comete dentro de nosotros y la justicia humana no puede pedirnos cuentas. Pero el impulso, la maldad es la misma... Nos diferencia sólo la circunstancia... Nadie se atrevería a decir que la señora Campa, esa vieja prostituta jubilada, sea una criminal y sin embargo todos saben que llegó al pueblo, después de la guerra, denunciando a todos los que se aprovecharon del producto de sus tierras y pidiendo a voces la muerte del maestro de Nozales, porque le puso el apodo de *Pepa Doncel*... Su razón, *su punto de vista*... ¡La silla!... Siempre lo mismo... Nuestros intereses, nuestras opiniones, nuestra justicia... Nuestra pobre justicia huma-

---

94. Se trata de las *Alegorías de las virtudes de San Francisco*.

na... "Todos somos culpables de algo"... Posiblemente tenga razón Max...)

Desalentada se apoya contra la muela rota del molino, va resbalando y acaba por quedar sentada sobre ella.

(—...todos culpables de algo... ¡Todos!... ¿Quién puede tirar la primera piedra?)

Ella, no, desde luego. Piensa sólo que debe huir, que debe desentenderse de la situación embarazosa en que se ha metido. Pero sabe que no podrá hacerlo.

La Loba se le acerca hasta tocarla en un brazo.

—¡Vaya! ¿Qué le pasa, maestra? ¿Por qué se sienta? ¿No le doy miedo?

Suelta una carcajada, que encuentra eco en el molino vacío, en la tarde quieta y ancha de domingo en el campo.

—¿No teme que la arroje a la presa para que no *se chive*[95] por ahí de que me ha visto?

Irene no tiene miedo. Sólo siente el dolor vivo de la situación y la responsabilidad de encontrarse metida en ella. ¡Cristo! ¿Por qué tiene ella que juzgar a nadie, por qué ha de verse envuelta en un caso de conciencia, en el que directamente nada le va ni le viene?

(—¿Qué no me...? Bueno, ¿no soy la maestra? Hay algo más que la escuela para una maestra. ¡Todo el pueblo escuela!... Siempre responsable... Bueno, ¿y ahora?...)

Ahora...

De pronto Irene ve claro. Tiene a mano un buen recurso. Recuerda que, cuando regresó al pueblo después de su destitución, después de haber cumplido su castigo, el pueblo se le entregó incondicionalmente, casi sin reservas. Lo comprobaba en la actitud de todos, en sus confidencias... Quien más o quien menos, había colaborado con la Repú-

95. *chive*: acuse.

269

blica y hubo de pagar sus multas, ir a un campo de concentración, a la cárcel, si no sufrir más grandes penas. El castigo sufrido por la maestra la solidarizaba con el pueblo, la unía a ellos. Sin duda, a los ojos de los campesinos Irene había bajado de su pedestal de autoridad local para colocarse a su misma altura...

Un poco caro le había costado a Irene Gal el ganarse la confianza del pueblo. Pero ahora el pueblo era suyo, la quería, la respetaba... Y lo más importante: no entorpecía su labor educativa, confiaba en ella. Entonces, ¿por qué no emplear esta experiencia, no provocada, pero positiva, y la otra, la de la conquista de Timoteo, para intentar acercarse a *La Loba*?

Dice a *La Loba*:

—¿Quieres sentarte a mi lado, Juana?

La Loba da un respingo y retrocede.

—¿Sentarme?... ¿Para qué?

Irene Gal se alza de hombros...

—No sé... para que hablemos... Bueno, si te molesto, me iré en seguida... Hoy estaba sola en casa y me dije: voy a ver a Roque que estará también solo... Por eso bajé al molino, pero si te molesto...

La Loba mira a Irene Gal con desconfianza. No le gusta ni un pelo la actitud conciliadora de la maestra.

(—... me van a decir a mí que la maestra no sabe lo del cura y lo de Timoteo, que no sabe mis andanzas de miliciana y... en fin, que si esto, que si lo otro... Entonces, ¿por qué se hace la nueva y como si nada?... A otro perro con ese hueso, que yo soy viejo y no puedo roerlo...)

Más natural le parecería a *La Loba* que la maestra le volviera la espalda y saliera huyendo, y después, se fuera con el cuento a Piedras. Ella sabría entonces lo que debía hacer. ¡Otra vez al monte! Hasta que nadie se acordase de ella y pudiera volver a intentar el viaje.

Por su parte, Irene Gal decide no marcharse sin hablar con *La Loba*. Sin dejar en su conciencia un poco de paz, un poco de amor, algo, en fin, que le sirva de fermento para un posible arreglo de cuentas consigo misma, que es lo que importa.

Y lo intentará. Repetirá el juego arriesgado de Timoteo, del caso Timoteo. Timoteo era un niño y ella, casi adolescente, le sorprendió con una comedia bien representada. *La Loba* tiene los colmillos duros, pero Irene Gal también ha madurado. Posee ahora una experiencia que antes no tenía. La diferencia está compensada. Entonces, la ecuación sigue siendo la misma y del mismo modo va a plantearla e intentar resolverla.

—Te he dicho, Juana, que si te molesto, me iré en seguida. Pero si me permites... si no te molesto, quisiera hablarte.

—¿Hablarme?... ¿Hablarme, de qué?

—Quisiera darte las gracias...

Ahora *La Loba* la entiende menos. ¿Por qué tiene que darle las gracias Irene Gal, si ella nunca le ha guardado buenas ausencias? La verdad... la verdad, es que tampoco la odiaba. Irene quería a los chicos. Ricos y pobres, todos eran para ella iguales. Y trabajaba en la escuela. A su modo y con sus métodos modernos, pero trabajaba... Un día, el maestro de Nozales —¡ése sí que era un hombre!— dijo a voces a todo el pueblo que maestra como Irene Gal no volverían a tenerla. Y "Nozales" sabía lo que se decía. Apreciaba mucho a Irene. Por cierto que si él era... ¿acaso Irene...?

La Loba, mira a Irene Gal con curiosidad.

Irene dice:

—Las gracias, Juana, por lo de Timoteo. ¡Pobre muchacho!

La Loba vuelve a alarmarse. Cree que la maestra se

burla de ella, que va a romper la paz fingida con un insulto, con una acusación, tal vez con una amenaza.

Se pone en guardia:

—Oiga, no sé de qué me está hablando.

—Sí lo sabes, Juana... Tú estabas allí... Sé que algunos no comprendieron lo que sucedió. Pero yo, sí. Lo comprendí, seguramente porque sufrí mucho... Cuando condenaron a muerte a Máximo...

Una pausa.

Juana, *La Loba*, vuelve a prestar atención a las palabras de la maestra. No sabe quién es Máximo ni por qué le condenaron, pero Irene está llorando y se muerde los dedos desesperada y la mira, a través de las lágrimas, como pidiéndole también a ella un poco de comprensión.

Irene Gal piensa ahora, como en otro tiempo con Timoteo, que en realidad no representa una comedia. Sólo la vive. La vida también le duele. Es siempre una herida abierta y al menor contacto empieza a sangrar. Entonces le es fácil colocarse al lado de los que sufren, de los que, justa o injustamente, viven despreciados, de los que arrastran el dolor de alguna miseria, como un castigo por el delito de haber nacido.

Ahora su papel consiste en hermanarse con *La Loba* en su dolor, en su miseria, para que no se sienta despreciada y sola. De ningún modo mejor que mostrándole su propia herida:

—Cuando le condenaron a muerte, Juana... yo... yo creí que iba a volverme loca... Después llegó el indulto... Ahora está en la cárcel.

Otra pausa.

La Loba se acerca a Irene. Acaba por ponerle la mano sobre su brazo.

—¿Quién es Máximo?... ¿Su hombre?...

Irene dice:

—Mi hombre...

Y está segura de que ya puede dialogar con *La Loba*, sin alarmarla, de que puede ayudarla a ajustar sus cuentas.

—He sufrido mucho, Juana. Y te comprendo. ¡Te comprendo! Te mataron al hijo. Eso duele mucho... Y tú empezaste a odiar a la sociedad...

—¡No lo sabe usted bien!

—Sí lo sé, Juana... Todos odiamos, todos nos rebelamos cuando nos hieren. Es difícil perdonar y superar el odio... Pero hay que hacerlo.

—Me mataron al hijo... Era un muchacho. ¿Qué sabía él lo que hacía...? Los otros le llevaron, y él dijo "Bueno". Y se fue con ellos... Después los detuvieron porque hubo *un soplo*...

—Juana, la guerra es la guerra... También Timoteo era un niño...

—¿Y por qué se metió...?

Juana *La Loba* se traga su propio argumento. La vida, la guerra, las pasiones, enganchan a los hombres entre sus engranajes y acaban por triturarlos. ¿Por qué razón? ¿Quién habla de razones? Las circunstancias...

—Yo no quería matarlos. ¡Se lo juro!... Sólo detener al cura...

—No jures, Juana. Ante mí no tienes que justificarte. Yo no soy tu juez. Tu juez es tu conciencia... Y tú sabrás... Lo que sí quiero agradecerte, es algo... Bueno... algo que parece horrible, algo que todos te echan en cara... Tú dijiste, "¡Rematadles!"... Eso te echan en cara: tu crueldad... ¡No, Juana, no me digas nada!... Ya sé que lo que tú querías era abreviar su agonía... ¿No es así, Juana? Tú querías que todo terminara en seguida...

Juana oculta la cara entre las manos. Casi grita:

—¡No lo sé!... ¡Yo no sé lo que quería!... ¡No me hable de eso! Cuando lo pienso, creo que voy a volverme loca...

273

—Juana...

—...Por las noches... en el monte...

—Juana...

—¡Suélteme, Irene! ¡No me toque! ¡Déjeme en paz!...
Hay cosas que vale más no pensar en ellas.

—Pero hay que pensar en ellas, Juana... Pensarás aunque
no quieras... Es inevitable... Pero ahora, márchate, anda...
¿Qué haces aquí? Tienes que marcharte. Si te descubren te
denunciarán... Tim, el viejo... Quien sabe... Entonces carga-
rá alguien sobre su conciencia tu muerte y la cadena de crímenes no acabará nunca... Todos queremos tener la razón.
Todos queremos hacer justicia. ¡Pobre justicia humana que
sólo juzga por los hechos externos!... Juana, escúchame...

Juana suelta la mano de Irene que se apoyaba en su brazo, y presta atención a un ruido que llega de alguna parte.
Unas hojas secas crujen al pisarlas alguien. Irene no oye
nada, pero *La Loba* tiene el oído fino, acostumbrado a captar los menores ruidos del campo.

Se esconde en el molino y vuelve a salir cuando reconoce
a Roque. Roque mira a Irene con sobresalto. Del susto, la
carga de leña que traía a la espalda se le va resbalando espalda abajo, hasta que cae en el suelo.

El viejo sonríe estúpidamente. Abre los brazos. Como si
quisiera decirle a Irene: "Yo no sé nada de nada. No sé qué
hace *La Loba* en el molino..."

Irene le tranquiliza:

—Tampoco yo sé nada. ¿Comprende, Roque?... Bueno,
ayude a Juana a salir del pueblo. No está bien aquí...

Después se acerca a Juana, toma sus manos, acaricia sus
manos...

—Juana... No te sientas muy desgraciada... Todos somos
malos... Yo misma... si tú supieras...

—¡Usted no es mala!... Si toda la gente fuera como es
usted...

—Te equivocas, Juana... Yo no soy buena... He aprendido a controlar mis sentimientos y mis pasiones... Pero no sé lo que en tu caso hubiera hecho... El dolor enloquece a los hombres, les priva del juicio...

Y después de una pequeña pausa:

—Quería decirte que no debes sentirte muy desgraciada por lo ocurrido, ni despreciarte, ni creer que eres un bicho malo... Un mal impulso lo tiene cualquiera. ¡Cuánta gente tendría que reprocharse algo si limpiara de verdad su conciencia!... Lo importante es saber rectificar, reconocer nuestros errores... y empezar una vida nueva... Siempre podemos empezar una nueva vida.

La Loba se alza de hombros. En eso piensa: una nueva vida, lejos de La Estrada. Con sus parientes de Extremadura...

Irene abraza a Juana. Le acaricia las manos y la cara, como hace con los niños de la escuela, cuando quiere consolarles de algún dolor. Después, sin añadir nada, porque no sabe lo que podría decirle, llama a Chico, que retoza junto al río, y emprenden juntos el camino de regreso al pueblo.

9 de mayo de 1945

—... "Al amanecer, entre la niebla, cuando estaba todavía oscuro y todos dormían en la ciudad de Sinope, se
aproximó a sus costas un barco pirata.

"Los gallos cantaban en esta dulce hora de la penumbra
por toda la costa montañosa, por todo el poblado, y desde
el barco recién llegado les contestaba con alegría el gallo
de los bandidos..."

Un bostezo.

Irene Gal suspende la lectura y disimulando la risa que
le retoza en los labios, pasa revista a los muchachos senta-
dos en las primeras mesas. Bajo las mesas, hilera de piernas enfundadas en pantalones de dril azul y caqui, ni muy
limpios ni muy nuevos, recién llegados del campo. De la
hilera de piernas sobresalen las piernas de José, largas y
flacas, estiradas hacia adelante, para evitar que las rodillas
le tropiecen contra la mesa. Sobre las mesas, cuartillas, lá-
pices, manos... y los codos de José, plegados los antebrazos
contra el cuerpo, para sostener la barbilla sobre los puños.
Siempre el bueno de José, con su buena voluntad y su torpeza, conservando el mismo puesto en la misma mesa, entre los chicos de la escuela hace diez años y ahora en las
clases de adultos.

José cierra la boca, cortando en seco el bostezo, cuando
Irene Gal le mira. Después se limpia con la mano el bozo,
ligeramente húmedo. Hace un esfuerzo y se incorpora a la
lectura.

—... "Todos los habitantes y guardianes dormían en Sinope, mientras los bandidos, hablando quedo, descendieron a un bote, llegaron remando a la orilla y entraron a hurtadillas en las casas. No tuvieron piedad ni de los viejos ni de los niños... Después de saquear y matar centenares de seres inocentes, regresaron al barco y, tras de largar las velas, se hicieron nuevamente a la mar.

"Una vez en alta mar, celebraron un gran festín: comieron, bebieron, bailaron y cantaron hasta el anochecer. Y cuando caía la noche, sin recoger velas, sin encender las luces ni poner guardias, cayeron borrachos por los camarotes del barco..."

Ahora es Irene Gal quien se distrae, quien lee mecánicamente, mientras piensa:

(—...del barco... Barcos de su propiedad... Supongo que exageran... Estas gentes... Él un tipo estupendo... Todo un hombre... Las mujeres, locas, claro... Es que está muy bien... Un hombre atractivo... Yo creo que si Max no existiera. ¿Max? Otra cosa, pero éste...)

Sigue leyendo pausadamente, modulando la voz, tratando de hacer vivir a sus muchachos las escenas del cuento:

—..."Y he aquí que la oscuridad inundó el mar y reinó un gran silencio... Agitando sus velas, como mangas vacías, navegaba el barco sin rumbo ni dirección, mientras en los camarotes, roncaban los borrachos..."

¿Por qué ha elegido hoy para lectura y coloquio *Los gallos del amanecer,* de Iván Bunin, si no es Iván Bunin uno de sus autores preferidos, ni el cuento es el mejor de Iván Bunin?... No lo sabe. Lo hizo de un modo inconsciente, movida por alguna preocupación...

(—Sí... Tal vez...)

La mirada de Irene se posa sobre un periódico del día anterior, abandonado sobre su mesa:

Martes 8 de mayo de 1945. Los aliados dan cuenta de la rendición oficial de Alemania. Míster Churchill hablará hoy en la Cámara de los Comunes para dar cuenta del fin de la lucha en el continente europeo...

(—Bien... Es posible... La suerte de Europa... Los vencidos... ¿Cuál será la suerte de los vencidos?... Nadie puede desentenderse de los problemas de la Humanidad... Vencidos... ¡Únicos culpables de todo!... No, si a mí los nazis no me simpatizan... ¡Nada!... Pero el pueblo alemán... los pueblos que les siguieron en la guerra...)

Continúa leyendo:

—..."Y dijo el Señor: lo tienen merecido estos malvados. Callaos, blancos pájaros marinos, no caigáis con vuestros gritos rechinantes sobre las olas del mar, no despertéis al silencio ni a los bandidos que duermen. Me levantaré como viento del Oeste y pasaré volando en forma de ráfaga y de rojo relámpago. ¡Dolor y desgracia para vosotros, bandidos borrachos! ¡Con trueno y tempestad volcaré vuestro mísero refugio! ¡Os sumergiré en el fondo del mar, vosotros, que pisoteasteis las leyes divinas y humanas...

"Pero, ¿quién es este ser que, iluminado como un fantasma, baja rápidamente a los oscuros camarotes del barco?"

Otra vez la palabra barco pone en la mente de Irene Gal algo que, de momento, la preocupa más que la Humanidad... así, en abstracto:

(—...desde que llegó su barco, como mi sombra... Le encuentro en todas partes... ¿Cómo voy a creer que es casualidad?... Además lo dicen todos... Bueno, ya tiene el pueblo en qué entretenerse... Y a mí... pues, sí... Me atrae... Más que atraerme... Bueno, es difícil determinarlo... Y no debo pensar a todas horas en él... Va a convertirse para mí en una obsesión... Lo que me faltaba...)

Vuelve a la lectura:

..."Es Santo Tomás del Mar. Despierta a los bandidos y les dice, con voz apresurada:

"—¡Levantaos de prisa, bandidos! ¡Subid corriendo a cubierta, recoged las velas, poned vigías; se os aproxima una gran desgracia!

"A esta voz, los bandidos, atemorizados, se levantan de un salto, corren por la cubierta cada cual a su puesto, mientras el viento alborota ya el mar, rompe las velas y arroja por el suelo a los bandidos.

"—¡Salvaos, Caínes!

"Y mientras ellos luchan por salvarse, el Señor, montando en cólera, desde sus cielos, llenos de rojos relámpagos, llama a Santo Tomás:

"—Dime, Tomás: ¿no eres tú de la misma ciudad donde los malvados han hecho tanto mal?

"Y le contesta el santo, con el alma llena de temor:

"—De allí soy, Señor.

"—¿Sabías tú que mi deseo era hacer perecer a los bandidos que han pisoteado las leyes de Dios y mataron a cinco de tus parientes?

"—Lo sabía, Señor..."

¿Es un ronquido?... No, otro bostezo. Pero hagamos justicia: no se trata ahora de José, sino de Raúl. Parece cansado. Todos los muchachos están cansados. Las clases para adultos, ininterrumpidas durante la primavera y el verano, se dan en las últimas horas de la tarde cuando muchachos y muchachas regresan de las faenas del campo. Están cansados, pero no faltan a la escuela y cumplen su tarea.

Irene Gal sonríe comprensiva y sigue leyendo, aunque también ella está cansada:

—..."¿Y en virtud de qué te atreviste a ir contra Mí?

"Y entonces, el Santo se pone de rodillas delante de Dios, y contesta:

—En nombre de los gallos del amanecer, Señor, que en otro tiempo llenaron de lágrimas de amor y de arrepentimiento a Pedro el Apóstol. Cuando pensé que los bandidos no iban a oír más aquella voz alegre del alba, mi alma sufrió una amarga ternura.

"¡Oh, Señor! ¡Qué dulce es la vida terrena que Tú das! ¡Sólo en nombre de esa voz, que promete, incluso a los malvados, un día nuevo, un nuevo camino, sea por toda la eternidad bendito nuestro nacimiento terrenal!

"Y el Señor perdonó a Santo Tomás."

Cuando Irene Gal concluye la lectura y pide a los muchachos su opinión sobre el caso, José suelta el lapicero que estaba mordiendo, levanta la mano y habla el primero:

—¡Ésa es una historia muy aburrida, señorita Irene!... Y ese santo es tonto... Yo colgaría del palo mayor a todos los piratas. ¡Así aprenderían!...

—Buena historia para las chicas! —opina Juanjo—. Perdonar, perdonar... Y ponerles una corona de rosas... Oiga, ¿es que cree que somos maricas?...

Irene Gal se alza de hombros, decepcionada. Está visto que es difícil frenar con razonamientos las pasiones primitivas de los hombres. No de todos, afortunadamente. Pero sí de la mayoría, que bien pudieran representar Juanjo y José.

Dolores Medio saludando a la Reina Doña Sofía (1979).

❀ ❀

7 de octubre de 1945

Lo único que molesta a Irene Gal es el diente de oro. Cundo habla con Bernardo Vega[96] no puede apartar la vista de su colmillo.

Se dice:

(—Es un capricho. Sin duda el primer dinero que ganó en América lo empleó en el diente. Para un emigrante, poseer un diente de oro es una especie de toma de posesión del oro que va buscando.)

Esto, el diente, es la única nota discordante en la cara de rasgos regulares de Bernardo Vega. Agradable. Cordial... Irene reconoce que cualquier muchacha pondría con gusto su vida en manos de este hombre. Ella misma, si Máximo no existiera... Pero Máximo Sáenz existe. Está en la cárcel y la necesita. ¿Puede abandonarle?

Apoya su mano en el brazo de Bernardo para hacerle más cordial la negativa:

—Bernardo, créame que agradezco su proposición, aunque no pueda aceptarla. No hable de categorías sociales. Es infantil... Supongo que conoce el motivo de mi negativa.

El hombre apoya un pie sobre un mojón de la carretera. Sobre el muslo, el brazo doblado. La cara sobre la palma

---

96. *Bernardo Vega*: nombre real del pretendiente de Dolores Medio. De él dice la autora: "era un hombre estupendo, una bellísima persona. Lástima que por aquel entonces andaba yo tan inútilmente enamorada del otro" (Entrevista).

de la mano, abierta. Con el junco que sostiene en la otra, escribe algo sobre el suelo. Después, borrándolo, sin prisa...

—Bien, no hablemos más de esto —dice—. Le ruego que me perdone si la he molestado.

—No me molesta, Bernardo. Y usted lo sabe. Si yo pudiera elegir libremente a un hombre para compañero, me quedaría con usted, sin vacilación. Ya ve que soy sincera.

—¿Entonces?...

De un salto, Bernardo Vega se pone en pie. Arroja el junco a un lado de la carretera y estruja a Irene Gal entre sus brazos.

—Entonces, Irene, ¿por qué me rechazas? ¿Por qué?... ¿Por qué? ¡Váyase todo al diablo!... Nosotros, nuestra felicidad... Lo demás, ¿qué importa?

¡Nosotros!... Máximo decía también nosotros... "Todo bien. El deber. La sociedad. El hombre es un animal que vive en manada. Forzosamente ha de someterse a sus leyes. Pero al margen de esas leyes, sobre esas leyes, está el derecho del hombre a organizar su vida privada de acuerdo con sus deseos y sus intereses. Nosotros..."

El nosotros de Máximo Sáenz era un disfraz del yo. Yo, más objeto-tú, como complemento, igual: nosotros. ¡Nosotros!

Bernardo Vega dice también nosotros, incluyendo a Irene Gal en su intimidad, invitándola a girar en la órbita de su yo.

Irene Gal sonríe.

(—Es egoísta... "¡Váyase al diablo todo lo que no seamos nosotros!"... Pues sí, me gusta... Me gusta su egoísmo, esa seguridad que tiene en sí mismo.)

Todo esto resulta agradable a Irene, que prefiere dar a exigir.

Por esto, por su egoísmo, por lo que Irene sabe de su

vida, por el fuerte atractivo físico de su persona, le resulta difícil rechazarle.

(—Si Máximo no existiera, si no me necesitara... ¡sí! Desde luego. Estoy segura de que me casaría con él. Dejaría, por fin, de ser responsable de mis actos y de los actos de los demás. Podría confiar a alguien mi propia vida, dejarme conducir, sentirme otra vez niña...)

Esto es lo que ambiciona Irene Gal desde que ejerce su profesión y ha cargado sobre sus hombros la responsabilidad de conducir a un pueblo. Todas las miradas fijas en ella. Su consejo... Su conducta... Su ejemplo...

(—¿Y yo? ¿No tengo también derecho a vivir mi vida? ¿No tengo derecho a un poco de felicidad, a ser caprichosa, a desear algo que alguien pueda darme, a exigir que alguien se preocupe un poco de mí?... Además soy joven. ¡Joven! ¿Por qué he de renunciar a todo lo que la vida tiene de agradable? ¿Por qué?... ¿Por qué voy a vivir aquí, encerrada, como un asceta?)

Este pensamiento la rebela contra su destino.

(—Y ¿por qué contra el destino? —rectifica—. ¿Qué destino?... ¡Tonterías!... Nosotros lo elegimos. Yo elegí el mío, libremente, al unir mi vida a Max. Ahora mismo, este hombre... si yo quisiera... Sí, todo cambiaría... Pero está Max, ¡siempre Max!... Sería una cobardía abandonarle... A él y a los otros... Me necesitan.)

Aparta de sí al hombre, suavemente.

—Por favor, Bernardo, déjeme... Conoce usted el motivo de mi negativa. En mi vida... en mi vida hay otro hombre...

—...Hubo otro hombre —corrige él—. Un hombre que ya no existe, prácticamente. Un hombre que para maldita cosa va a servirle, Irene... Y usted es joven. Debe vivir. No va a condenarse también a cadena perpetua.

Lo que dice él coincide exactamente con su pensamiento. Pero sigue atrincherándose en su defensa:

—Él me necesita.

—¡Él me necesita! Vaya una razón... También yo la necesito.

—No es lo mismo, Bernardo. Usted no está en la cárcel. Usted es un hombre libre, tiene dinero... No es lo mismo, Bernardo. Debe comprenderlo.

Bernardo se alza de hombros. Arranca una de las hierbas altas que crecen al borde de la carretera y empieza a mordisquearla, mientras camina en silencio al lado de Irene.

De pronto, se detiene. Escupe la brizna de hierba que apretaba entre los dientes. Se ciñe sus calzones de pana. Con los pulgares metidos en el cinturón, se planta ante Irene.

—Escúcheme, Irene Gal, y contésteme la verdad. La verdad, ¿eh?... ¿Cree de veras que si fuera usted quien le necesitara, ese hombre le ofrecería su vida tan generosamente?

En la boca del hombre hay una sonrisa amarga y cínica al mismo tiempo. Una sonrisa de desconfianza. Lo que Irene empieza a llamar "una sonrisa de estar de vuelta".

Por eso vacila antes de contestarle:

—Yo creo... bueno, son muchas cosas las que nos unen... Yo creo que no hago más que responder y corresponder a su...

Iba a decir amor. Nunca dice amor. Es una palabra que la asustó siempre. Se prodiga demasiado. Resulta un poco ridícula, pasada de moda, excesivamente manoseada y falsificada.

Concluye:

—...a su interés. Interés por mí. Le creo sincero... Intereses comunes... Hay también un ideal común... Un concepto de la vida... Todo esto ata.

Otra vez Bernardo Vega se alza de hombros, mete los

pulgares en el cinturón y con los otros dedos, tamborilea sobre el vientre.

—Todo eso les ha unido. De acuerdo, Irene. Pero las cosas han cambiado bastante. La realidad es la realidad. Él es ahora un preso político, un proscrito de la sociedad, un r...

—¡Un héroe...!

Bernardo hace un gesto con la mano para atajarla:

—Bien, dejémosle en héroe... Los presos políticos son siempre héroes, en cualquier campo en que se encuentren. También de acuerdo. El hombre que se juega su vida por sostener una idea, es digno de respeto...

Sonríe con amargura y añade:

—Pero España es tierra de héroes... Demasiados héroes para un país que lo que necesita son brazos y no cabezas... En fin, quiero decir, sin faltar al respeto que debo a su héroe, que es posible que se pudra en la cárcel y no es una bonita perspectiva la que a usted se le presenta.

—Mi deber...

Bernardo Vega se frota las manos con satisfacción.

—¿El deber? ¡Hola! Creo que ya estamos en el buen camino para entendernos... ¡El deber!... Si no se dieran de cachetes las dos palabras, yo me atrevería a llamarla Santa Laica...

Y a un movimiento brusco de Irene:

—...no me interrumpa. No quiero decir que la considere atea, ni mucho menos. Pero hace usted las cosas... Cómo diría... Por... bueno, no sé... Por amor al hombre, por amor al pueblo. Sin esperar recompensa. Habla siempre del deber, de esa palabra que empieza a resultar tan trasnochada como la honra... Una señorita honrada... Un honrado caballero...

Bernardo Vega suelta una carcajada.

Después su ironía se vuelve ternura y da una palmadita cariñosa en la cara de la muchacha.

—Es curioso —dice—. Uno corre de acá para allá, sonriendo escépticamente a todo y de pronto uno se encuentra con... Bueno, es admirable.

—¿Qué es admirable?

—Encontrar una muchacha como usted. Uno siente deseos de volver a creer en todo... Decía usted en una ocasión —yo la oí— que cualquier idea es noble mientras exista un hombre capaz de morir por defenderla. Yo digo ahora que sí, que bueno, que eso debe ser verdad. Que uno recobra la fe en... en lo que sea... Uno piensa que debe creer en la integridad del hombre, cuando se tropieza con un ejemplar así. Y usted perdone si no me expreso bien... Yo pienso que quien hace un cesto, hace un ciento. ¿No dicen eso? Entonces Dios o quien sea ese ser que nos maneja a su antojo, es posible que haya puesto sobre la tierra alguno que otro ejemplar como usted, para que no se pierda la simiente.

Bernardo Vega ríe de buena gana y vuelve a atacarse los pantalones. Después levanta los brazos y los deja caer en ademán elocuente.

—¡No todo está podrido en Dinamarca!, como dijo el inglés... Bueno ese escritor que usted conocerá mejor que yo. Yo no soy hombre de letras, como su filósofo...

Siempre así, con ironía. Con su poquito de mordacidad. Bernardo Vega, el hombre de acción, no respeta gran cosa a los que especulan con el pensamiento. No diría que se alegrara si alguien le retorciera el cuello a Máximo Sáenz —posiblemente los teóricos como Máximo Sáenz sean un mal necesario en la sociedad—, pero sospecha que se les concede más importancia de la que merecen, mientras que a él, por ejemplo, que ha llevado a la práctica en su hacienda las doctrinas democráticas de los "cabezas visibles", a él, ¿qué?...

Piensa contrariado:

(—Irene le admira. Le tiene por un superhombre... ¡Santa Tonta!... La redención del pueblo... Buena redención le dé Dios a ella... Ingenua, abnegada... Una mujer estupenda. No se me escapará.)

Toma del brazo a Irene y continúan paseando por la carretera.

—¿De qué hablábamos, Irene Gal?

Ahora es ella quien ironiza:

—De Dinamarca, Bernardo Vega. Según parece encontró usted por aquellas tierras un ejemplar de mujer admirable.

—Y espero no perderle.

Y a un movimiento de protesta de Irene:

—¡No! No me conteste ahora, sin pensarlo. No alegue razones muy respetables, pero no válidas para nosotros. Todavía estaré dos meses en La Estrada. Puede pensarlo. Tómese el tiempo que necesite... De su decisión depende su porvenir. No lo olvide, Irene. Tiene derecho a vivir. En la vida hay muchas cosas buenas que usted desconoce, en este afán admirable de vivir por los demás, sin preocuparse maldita cosa de su propia vida. Hoy, tal vez le baste esto, pero ¿y mañana?... Mañana... bueno, la soledad es mala cosa, Irene... Créame. Debe pensar serenamente en mi proposición antes de rechazarla.

En todos los aspectos, la proposición de Bernardo Vega es tentadora para Irene Gal. No necesita meditar sobre ella. Desde que alguien le presentó a Bernardo, cuatro meses antes, desde que unos y otros le hablan de su devoción, del entusiasmo con que sigue su trabajo, desde que le tropieza a todas horas en su camino —no siempre casualmente— Irene Gal piensa también en Bernardo Vega y en la conveniencia de aceptar su amor. Una palabra suya y...

Bernardo corta su pensamiento con el tijeretazo de una proposición inesperada:

—Ha hablado antes del deber, Irene. Y a esto me agarro. Yo... la verdad, no sé hasta qué punto puede obligarnos el deber a sacrificar la vida; no obstante, si ese hombre y sus amigos, sus compañeros, bueno, todos sus héroes, llamémosles así, necesitan su ayuda, la ayuda material de alguien... ¡Espere!... No me interrumpa... En los pueblos se sabe todo, Irene. Su miseria, sus privaciones para ayudar a los presos que no tienen familia... Y sobre todo a su filósofo, que padece hambre y sed de justicia... ¡Por favor, Irene!... No pretendo burlarme... Aguarde un momento... Aún no he terminado... Todos saben que sus viajes a Gijón y a Oviedo, siempre con billete de tercera clase y con un bocadillo de queso en el bolso, para pasar todo el día, responden a un fin: enviar algún paquete a tal o cual cárcel, de la manera más discreta posible...

A Irene se le pone la cara roja. La sofocación que le produce verse descubierta está a punto de hacerla llorar de rabia. No porque tema las consecuencias de su ayuda a los presos. Ninguna ley se lo impide. Ya ha pasado por el tamiz de la depuración, ha pagado su rebeldía —su supuesta rebeldía—, se ha sometido a todas las normas dictadas por el Ministerio de Educación y por el Partido. Su situación está clara y bien definida: "No eres de los nuestros". Bien, si algún día pide un favor, que se lo nieguen. Estarán en su derecho. Pero en tanto cumpla estrictamente con su deber, no tiene que temer nada. No le inquietan, pues, las consecuencias de los actos que le dicta su conciencia, pero... Sí, francamente, le da rabia que éstos sean comentados en el pueblo y que ahora sea Bernardo, precisamente...

Bernardo Vega, precisamente, la mira ahora como no la ha mirado nunca. De su cara alegre y franca desaparece toda ironía. Sólo un gesto de ternura, de protección... Sus manos fuertes estrechan con suavidad las manos pequeñas y heroicas de Irene Gal.

—Bien, no es un delito, Irene... No hay razón para sofocarse. Si le hablo de esto es para proponerle que yo... Bueno, que yo me hago cargo con mucho gusto de sus amigos y prometo atenderles hasta que se pudran en la cárcel o salgan de ella. Le doy mi palabra de Bernardo Vega, que es palabra de honor.

Irene mira al hombre, sin sorpresa. Está segura de que no bromea. Bernardo Vega quiere cortarle la retirada. Quiere atacarla en el último reducto en que se ha atrincherado. Ella ha hablado del deber y él se hace cargo de ese deber, para que ningún escrúpulo de conciencia la detenga, si desea, sinceramente, aceptar su proposición.

¿Sinceramente?

¿Es sólo el deber lo que la une a Máximo Sáenz? Los recuerdos, los proyectos, la labor emprendida en común, ¿no cuenta?... ¿Es sólo la obligación moral, o late en el fondo de todo el mismo amor, el mismo deseo de otro tiempo, de volver a refugiarse entre sus brazos, de volver a sentir su corazón golpear con violencia encima del suyo?

Es preciso enfrentarse con su verdad. Y su verdad es ésta: desde que conoció a Bernardo Vega, el amor de Max ha sufrido ciertas alternativas. En sus largas noches de soledad, en el continuo devanar la madeja de sus deseos, de sus ansias incontenibles, de sus angustias... la cara, las manos, hasta el aliento de Max, que algunas veces sentía sobre su carne como algo real, empieza a sustituirse, en una confusión inexplicable, con el contacto vivo de Bernardo Vega. Con frecuencia es Bernardo y no Máximo, quien la obliga a despertarse sobresaltada, a morder la almohada, a deshacer su deseo violento en una crisis de llanto.

Sí, de acuerdo. Esto es cierto. Es evidente. Pero hay una razón: la proximidad de Bernardo Vega. La virilidad del hombre. Y sobre el atractivo físico, lo otro: Bernardo, el triunfador, el hombre rico y libre, que ha sabido domesticar a la vida, someterla a su voluntad, mantenerla rendida a sus pies, gozarla plenamente... Bernardo está a su lado y se lo ofrece todo. En tanto que Max...

Pese a esto, cuando se pregunta: "Si Máximo estuviera en libertad, ¿le cambiaría por Bernardo? ¿Vacilaría siquiera?" La respuesta es siempre la misma: "No le cambiaría". Es decir, prefiere a Máximo. Ahora bien, si Máximo no existiera, Bernardo sería también un buen compañero... Luego el problema que tiene que plantearse, no es el de la preferencia, sino el de su realidad. ¿Qué puede, qué debe esperar de Max, el soñador, el utópico, de su posible y más o menos remota liberación, de su nueva situación en la sociedad? Poca cosa. Bernardo tiene razón. Despojado de su cargo. Proscrito de la comunidad. Un rojo obligado a rectificar sus ideas o a pudrirse en el anónimo y en la miseria...

Bien, sí. Bernardo tiene razón. Por eso la reacción de Irene Gal es ahora clara: una oleada de ternura inclina la balanza en favor de Max.

(—Max... Siempre Max... Siempre a su lado... Ahora es cuando verdaderamente me necesita. Abandonarle sería una cobardía.)

Y en voz alta:

—Gracias, Bernardo... Gracias en nombre de mis amigos. Nada necesitan. En realidad, todos van cumpliendo ya su condena y salen a la calle. En cuanto a Máximo, yo... yo creo que le quiero, que le querré siempre... Aunque saliera de la cárcel convertido en un ser inútil... No es sólo el deber, Bernardo, créame, quiero a Max.

Bernardo la sujeta por la muñeca. Después, de un tirón brusco la atrae hacia sí.

—¿Por qué mientes? ¡Di! ¿Por qué mientes? ¿Por qué te agarras a un espejismo?

El ataque violento del hombre sorprende a Irene. Unos

minutos antes le había dicho: "No es un delito. No tienes que avergonzarte". Y hasta le había acariciado las manos con ternura. Casi sin tocarlas. Después, mientras ella ponía orden en sus pensamientos, Bernardo Vega caminó a su lado en silencio, como si tratara de adivinar lo que ella pensaba. Y ahora, de pronto, esto... La protesta airada, la rebeldía...

Y el abrazo brutal.

—¿Por qué mientes, Irene? ¿Por qué mientes? Si me quieres... ¡me quieres! No lo niegues.

Los labios sensuales[97] de Bernardo Vega, se aplastan sobre la boca de Irene Gal. Resbalan después, cuello abajo, succionando, dejando una huella roja... Se detienen sedientos en el escote abierto de su vestido...

—¡No, Bernardo! ¡Por favor!... Te suplico... ¡Suéltame!... No seas loco... Es imposible... Imposible... Compréndelo... Está Max... Max me necesita.

—¡Al infierno tu maldito Max! Si tú me...

—¡No!... ¡No!... Suéltame... No es posible, Bernardo... Yo te... Sí... Yo también te quiero... ¡Te quiero! Pero no es posible... Compréndelo, Bernardo... No me tortures... Lo otro es diferente... Acabaréis entre los dos por volverme loca... Hay algo que no puedes comprender, que no podrías comprenderlo nunca.

—¿Qué es lo que yo no puedo comprender, Irene?

—Ni yo sé explicarlo...

Las manos del hombre que aún presionaban sobre el cuerpo de la mujer, se abaten en retirada. Caen laxas a ambos lados. Al fin encuentran su sitio apoyándose con los pulgares en el cinturón de cuero. Así, en silencio, vuelven a caminar algunos metros en dirección al pueblo.

---

97. *los labios sensuales... vestido*: parte suprimida por la censura que no aparece en la primera edición del diario.

Ya se ve el pueblo. Las chimeneas empiezan a humear. Esto quiere decir que las mujeres encienden ya sus cocinas, señal de que los hombres andan de regreso. Unos minutos más y la carretera dejará de pertenecerles: carros cargados de hierba seca y de aperos de labranza. Bicicletas de los obreros de la fábrica de Arnao, del Puerto de San Juan... Los últimos correos de la tarde. ¡Se acabó la soledad!

Irene Gal respira satisfecha, aliviada de la tensión sufrida. La presencia, el contacto con Bernardo Vega, la convierte en un Tántalo voluntario, que ha de rechazar el fruto que puede alcanzar con sus manos libres, sólo atadas por ligaduras invisibles: ¡Max, Max, siempre Max!... Su agua y su sed. Su pan y su hambre. Su fuerza, su guía, su razón de ser... y su rémora.

Max, el hombre superior. Max, El Conductor. Max, el amante...

(—Mi admirable y paciente Max... "Vamos, Tortuga... te espero"... No, Max, otro hombre, ¡nunca!... "Tortuga, por favor, aparta las manos... Así. Quiero adorarte desnuda... ¡Mi pequeña Astarté!... No, Max, nunca... ¡Otro hombre, nunca!... Te lo juro.)

Solloza, casi grita:

—¡Max!

Y se tapa la cara con las manos.

Las manos ásperas, curtidas, de Bernardo Vega, se posan sobre la cabeza de la mujer. Acarician la cabeza de la mujer.

—Irene... ¡Irene!

Irene se sobresalta. Y vuelve a la realidad. A su realidad vestida con calzones de pana y cinturón de cuero. A su realidad con olor fuerte de hombre sano del campo. De hombre rico y sencillo, sin complicaciones espirituales. Músculos de acero, bajo la camisa fina de hilo. Sonrisa ancha "de buen sabor de vida"...

...¡y el diente de oro! Siempre va a caer la vista de Irene sobre el diente de oro.

(—Oro... su peso en oro... ¿Será cierto lo que dicen?... Exageraciones... Un ferrocarril de su propiedad para llevar hasta la costa los productos de su hacienda... Bien, sí, ¿y por qué no?... La guerra, buena cosa para los que saben aprovecharla... "Si le hablo de esto, es para proponerle que me hago cargo, con mucho gusto, de sus amigos y prometo atenderles..." No, gracias, Bernardo Vega. Guárdate tu dinero... Si Max no estuviera preso... No es dinero lo que Max necesita en estos momentos.)

Irene Gal se apoya en el brazo de Bernardo Vega, para hacerle más cordial su negativa.

—Bernardo, te agradecería que no insistieras... No sabría explicarte...

Bernardo Vega se humedece con la lengua los labios secos. Después pasa su brazo, suavemente, sobre los hombros de Irene. Así, sin brusquedad, sin asustarla. Tratará de convencer allí donde no ha vencido.

—Escucha, Irene. Yo... yo no sé qué clase de relaciones fueron las vuestras... ¡no, no te ofendas!... Perdóname, pequeña. No he querido molestarte. No sé expresarme. Quiero decir que... bueno, que pienso que algo muy fuerte os une, cuando todo mi trabajo por atraerte se estrella contra ese amor... Uno no sabe decir las cosas y, claro... Pero yo quisiera que comprendieras... En fin, lo que haya sucedido entre vosotros, no me importa, Irene... Mira estas canas... Y estos surcos, estas arrugas... Esto se llama experiencia... Bueno, quiero decir que conozco bien la vida y no concedo importancia a cosas que en realidad no la tienen... Quiero que sepas que si es esto lo que te separa de mí, para mí no es un obstáculo... La integridad moral es otra cosa... Además, no soy un bárbaro, un sádico de esos que cifran su ilusión en eso. Ni temo a los fantasmas del pasado. Soy de los que creen que el hombre que sabe descubrirlo, siempre encuentra en la mujer algo nuevo, algo intacto, reservado para él. Es como si...

Bernardo Vega corta sus palabras. Chasquea los dedos. Sonríe. Se ajusta su cinturón de cuero. Y acaba alzándose de hombros.

—¡Nada!... Tal vez iba a decir una tontería... Cualquier simpleza... En fin, creo que el cielo está ya despejado entre nosotros. ¿No es así, Irene? Jugamos con las cartas panza arriba, como dice el viejo Tim... Bueno, mírame a los ojos... Está bien. Pero no me contestes nada. Tiempo hay para pensarlo. Todavía estaré dos meses en La Estrada.

Irene no mira a los ojos de Bernardo Vega. Mira su diente de oro. También Máximo tenía picado un colmillo cuando le vio en la cárcel.

(—¿Habrá dentistas en la cárcel? ¿Atenderán bien a los presos?... Es posible que Max haya perdido su diente. Otros dientes... La alimentación... Lo que sea... ¡Querido Max!)

—...dos meses, ¿comprendes, Irene?

—¿Eh?... ¿Cómo?... ¡Ah! Sí... Bernardo. Dos meses, claro... Pero ahora vete. Anda. No me acompañes. Los pueblos... No me agradan los comentarios.

Bernardo hace un intento último, para retenerla. Unos minutos. Sólo unos minutos.

—Irene.

—No, Bernardo, por favor... No vuelvas a besarme. Yo...

—¡Irene! ¡¡Irene!!

Inútil. Irene desciende ya —huye ya— por el atajo, sin escucharle.

Bernardo Vega intenta seguirla. Pero se detiene al borde de la carretera.

(—No. ¿Para qué? Ya está bien. Nada de insistir. No debe pasar el carro sobre los bueyes... Dejemos rodar las cosas. Estoy seguro de convencerla. "¿A esa?... No hay quien la alcance, Bernardo. No insistas sobre ello... Maestros, notarios, médicos, empleados del Gobierno... Todo soltero que cae por estas tierras, se propone conquistar a la maestra. Y ella, ni se entera... Vive en la Luna..." No, Irene Gal no vive en la Luna. La Luna la lleva dentro... Más difícil, ya lo creo... Pero no es Bernardo Vega de los que se achican ante una dificultad... Dos meses... Tiempo suficiente para convencerla.)

Dolores Medio y Carmen Gómez Ojea, dos únicas Premios Nadal asturianas, en un debate en TVE, moderado por Faustino F. Álvarez.

Irene Gal llega hasta la puerta de la casa y la empuja suavemente.

La puerta cede sin esfuerzo. Por la puerta, entreabierta, mete Irene la cabeza y busca algo con la vista. Nada. No hay nadie en la cocina. Es decir... sí. Cuando los ojos de Irene se adaptan a la penumbra, distingue algo que se mueve junto al hogar. Lo tomaría por un gato si no supiera que aquello que se mueve sobre la silla es *Carita de Mona*.

La niña hace un movimiento instintivo para ocultarse. Todo lo que consigue es taparse la cara con los dos brazos.

Desde la puerta, llama Irene:

—Bibiana...[98] ¿Dónde estás, Bibiana?

Silencio.

Bibiana se ha escondido tras de sus brazos y así, escondida, no se cree en la obligación de responder.

Se ha acostumbrado a no contestar. A no hablar con nadie. ¿Antes?... Bueno, antes era otra cosa. Antes, cuando la abuela la llevaba en brazos, Bibiana hablaba y reía como las otras niñas. Hasta hacía monerías. La gente reía las gracias de la pequeña y le decía cosas. Fue entonces cuando así, por jugar, empezaron a llamarla *Cara de Mona, Carita de Mona*. Y ya le quedó el mote para siempre. Después, murió la abuela. Lo de morir no lo compren-

---

98. *Bibiana*: nombre ficticio, aunque es auténtico el sobrenombre de "Carita de Mona" y el papel que esta niña juega en el final de este diario.

de bien la niña. Tal vez sea marcharse lejos, al país donde se fue la madre, del que no se regresa. La mujer que ahora ocupa el lugar de la madre ausente, va al campo con el padre, come en la mesa con el padre, se acuesta en la cama con el padre... A ella, a *Carita de Mona,* le hace el mismo caso que al perro que guarda la finca y bastante menos que a los otros animales, a las vacas y al cerdo, a los que rasca con regodeo, para halagar al hombre. También al principio la atendía a ella y hasta la mimaba. El padre lo veía y sonreía. Bueno está lo bueno. Bien se veía que la mujer podía quedarse en la casa.

Y se quedó en la casa. Ahora, ya dueña de todo, dueña del hombre, al que domina por su tosca sensualidad siempre insatisfecha, rasca a los animales, que son sus animales, en los que se lucra, pero *Cara de Mona* no dará fruto ni beneficio, será siempre una carga para la casa, ya está bien que se la alimente como se alimenta al perro. El perro guarda la finca. La niña, ni eso. ¿Entonces?...

"Entonces, bueno... ¡qué se va a hacer!", piensa el hombre. Buena hembra. Goza con ella en la cama. Hace la comida. Trabaja en el campo... Y las cosas, como son: no maltrata a la niña. Bien está así. Tampoco va a pedírsele peras al olmo.

El olmo no da peras y *Carita de Mona* se pasa las horas quieta, sentada junto al hogar, con las piernas paralizadas, colgándole de la silla y las manos cruzadas sobre la falda. Recuerda que la vieja Bela le contaba cosas, la bañaba alguna vez en una tina de agua caliente y la llevaba al campo. Allí la sentaba sobre la manta del caballo que olía a establo, a sudor y a fiesta. El olor del caballo se le identifica con el olor del domingo, día en que el padre enganchaba el cochecito para ir a la iglesia. A Bibiana le gustaba mucho la iglesia, con sus luces y sus flores y la gente que hablaba en voz baja y a veces cantaban todos a un tiempo.

También le gustaba sentarse sobre la manta y ver cómo trabajaba la gente. Ahora no hay campo, ni gente. No hay iglesia los domingos, ni hombres que cantan y rezan. Ni hay paseo en el cochecito. No hay cuentos de la vieja Bela. No hay sol. No hay hormigas en hileras interminables, ni grillos que asoman por un agujero... Sólo hay ventanas cerradas para que no entren las moscas y brasas y rescoldos en el hogar, donde se cuece la comida.

Cara de Mona apenas habla ahora. Nadie le pregunta. Casi no piensa. Hasta el recuerdo de la vieja Bela y de la vida exterior se le va borrando. Empieza a idiotizarse, a despreocuparse de cuanto la rodea. La gente dice que cuando sea mayor —si no se muere, que es fácil que se muera al desarrollarse— podrá atender la comida que se cuece sobre el hogar, hacer virutas de pan duro para las sopas, deshojar el maíz y convertir en granos las panojas, para llevarlos al molino o alimentar con ellos a las gallinas. Todo esto, claro está, en el supuesto de que las manos de la niña adquieran consistencia y agilidad. Ahora no le sirven ni para rascarse. Hasta deja que las moscas se le posen sobre los labios, limpiándole los restos de la comida y se le paseen después sobre las piernas. Parece que no le importa nada, ni su propio cuerpo.

Irene sabía algo de esto por otros niños y cuando encontraba al padre o a la mujer que vive con el padre, les preguntaba: "¿Cómo está la niña?" El hombre decía: "Bien". Y se alzaba de hombros. Entonces decía Irene, como por cumplido, procurando que no la tomasen por entrometida: "Un día iré a visitarla". Y el hombre decía: "Bueno". Y volvía a alzarse de hombros. Posiblemente pensara que debía agradecer a la maestra la visita prometida, pero Vicente es hombre de pocas palabras y tal vez considerara también que con su "Bueno" estaba dicho todo: el agradecimiento por la posible visita de la maestra y la consideración de que la tal visita ningún beneficio iba a reportarles, ni a ellos ni a la niña.

En fin, el "bueno" del padre no es una negativa. A Irene le bastó esta especie de autorización para desarrollar su plan, que hoy empieza a llevar a cabo.

Llama desde la puerta:

—Bibiana... ¿dónde estás, Bibiana?

Bibiana no contesta. Se cree segura, escondida tras de sus brazos. Nadie puede verla.

Irene entra decidida, toma un taburete y va a sentarse cerca de la niña. Pausadamente, pero haciendo todo el ruido que puede con el papel, empieza a desenvolver un caramelo.

—¿Dónde está Bela?... Bela está en algún sitio... Yo sé dónde está Bela... Bela tiene caramelos en su bolso... ¿Te acuerdas de Bela?... Bela me dijo, llévale a mi niña este caramelo..

Pausa.

Carita de Mona no hace el menor movimiento que indique haber comprendido a Irene. Pero Irene sabe que la ha comprendido. Está acostumbrada a hablar con niños pequeños. Habla claro, repitiendo en cada frase la palabra clave, la palabra anzuelo que ha de prender la atención de la pequeña. Todo el mundo interior de Bibiana se condensa en una palabra: Bela... Cuando la abuela estaba con ella, las cosas sucedían de otra manera. Ahora no está Bela y no existe nada de aquello que existía con Bela.

—Toma, *Carita*... Es un caramelo... Bela me ha dicho: llévale a mi niña este caramelo.

Los dedos de la niña, cerrados en puños, se relajan ligeramente, pero no aparta los brazos, tras de los cuales se esconde de la mujer desconocida que entró en la cocina y le habla de Bela. Le gustaría coger el caramelo. Si se atreviera... Sí... ahora recuerda... Alguna vez comió un caramelo. Un día que no tiene fecha. Había mucha comida sobre la mesa. Ella no comió en la mesa. Ya no estaba Bela...

A Irene le gustaría tomar a la niña en brazos y sacarla al sol. Llevársela con ella. Pero comprende que la niña tiene miedo. Ha de ganarse primero su confianza, ha de hacerse comprender y querer por ella.

¿Cómo?

Esto es cosa sencilla para Irene Gal. Difícil era el caso Timoteo. Y ganó la partida. ¿Y *La Loba*? ¿No la tenían todos por una fiera?... Y ella la vio llorar, sólo porque intentó comprenderla. También el viejo Tim era un cascarrabias. Sin embargo, con ella... Bien, todo el pueblo... Claro que el pueblo... Poco esfuerzo tuvo que hacer para conquistarlo. Un golpe desafortunado, su destitución, le ganó la confianza de todo el pueblo. "Cuando la castigaron es que es nuestra. Piensa como nosotros." Y se le entregaron. Irene Gal no cuenta esta adhesión como una victoria. Se la dieron hecha. Pero a los chicos los conquista ella. Ni uno le ha fallado. ¿Iba a fallarle ahora *Carita de Mona,* con lo necesitada que está de un poco de cariño, de compañía? Con lo fácilmente que se entrega un niño cuando se le mima...

Lo difícil en este caso —Irene lo sabe— es conseguir lo que se propone: nada menos que la reeducación física de la niña, conseguir que *Carita de Mona* pueda andar. Difícil, desde luego. Ella no es enfermera, apenas tiene conocimientos sobre los métodos a emplear, pero los estudiará, buscará por todos los medios el conseguirlo.

De momento, las muletas, cuando la niña pueda sostenerse sobre ellas y ¡a la escuela! La vida en sociedad ayudará mucho a la pequeña en su reeducación. Pronto estará *Carita de Mona* entre las otras niñas.

(—¿*Carita*...? ¡Ah, sí! Lo del apodo... Esto hay que arreglarlo.)

Pero arreglarlo, ¿cómo? *Carita de Mona* será siempre en el pueblo *Carita de Mona* y la niña debe acostumbrarse a ello. Cuando en la aldea ponen un mote a una persona, es igual que si la hubieran bautizado, que si la hubieran inscripto con él en el Registro Civil. El apodo perdura y se transmite de generación en generación y hasta sirve para denominar a la hacienda. Todo el mundo tiene su apodo, o lleva el apodo de la familia, en La Estrada. Los chicos se los gritan en la escuela cuando discuten. *Carita de Mona* debe aceptarlo sin sufrir complejo. Y para que así sea...

(—...tendré que contarle la historia de Tortuguita en la medida en que ella pueda comprenderla. Cuando sepa leer, le enseñaré algunas cartas de Max... así, con naturalidad, como sin proponérmelo... Nos reiremos... *Carita de Mona...*)

Dice en voz alta:

—*Carita...* Cómete ese caramelo que te envía Bela... Ya verás qué bueno... Vamos, ¿no quieres darme un beso para Bela?

Bibiana no contesta.

Irene deja el caramelo sobre el llar, al alcance de las manos de la niña. Segura está de que la niña se lo comerá cuando se encuentre sola. Y mañana...

—Volveré mañana a verte, ¿sabes, *Carita*?

Dice Irene desde la puerta. Y vuelve a cerrarla con suavidad.

Tal vez *Carita de Mona* no sepa "cuando es mañana". Pero no importa, a cualquier hora la esperará. Irene sabe que la esperará. Y que mañana, tal vez mañana, *Carita de Mona* y ella serán amigas. Que tal vez mañana podrá sentarse con ella en los brazos bajo la higuera, donde el sol no la moleste. Y tal vez mañana mismo *Carita de Mona* le dirá algo que hace tiempo no dice a nadie.

Irene Gal se enciende de impaciencia.

¿Y si entrara otra vez y la besara y forzando su reserva la obligara a apartar de la cara los brazos, tras de los que defiende su aislamiento espiritual?

No, no... De ningún modo. Ella se ha dicho más de una vez que la Naturaleza no cambia a saltos. ¿No sería desacertado alborotarla?

Irene Gal dice:

—¡No! En la loma de Vega,[99] no.

Lo dice resueltamente, aunque no da a los muchachos explicaciones de su negativa. Tampoco ellos preguntan el motivo. Cuando ella dice que no, tendrá sus razones.

Las razones de Irene Gal son éstas: la loma conserva aún las cicatrices de las trincheras surcando los campos verdes, haciéndole —con sus tajos profundos que descubren su entraña roja y húmeda— gestos macabros a la carretera. Las trincheras son heridas siempre frescas, que todavía parecen sangrar cuando el fantasma de la guerra empieza a desvanecerse en la espalda del tiempo.

—En la loma de Vega, no. Prefiero el valle. ¿No os parece mejor el valle? Le enterraremos cerca del río.

Bien. Todos están de acuerdo. Chico recibirá sobre sus pelos ásperos, que tantas veces acariciaron los niños, la tierra blanca y arcillosa del valle. Del valle donde juegan los días de sol. Cerca del río en el que se bañan. Bajo la hierba donde levantan sus tiendas —cuatro palos y una lona— para trabajar durante la campaña de verano.

(—De este modo —piensa Irene— Chico no se sentirá solo y abandonado.)

---

99. Este lugar se encuentra entre Avilés y Pravia. En esta zona, durante la guerra, mataron a muchos campesinos y los dejaban tirados, sin enterrar.

Puesto que está decidido lo más importante, no falta ya sino ponerse en marcha.

Claudio toma la carretilla en la que recibe a Chico cubierto con un trozo de arpillera. Sobre la arpillera puede leerse en letras grandes y rojas: FÁBRICA DE HARINAS —LOPERA Y COMPAÑÍA— QUINTANAR DE LA ORDEN. La Orden está un poco desgarrada. No hubo tiempo para coserla. Por el desgarrón asoma una pata rígida de Chico, que, a cada sacudida de la carretilla rasga un poco más la arpillera.

Nora arranca unas ramas, más allá unas flores, y va cubriendo con ellas la pata de Chico, que asoma por el agujero. Otras niñas la imitan. Pronto desaparece la arpillera bajo la hojarasca. De tal modo, que cuando pasan por delante de algún caserío, piensan las mujeres: "Ahí va Irene con sus muchachos. Llevan una carretilla cargada de ramas y de flores. ¿Qué diablo irán a hacer con esa hojarasca?"

Mañana sabrá el pueblo que la maestra y los niños fueron al valle a enterrar a un perro. Se mirarán unos a otros. Tal vez sonrían. Pero nadie se atreverá a burlarse de Irene Gal, ni de los muchachos.

Irene camina llevando en brazos a *Carita de Mona*. La niña aún no se sostiene bien sobre las muletas. Dice que le hacen daño en los sobacos. Se cansa. Llora... Irene acaba siempre por tomarla en brazos. Hasta que también se cansa. Y al fin...

—Vamos, ¿quién hace la silla?

Dos niñas se apresuran a enlazar las manos para sentar sobre ellas a Bibiana. Irene las aparta suavemente.

—Los muchachos son más fuertes. Se cansan menos... Bueno, ¿qué ocurre? ¿No hay voluntarios?

Sí. Todos voluntarios. Es que no se atrevían a ofrecerse, tomando esto por un juego de chicas. Pero Irene Gal ha dicho que ellos son más fuertes.

Demetrio pregunta a Irene:

—¿Quiere que la llevemos también a usted?

¡Vaya una ocurrencia! Todos ríen, olvidándose de Chico que ya no puede retozar con ellos. Y continúan el camino.

Ahora Bibiana quiere ir con Chico en la carretilla. Los muchachos la colocan sobre la carretilla, de modo que pueda agarrarse al perro para no caer. Y así pasan por el pueblo, en la carretilla cubierta de flores, la niña paralítica y el perro muerto.

Antes de llegar al valle ocurre algo que no estaba en el programa. Sucede rápidamente, en el espacio breve de unos segundos: el retozo ingenuo de los muchachos, el grito de Bibiana, la carretilla volcada sobre el camino... Y la mano de Irene posándose ligera sobre la cara de Tiana.

Todo así, rápidamente, en el espacio de unos segundos, pero como diría Tim, el viejo, "hace tiempo que el pan se cocía en el horno".

El pan empezó a cocerse cuando llegó a la escuela Sebastiana. El caso Tiana no es para Irene Gal tan fácil de resolver como el de Timoteo. Timoteo era rebelde, con un fondo de justicia en su rebeldía. Su conquista fue relativamente fácil para la maestra. Pero Tiana es sólo tonta, vanidosa... Niña mimada de casa rica, impermeable a la influencia social de la escuela. Todo esfuerzo de Irene para incorporarla al grupo que proyecta y trabaja en común, se estrella contra la pasividad de Tiana. Ni rebelde, ni inadaptada. Sólo eso: pasiva...

Irene Gal tiene siempre en su escuela niños pasivos, niños que no responden a ningún estímulo y que serán en la vida de los demás una rémora. En el mejor de los casos, manada que se deja conducir. Pero Tiana, además de pasiva es antipática. Irene Gal tiene que hacer constantes esfuerzos de voluntad para tratarla igual que a los demás niños y no ser injusta con ella.

Y ahora... ¿qué ocurre ahora? ¿Se ha colmado la paciencia de Irene Gal? Irene Gal ha perdido el dominio de sus nervios y ha abofeteado a Tiana.

Apenas toca con su mano la cara de Tiana, Irene Gal siente la angustia de haber cometido una gran torpeza. Quizá la mayor torpeza de su vida profesional.

Sucedió todo rápidamente, pero no ligeramente, sino como remate de un proceso que fue destruyendo su serenidad. De un lado estaba Tiana, su antipatía, su resistencia, su conducta necia, su constante obstaculizar la labor de los otros con su pasividad, acaso con su desprecio... Y también el cansancio que siempre siente Irene Gal cuando el curso escolar se acerca a su fin. De otro lado, su vida privada. La muerte de Chico, su pequeño y leal amigo. Y algo que la inquieta: hace casi un mes que no recibe carta de Máximo Sáenz. Ni siquiera ha acusado recibo de los dos paquetes que le ha enviado. Uno de ropa, otro de alimentos. Algo debe ocurrirle a Máximo Sáenz para no contestar sus cartas. ¿A qué extremo de desesperación habrá llegado?...

Irene Gal perdió el dominio de sus nervios y castigó a la muchacha.

Bien, y ahora ¿qué?... Ha destruido su labor paciente en un arrebato del que ya está arrepentida. Porque fue injusta. Lo reconoce. Doblemente injusta. Tiana no tuvo la culpa de lo sucedido. Demetrio la cosquilleó las piernas con una rama. Ella saltó y tropezó con Claudio. Claudio, sorprendido por Tiana, levantó los brazos y soltó la carretilla. Y la carretilla se volcó, cayendo sobre Bibiana y Chico. Tiana no es en realidad culpable, pero aunque lo fuese, nunca debió humillarla con un castigo corporal delante de sus compañeros.

Tiana se volvió hacia Irene, e Irene vio en sus ojos la sorpresa. Después la rabia y el dolor que produce la injusticia.

Irene Gal sabe por experiencia lo que la injusticia duele. Y conoce también por experiencia que los niños tienen el sentido de la justicia muy desarrollado. Así, cuando se ve obligada a castigar a un muchacho separándole
de su equipo de trabajo o negándole una caricia, un beso,
si el chico lo ha merecido no se enfada, aunque a veces
proteste por protestar... Pero si ha sido injusta, lo conoce
en seguida en el rencor con que el pequeño la mira. Y
entonces procura rectificar, antes de que la protesta justa, a veces muda, se convierta en amargura, en resenti-
miento.

Ahora ha sido injusta y tiene que rectificar. Aunque
esta vez la rectificación sea para ella dolorosa y hasta hu-
millante. Van a juzgarla todos los muchachos, va a mos-
trar ante ellos su debilidad, su flaqueza, al confesar un
error, cuando todos se miran en su espejo... ¿Perderá su
autoridad, no impuesta sino conquistada por la admiración?... Bien, pero ¿es que no la ha perdido ya al dejarse
arrastrar por un arrebato de ira?

No. Tal vez, no. En la confusión, nadie apreció la injusticia. Sólo el hecho inaudito de que ELLA pegase a alguien.
Claro está que los muchachos pueden pensar que lo merecía...

¡No lo merecía! Y no puede consentir que Tiana cargue
sobre su resistencia natural a la simpatía y al afecto, la
amargura de una injusticia.

Tiene que reconocer públicamente su equivocación,
puesto que públicamente ha ofendido a Tiana.

(—¿Equivocación?)

He aquí un punto al que legítimamente puede agarrarse
para no resultar humillada delante de los chicos.

Llama suavemente:

—¡Tiana!

Tiana no contesta. Nadie contesta. Están todos ocupados levantando la carretilla, colocando sobre ella a Chico, atendiendo a Bibiana, que llora cada vez con más fuerza...

Irene dice:

—¿Podéis callaros de una vez, muchachos?

Sí, ahora ya atienden. Al fin guardan silencio. Sólo *Carita de Mona* lloriquea, esperando que Irene la tome en brazos.

Irene se acerca a Tiana y la acaricia. Tiana retira la cara.

—Bueno, creo que tienes razón para enfadarte, Tiana... Creo que fue a ti a quien castigué y posiblemente no sea tuya la culpa... ¿Quieres perdonarme?

Tiana no contesta.

Irene habla despacio, sencillamente, con naturalidad, restándole importancia al hecho.

—Estoy tan nerviosa... La muerte de Chico me ha trastornado. No sé lo que hago. Creo que le he dado un cachete a Tiana... Bueno, no sé si fue a Tiana... Creo que sí... La que tenía más cerca... Pobrecita Tiana... Ella se llevó el cachete y habrá que saber quién de todos tiene la culpa de este jaleo.

Dice Irene Gal y vuelve a acariciar la cara de Tiana. Tiana no la retira ya. Irene la besa. Allí mismo donde unos minutos antes posó su mano...

...Y ahora ocurre algo inesperado. Tiana la antipática, la pasiva, se vuelve hacia Irene y le echa los brazos al cuello.

Irene, sorprendida, pero contenta, estrecha entre ellos a Tiana. La abraza fuerte, la besa.

Y después, riendo, como bromeando:

—¡Pobrecita Tiana, mi pequeña querida! En este mundo traidor siempre pagan justos por pecadores... Me gustaría saber quién tuvo la culpa, para darle un tirón de orejas.

Demetrio se adelanta:

—Mis orejas, señorita Irene...

Irene tira de las orejas a Demetrio, con el consiguiente regocijo de los muchachos. Después le empuja hacia Tiana:

—Me parece que es Tiana quien tiene derecho a tirarte de ellas. Anda, pídele perdón a Tiana, que le ha tocado el cachete que tú merecías.

A Tiana se le pone la cara roja. Levanta el brazo para pegarle si se acerca a ella, pero se nota que está satisfecha de su papel en el lance.

Irene también respira aliviada del peso que se había cargado sobre sus hombros, por su torpeza. Menos mal que todo se ha resuelto bien.

Toma a *Carita* en sus brazos y con un avance del mentón, indica a Demetrio la carretilla:

—Vamos, será mejor que lleves tú a Chico. Gasta en un esfuerzo práctico tus energías.

Bien, otra vez en marcha.

Los muchachos marchan cantando o silbando, dando patadas a las piedras que encuentran en el camino, comiendo el trozo de pan de su merienda, jugando con las chicas... Es una caravana alegre e inconsciente que cumple la misión primaria de la Humanidad: caminar, caminar... Siempre adelante. Los obstáculos del camino no deben interrumpir su alegre marcha.

Así, el entierro de Chico, el fiel amigo de todos, se convierte en una excursión.

Ya en el valle —la novedad del juego—, todos se disputan por cavar la fosa, por colocar en ella a Chico, por pisar la tierra, por plantar sobre la tierra ramas y flores.

Irene contempla a Chico por última vez. Le ve desaparecer bajo la tierra. He aquí lo que queda de su compañero.

(—...los dientes blancos del perro... ¿No habla de esto el Evangelio?... En tanto que todos dicen de la carroña y se apartan de ella con asco, Jesús descubre los dientes blan-

cos del animal, lo único puro, limpio, que de él quedaba...
¿Y si todos buscásemos, únicamente, la parte bella y buena de la vida, en vez de revolcarnos en la miseria...? Bueno, entonces, el mundo sería estupendo... Pero juzgamos a los hombres por su miseria, por sus caídas, por cuanto tienen de barro, olvidándonos de que siempre hay algo limpio que merece ser destacado... Si nosotros...)

—¡Señorita Irene!

—¡Eh! ¿Qué pasa, muchachos?

Irene Gal sale de su abstracción para atender a los chicos.

—¿Qué os ocurre?

Señorita Irene, dice Bibiana que hay que poner una cruz sobre la sepultura. Y yo digo que no, que Chico no tiene alma, que Chico es un perro.

Demetrio suelta la azada, tira un bocado al trozo de pan que saca del bolsillo y también opina:

—Pues yo creo que sí... Aunque se ría la gente.

Irene Gal vacila antes de decidir.

(—Reírse la gente...)

Bien, eso es cosa que nunca le importó a Irene. Reírse es sano. Pueden reírse si eso les place. A ella no le importa. Lo que importa es otra cosa: ¿Tiene Chico derecho a que señale su pudridero con una cruz?... ¿Por qué no? ¿No es una criatura del Señor, que vivió, sufrió, amó, más y mejor que alguna criatura humana? Chico, el perro vagabundo que se acercaba a la gente mendigando un poco de amor y tantas veces recibió un puntapié sobre su carne dolorida de perro golfo, indeseable... Chico que se fue tras de ella por unas migas de pan y una caricia y con ella pasó días muy desagradables, sin desertar de la fidelidad jurada. Chico, su amigo, su compañero...

Por otra parte, si los muchachos, si uno sólo de los muchachos encuentra bien la idea, no es disparatada.

Decididamente, Chico tendrá su cruz.

Como quiera que Dios sea, puede estar aquí, sobre la tumba de un perro. Aquí puede encontrársele, como se le encuentra en el río y en la montaña, y en el viento, y en la nieve, y en las flores, y en el mar, y en los frutos, y en la inocencia de los niños... Donde resulta un poco difícil encontrar a Dios es en la conciencia del hombre.

1988. El Gobierno de Asturias
le otorga la medalla de plata del Principado.

27 de diciembre de 1949

Tim, el viejo, es un hombre bueno. ¿O tal vez sólo un hombre inteligente que supo sacar partido de su anterior experiencia?... Tim, el viejo, sabe que el dinero tiene dos valores. Uno material, puramente material, que produce un tanto por ciento. Pero hay otro valor que da el mil por cien, y ajustándose a éste, ha arrendado sus tierras, las que lindan con la escuela, a la maestra, para que levante sobre ellas su Granja modelo. Tim, el viejo, se ha convertido también en un accionista de la pequeña Granja y cuenta, además, como interés extraordinario, con el agradecimiento de Irene Gal.

Parece ser que va a dirigir la Granja cierto profesor de la Universidad, destituido de su cargo, condenado a muerte, prisionero de guerra o preso político, hoy en libertad, merced al indulto de Pascua,[100] que este año le ha alcanzado. Claro está que el ex profesor no sabe todavía que acaba de convertirse en granjero. Ésta es la sorpresa que Irene Gal le reserva.

Irene Gal va y viene por sus tierras, midiendo espacio,

100. Máximo Sáenz es indultado, en realidad, en 1945, junto con una gran cantidad de presos políticos. En la cárcel había conocido a la que sería su mujer, cuando iba a visitar a un hermano que era amigo de Máximo. Por otra parte, en estas fechas, Dolores Medio ya había obtenido el Premio Concha Espina y había puesto una sustituta en su escuela de Nava (datos de la Entrevista). Este final corresponde a la trama novelesca con el que la autora finaliza el diario.

317

levantando con la imaginación las dependencias, cantando algo, tal vez sin darse cuenta de que está cantando...

—*Catalina*[101] *fue a la fuente, a la fuente del querer, Catalina sí, Catalina ¿y qué?*... Aquí, junto a la casa, el gallinero... Y las jaulas para los conejos... Tim... Chico... Max... Señora Obaya... Madame Curie... Todos tendréis vuestras casitas dignas de vosotros. Vamos a ver cómo os portáis... *A beber agua fresquita, porque se moría de sed...*

Sed. ¡Sed!... Ahora va a apagar su sed. Una sed de años, una sed de siglos... Pero el tiempo no cuenta cuando la vida se convierte de pronto en un manantial.

—¡Max!... Mi sed y mi agua... ¡Max!... ¡Max!... ¡Cómo te quiero! ¡qué felices vamos a ser ahora!... *Catalina, de la fuente, trajo un beso y un amor, Catalina sí, Catalina no...* Y aquí el establo... No, aquí, no... Tan cerca de casa... Aquí al otro lado... Eso está bien. *Tararariro, tararariro...*

La alegría de la maestra desborda sus proyectos, sus palabras y su cantar y empieza a deslizarse a paso de vals sobre la tierra dura bajo la helada, sobre la hierba húmeda y crecida.

—*Tararariro... Tararariro...*

Dios es bueno. La vida es buena. Los hombres son buenos... Es invierno, pero hace sol. Los árboles no tienen hojas, pero lucen sus ramas limpias, lavadas por la lluvia de algún día anterior. ¿Quién ha dicho que el invierno en el campo es feo y triste?... Otros años, tal vez.

Este año, no.

—Sí, aquí el establo... Es divertido imaginarse a Max convertido en granjero... ¡Dios, qué granjero!... *La cara como una rosa de bonita que volvió, Catalina, sí, Catalina, no...* No, no, no, señor Sáenz no valen trampas... Hay que

---

101. Canción muy popular que se cantaba, en esas fechas, en los pueblos asturianos.

arrimar el hombro... De momento, hasta que la cosa marche... Yo te ayudaré... Y los chicos... Te aseguro que hoy el campo es un negocio... ¿Sube la vida? Suben los productos del campo... La que siempre se fastidia es la clase media... Afortunadamente, señor Sáenz, nosotros no pertenecemos ya a la clase media...

Irene Gal sonríe pícaramente a su invisible interlocutor.

—¡Pueblo!... ¡Pueblo soberano!... *Tararariro, tararariro...*

Brusca transición.

—Max, es preciso sentirse pueblo para comprenderlo... Doblar el espinazo sobre la tierra, regar la tierra con nuestro sudor... Cuando se trabaja en el campo de sol a sol... entonces... Bueno, Max, creo que te aguardan muchas sorpresas en tu nueva vida... La vida en el campo es sana y tú la necesitas, después de... eso... Te imagino fuerte y alegre, con tus calzones de pana y tu cinturón de cuero. Como Bernardo...

Irene se detiene bruscamente.

(—¿Por qué como Bernardo?... Bernardo Vega... Es curioso, apenas le recordaba y ahora, de pronto... Pero si no le recordaba... Bernardo... ¡Qué hombre!... Un tipo extraordinario, sin duda alguna... Y me quería... ¿Feliz con él?... Qué sé yo... Un gran tipo... Pero Max... Otra cosa, claro... Bueno, la verdad es que no puedo imaginarme a Max...)

Se justifica ante alguien invisible:

—...sólo al principio, Max... hasta que las cosas marchen... Y después, tu obra... Otra vez tu obra... Me gusta imaginar nuestras veladas. Tú, escribiendo... ¿Que ya no habrá libro?... Supongo que en tus cartas no hablabas en serio... Has perdido tus cuadernos... el trabajo de cinco años... Bueno, ¿y qué?... Empezarás de nuevo... Una obra más madura, más reposada... ¿Que ni se publicará?... No digas eso. Esa obra y otra obra... y las que escribas... Tengo fe en ti, en tu talento, en tu trabajo... Primero o después, volverás a ocupar el puesto que te corresponde. Estoy segura de ello... Y entonces, Max, entonces... como pensaba, yo seré tu secretaria, tu amiga, tu compañera... trabajaremos juntos y...

Irene Gal, la sonrisa en los labios y los brazos abiertos, vuelve a evolucionar sobre la tierra dura y helada, sin tocarla apenas con sus botas de goma.

—¡Max!... Creo que estoy soñando, como otras veces. Me parece mentira que muy pronto... muy pronto... *Catalina, Catalina, quién te ha visto y quién te ve, Catalina, sí, Catalina ¿y qué?*... ¡Al diablo Catalina!... Como un disco roto... Cuando se le mete a una un soniquete en la cabeza...

—¡Eh!... Señorita Irene, ¿con quién habla?... ¿Se ha vuelto loca?...

Irene Gal mira en torno suyo y descubre a Cristóbal, el peatón, apretándose la barriga con las dos manos, para reírse a gusto. Desde el camino que limita las tierras de Tim, el viejo, cortándolas con el tajo estrecho y profundo de una calleja, le llega la ironía de Cristóbal, tirando de ella hacia la realidad.

Siempre en su vida este juego de realidad y fantasía. La realidad es Cristóbal, el peatón, tan torpe, tan flaco y tan desmadejado como era cuando asistía a la escuela. Uno de los "pasivos", siempre a remolque de los otros, pero un buen muchacho. Cristóbal le recuerda que está viviendo una escena falsa...

¿Falsa?... Bien, hasta cierto punto. Máximo Sáenz ha dejado de ser un proyecto, una esperanza, para convertirse en una realidad. Luego la escena no es falsa. Sólo una anticipación de la nueva etapa de convivencia, de intimidad con Máximo Sáenz.

(—Por cierto que el señor Sáenz es un tipo odioso... ¿A

qué viene ese orgullo? Vamos a ver... "Es preciso resolver antes..." Nada tienes que resolver por cuenta propia, Máximo Sáenz... Aquí te lo daremos todo hecho... Pero claro, al señor le molesta que una mujer le ayude a rehacer su vida... Bien, bien, tendré que vencer ese escrúpulo tonto, esa resistencia... Ya veremos lo que opinas cuando conozcas nuestro proyecto...)

Si no estuviera tan lejos, si el indulto le hubiera alcanzado cuando cumplía condena en Redondela, Irene Gal no hubiera aguardado la llegada de Máximo Sáenz, hubiera salido a su encuentro... Pero el Penal del Puerto de Santa María no está al volver la esquina, sino al otro extremo de España, a más de mil kilómetros de distancia. El viaje cuesta dinero. La maestra de La Estrada apenas tiene dinero. Lo justo para empezar a desarrollar su pequeño negocio. No se atreve a pedirlo para un viaje. Ya está bien que Tim, el viejo, ceda, arriende y entre a la parte, cobrando sólo en palabras de honor el trato. Por otra parte...

(—Es posible que Max no quiera que le vea ahora, hasta que... en fin, hasta que pueda presentarse ante mí de un modo aceptable... También los hombres tienen su coquetería... Si antes he respetado su deseo de que no volviera a verle tras de las rejas, bien puedo ahora...)

—Señorita Irene, ¿con quién está hablando...?

Irene Gal amasa entre sus manos un puñado de tierra dura y húmeda, y, hecha la bola, se la arroja a Cristóbal.

—¡Vete al infierno!... ¿Es que no puedo hablar con el granjero?

—¿Con el gran...? Bueno... esto sí que está bueno...

El hombre se rasca tras de la oreja. Después se alza de hombros..

(—¡Cosas de Irene!... Por algo dicen todos que la maestra vive en la Luna... Y ahora, fantasmas tenemos... No, si las cosas... Las cosas son las cosas...)

Cristóbal, el peatón, vuelve a alzarse de hombros, se quita la gorra para saludarla, y ya en camino, se vuelve hacia la maestra:

—Está bien, ya me voy... ¡Ah!... Mis saludos al señor granjero.

29 de abril de 1950

26... 27... 28... 29...

Las hojas del almanaque van cayendo lentamente. Con una lentitud que desespera a Irene. Transcurrieron cinco días desde que Máximo Sáenz anunció su llegada, pero aún faltan otros cinco interminables. De nada le sirve a Irene arrancar la hoja tratando de adelantar la fecha. El día no pasa, no cae como la hoja del almanaque, no se le puede arrancar de un tirón, dando paso a una fecha nueva... ¿Y el reloj?... El reloj le hace el juego al almanaque. Lento y torpón, cachazudo, como cualquier aldeano para el que no cuenta el tiempo. Irene Gal está aprendiendo estos días una lección nueva: cada minuto tiene sesenta segundos. Sesenta largos segundos. Y han de transcurrir sesenta veces sesenta, para que pase una hora... Y sesenta veces sesenta, más sesenta veces sesenta, más sesenta veces sesenta...

(—Acabaré por volverme loca de impaciencia. Me pondré enferma... Doce años son muchos años y pasaron volando. No lo comprendo... Y ahora diez días se me hacen interminables... Bien, entonces, no había plazo. Esperar, esperar sin esperanza, sin saber siquiera si volvería. Estaba de más la prisa. Pero ahora... ¡Ahora!... Cuando puedo ya tocarte con la mano, Max...)

Irene Gal toma de la mesa el retrato de Máximo Sáenz, habla con Máximo Sáenz, acaricia con un dedo la cara de Máximo Sáenz.

—¡Max!... ¡Max!... Tu Tortuga ha perdido al fin su paciencia... Temo empezar a gritar: "¡Máximo Sáenz volverá a la vida! Máximo Sáenz no es una entelequia. Máximo Sáenz es un hombre de carne y hueso que vivirá en mi casa, comerá en mi mesa, dormirá en mi cama... Máximo Sáenz trabajará a mi lado, a nuestro lado, porque Máximo Sáenz es nuestro... Vivirá aquí, en el pueblo, entre nosotros"... Sí, Max, entre nosotros... Yo he conquistado el pueblo para ti. Todos te quieren ya. Todos te esperan... Ya verás... ¡nuestra granja!...

Irene sonríe con picardía:

—...Un ensayo de granja colectiva: tú, yo, los niños... Los demás nos ayudarán también. Saldremos adelante... Después, si esto te cansa, si algún día puedes volver a la Universidad... Por ahora no pensemos en ello. Tienes que reponerte. Volver a ser el hombre fuerte de antes. También tu espíritu, señor Sáenz, necesitará un remiendo de optimismo y un poco de barniz de felicidad. La cárcel destruye al hombre... ¡La cárcel!... Bueno, de acuerdo, no hablaremos más de ella. No volveremos a nombrarla. Todo pasó... Otra vez como antes.

Irene deja el retrato sobre la mesa, va hacia el armario —¿cuántas veces lo ha abierto hoy?— y pasa revista a su reducido equipo.

(—El vestido blanco. Está decidido. Me pondré el vestido blanco. Le gustaba a Max... El color que más le agrada... Toda de blanco. La ropa interior también.)

La ropa interior...

Este pensamiento le calienta la cara a Irene. Trae a su memoria un recuerdo guardado entre los recuerdos, pero siempre fresco. Han pasado quince años desde aquel día y las palabras de Máximo Sáenz suenan en los oídos de Irene como si él acabara de pronunciarlas: "Tiene usted unas piernas bonitas, señorita Gal. También es bonita la punti-

324

lla de sus enaguas. Dos o tres veces estuve a punto de enredarme en ella y perder el hilo..." Después sucedió todo. De
una manera absurda y maravillosa. En principio, aturdida,
no acertaba a darse cuenta de lo sucedido. Después, sí...
¡Ahora, sí!... Qué emoción experimenta cada vez que lo
recuerda... Tiembla al contacto de la mano de Máximo
Sáenz, como si la tuviera sobre su carne. Y se le despierta
como una angustia, el deseo de encontrarse otra vez junto
a él, pegada a él, fundida en él...

Tan fuerte, era esa angustia, ese deseo, que a veces se
mordía los puños para no gritar y golpear la almohada en
su desesperación, protestando de una separación, a su juicio injusta. Así, ¿hasta cuándo? ¿Hasta cuándo, Señor?...
Pero junto a su grito dolorido, el sedante de la voz del
hombre llegando hasta ella desde cualquier parte: "Mi pequeña Astarté"... Otras veces, la ironía suave que la acariciaba: "Eh, cuidado Tortuguita, que perdemos el paso...
No vale el juego, hay que empezar de nuevo"... Irene Gal
sonreía. Después, lloraba. Al fin se dormía sobre el recuerdo.

Ahora, la voz de Máximo suena más próxima. A su lado.
Casi a su oído: "Bien, Tortuguita, ya hemos llegado a la
meta".

¡La meta!...[102] Esto tenía para ellos otro significado, en
su época de intimidad con Máximo Sáenz. Llegar juntos a
la meta. Ellos sabían cuál era la meta. Irene era lenta en
sus reacciones, tan pudorosa, tan tímida, recatando su
emoción... Él, siempre bromeando, daba marcha atrás,
aguardando, paciente. "Vamos, Tortuga, te espero..." Llegar juntos a la meta, a la apoteosis de su amor, era el gran
triunfo que Máximo Sáenz se procuraba.

---

102. *La meta... procuraba*: parte suprimida en la edición del 61.

...Ahora la meta es otra. El final de la separación forzada y del sufrimiento. El abrazo indestructible. Ahora está segura Irene de que cada nervio, cada músculo, cada poro de su cuerpo, responderá sin ningún esfuerzo a la llamada del hombre, se pondrá en tensión para el gran momento. "¿Qué hay de nuestra ley del Talión, Tortuga?... Ojo con ojo, boca con boca..."

(—¡Max! ¡Max!...)

Irene Gal tiembla de gozo...

...y de sobresalto. Un miedo repentino la toma ahora. Han pasado doce años... ¡no, quince años! Debe contar quince años desde que... Bien, quince años son quince años. El tiempo destruye... Ha pasado privaciones. Ha sufrido mucho. ¿Qué queda en Irene Gal de la pequeña Astarté que Máximo Sáenz había adorado desnuda...?

Nada. Posiblemente, nada. Lo que puede quedar en el cuerpo de una mujer madura, de la firmeza, de la flexibilidad de un cuerpo adolescente.

Esta certeza la angustia. Máximo es un sensual —era un sensual—. Un amante de la forma. Y ella, ¿qué puede ofrecerle?

No piensa Irene Gal que los quince años han transcurrido también para Máximo Sáenz, que Máximo Sáenz no será ya el hombre fuerte y viril que ella conoció. Quince años son quince años. Y está también la guerra, el hambre, la cárcel... Pero Irene no se detiene en este pensamiento. Si Máximo Sáenz vuelve a sus brazos agotado y viejo, ella le seguirá viendo como entonces, cuando se conocieron. Cuando el cerebro fuerte de Máximo Sáenz era su guía.

(—¡El Conductor!...)

Sonríe con amargura.

(—Bueno, lo seguirá siendo en mi vida... Es agradable pensar que dentro de cinco días podré quitarme la máscara de mujer fuerte y volveré a ser a su lado Tortuguita, la muchacha confiada y alegre que apoya la cabeza sobre su pecho. "Max, piensa tú por mí...")

Se coloca el vestido ante el espejo.

(—Un poco largo... Meteré dos dedos en el jaretón. No quisiera que me encontrara anticuada... El cuello... sí, lo dejaré cerrado.)

Le gusta el cuello cerrado. Recuerda que el primer día que salieron juntos, llevaba una blusa blanca, cerrada con un lazo azul.

Se arregla el pelo.

No ha cambiado el peinado en estos años, aunque las modas fueron variando. Lo lleva largo y liso. Siempre brillante, como le gustaba a él.

(—Me lo recogía así... sobre la nuca... me besaba en la nuca... tenía que hacer un esfuerzo para no gritar. Bueno, es curioso. Cuando recuerdo estas cosas, pues... sí, lo siento materialmente... No, no es imagen, es una sensación física de contacto. Una realidad... Me gustaría saber si él me "sentía" también cuando me recordaba.)

De nuevo la asalta el temor de que Máximo Sáenz conserve de ella la imagen de una adolescente y al encontrarse con la realidad se sienta decepcionado.

(—¿Qué ocurriría si esto sucediese?... No sé. No quiero pensarlo. Si yo le encuentro viejo y agotado, estoy segura de que sabré fingir, disimular. Pero él... Los hombres no disimulan sus sentimientos. En el gesto de su cara conoceré la impresión que le he causado.)

Irene Gal se mira detenidamente al espejo. Como nunca se ha mirado.

No. No ha variado gran cosa, cree ella. Verdad que Irene Gal no se ha separado de Irene Gal en estos quince años, que se han visto cara a cara todas las mañanas, que los cambios que produce el cansancio y el agotamiento no se graban de pronto sobre la piel y es difícil apreciarlos.

(—¿Las ojeras?... Sí, más profundas...)

Tal vez sea ésta la única huella del sufrimiento. El hambre que pasó en los años cuarenta y cuarenta y uno, ya hace tiempo que fue compensada. Tiene ahora el aspecto sano, juvenil, de la persona que vive en el campo.

(—...y el cuerpo...)

Irene Gal vacila un momento. Nunca se ha mirado desnuda en un espejo. ¿Para qué? Tenía que hacer cosas más importantes en su vida. Pero ahora es diferente. Ahora volverá él. Su cuerpo no es ya suyo, sino de Max.

(—"¡Mi pequeña Astarté!")

Irene Gal aprieta los labios. Cierra los ojos. Se quita la ropa rápidamente.

Y vacila otra vez antes de enfrentarse con la imagen que el espejo va a devolverle. Quince años son quince años. Y ahora le pesan. Guerras, hambre, sufrimientos... Quince años son muchos años... Él va a llegar e Irene quisiera poder ofrecerle otra vez su adolescencia, volver a ofrecerle una vida joven, llena de anhelos, de fe en todos los ideales, de fe en los hombres... Quisiera darle otra vez un cuerpo nuevo, de recién estrenada juventud.

Temblando, abre los ojos...

...y sonríe. El milagro se ha realizado. Un pequeño, un insignificante milagro humano. Un milagro de amor y de castidad.

Irene Gal ve en el espejo un cuerpo joven, fuerte y esbelto, un cuerpo adolescente.

Homenaje de los niños asturianos a Dolores Medio en 1990.

4 de mayo de 1950

Todo fue calculado cuidadosamente.

Cuando el coche se detiene ante El Parador, Irene Gal sale a la carretera. Sabe que en este momento Máximo Sáenz salta del autobús y pregunta por la Escuela. Alguien le dice: "Es aquella casa blanca, la de la bandera". Hasta es posible que se ofrezcan a acompañarle. Máximo Sáenz rehusa la compañía. Quiere llegar solo. No desea, tampoco, tener testigos en ese momento. De esto está segura Irene.

Irene está segura de que así está sucediendo y de que en este momento Máximo Sáenz empieza a caminar en dirección a ella.

Y ahora...

(—...Sí, antes de siete minutos, en el recodo. Me verá y yo...)

El corazón de Irene Gal late apresuradamente. Con tanta fuerza, que le duelen sus golpes. Siente el corazón latirle en las sienes. Y en los pulsos. Y en todo el cuerpo. Las piernas le tiemblan... Quiere permanecer serena, pero no puede. Sabe que cuando Máximo Sáenz doble el recodo de la carretera y la vea, le gritará: "¡Tortuga!". Y ella correrá a sus brazos. Y los quince años de separación —la guerra, el hambre, la cárcel— todo lo olvidarán en este momento. Él y ella juntos. Otra vez juntos. Por encima de todo y contra todo... Lo demás, ¿qué importa?

(—Menos de siete minutos —piensa, nerviosa—. Cinco minutos, tres... acaso dos...)

Máximo Sáenz tiene las piernas largas y le apura un deseo. Lógicamente ha de hacer el camino en un tiempo menor del que ella tarda, de ordinario, en recorrerlo.

(—...ahora... quizás ahora... en este momento...)

El momento pasa. Irene empieza a contar los minutos en sentido inverso:

(—Cuatro minutos... cinco... ¡qué extraño!... Seis minutos... No puede ser... Yo creo... siete minutos... ¡Siete!... Si no es posible... ¿Qué pasa?... Ocho minutos... ¿Y si no hubiera llegado?... Nueve minutos... Ya es demasiado tiempo. Creo que debo acercarme a El Parador...)

No. No hace falta. Alguien dobla el recodo de la carretera en este momento. Es él. Máximo Sáenz. Le acompaña una aldeana. Los pasos cansados de la mujer justifican el retraso del hombre.

Máximo no viene solo. Una contrariedad.

(—Está bien, algo ha fallado. Pero no es motivo para disgustarme. Max ha llegado, esto es lo importante... Cuando me vea... ¡Ah!... Creo que ya me ha visto.)

Parece como si él preguntara algo. Pregunta, seguramente, quién es la figura blanca que aguarda en la carretera. La mujer asiente con la cabeza. Entonces, Máximo Sáenz adelanta el paso y saluda con la mano a Irene.

Irene Gal quiere correr a su encuentro. Pero las piernas se le han quedado paralizadas, clavadas en la tierra. Tampoco encuentra palabras para contestar al hombre, cuando éste llega hasta ella y le toma las manos.

—Bueno, Irene... Aquí me tienes... ¿Eh?... ¿Qué dices?...

Y después de una pausa:

—He pensado que es mejor tratar las cosas personalmente. Nuestra situación...

¡Nuestra situación!... Irene quiere decirle "¿No estamos juntos, otra vez juntos, Max? Esto es lo que importa. No pensemos ahora en la situación. Hay millares y millares de parejas en toda España, en todos los países de la pobre y torturada Europa, en situaciones parecidas a la nuestra. Y aún peores, si ninguno de los dos trabaja, ni tienen techo. No seas orgulloso, Max. No destruyamos nuestra felicidad por un escrúpulo tonto. En realidad, ahora no tenemos ya motivo para quejarnos".

Irene Gal quiere decirle esto y otras cosas. Quiere hablarle del proyecto de la granja, que le proporcionará un trabajo sano y le permitirá disfrutar independencia económica, hasta que pueda volver a la Universidad...

...pero no dice nada. Quince años son muchos años. Han pasado muchas cosas en quince años. Tal vez, como temía, sea preciso romper el hielo antes de aproximarse. Después, todo irá bien. Cuando Máximo conozca sus proyectos.

Él repite:

—Nuestra situación...

Ella no quiere hablar ahora de la situación. Cree que no es ocasión para plantearla y tratar de resolverla. Eso vendrá después, cuando estén en casa, cuando hayan almorzado juntos, cuando entre ellos vuelva a establecerse una corriente de intimidad, entonces se enfrentarán con todos los problemas.

Bien, pero ahora tiene que decir algo, para que él no interprete mal la emoción que le impide hablar. Dice:

—Estás muy bien, Max. Te encuentro muy bueno. Como si...

¡Cuidado, Irene! Mejor será no hablar de la cárcel, no hablar de la guerra, no hablar de lo que os separa, sino de aquello que puede aproximaros.

Hace un esfuerzo. Toma del brazo a Máximo. Sonríe.

—Max, tendrás hambre, ¿verdad?... Después de un viaje tan largo... Ya verás qué almuerzo te he preparado.

331

La mujer que acompañaba a Máximo les alcanza y se une a ellos. Maliciosa, interviene en la conversación:

—Ya le decía yo que una temporada aquí, entre nosotros, con este aire del campo tan saludable y estos alimentos, le vendría tan ricamente, pero él, ¡que no!, que tiene que irse hoy mismo...

Irene mira a Máximo, sorprendida. Máximo mira al suelo... Se detiene. Palpa sus bolsillos buscando algo. Sí, aquí tiene su tabaquera y su pipa. Empieza a cargarla.

La vieja campesina vacila un poco, sospechando que este alto en el camino quiere indicarle, de una manera cortés, que desean quedarse solos.

(—Es natural. Tienen que hablar de sus cosas. Tantos años sin verse... Anda, que bien ganado se lo tienen... Y los pobres, sin comerlo ni beberlo, porque ella, "aquí me tienen para lo que me necesiten", y el hombre... Este no es de los que se tiran a la calle, que si mato o no mato, que si éste me las paga, que si aquél tiene dinero... Basta verle para saber que es un hombre de los que no se meten con nadie.)

Dice en voz alta:

—Bueno, ¡que haya salud!

Y sigue su camino.

Otra vez los dos solos. Juntos y separados por una guerra que apartó sus vidas. El punto de referencia de sus recuerdos, ha de ser ya, como el de los viejos de la aldea, "antes de la guerra"...

Antes de la guerra, en una época que ahora parece remota, un hombre y una mujer caminaban juntos. Él era un hombre fuerte y ambicioso, con muchos proyectos en la cabeza. Aunque había andado gran parte de su camino, creía en la buena voluntad de los hombres, en la posible inteligencia de la Humanidad. Entonces, bien merecía ésta que se le dedicara alguna atención. La empresa era noble.

Ella era una adolescente, casi una niña. Creía ciegamente en todo. Y admiraba al hombre. Puso su vida en sus manos, sencillamente, como hacía todas las cosas. Y el hombre se asustó con aquella entrega. No era un conquistador profesional. Tomaba el amor donde lo encontraba y se iba agradecido y satisfecho. La pureza de la mujer le hizo sentirse culpable. Entonces le prometió que haría lo posible para que ella no tuviera que arrepentirse de la confianza que había depositado en él.

La historia sucedió hace muchos años. Antes de la guerra. Después llegó la guerra, sucedieron cosas... Ahora el hombre viene a poner su vida en las manos de la mujer, cumpliendo lo prometido.

Mientras caminan juntos por la carretera, los dos piensan lo mismo: en aquel día. Era también un día de primavera. Tal vez este hecho sea la única semejanza que exista entre ambos. Porque aquel día, la diferencia de edad no les separaba. Había algo común entre ellos. Ahora, los veinte años que les separan se han ensanchado como una zanja, como una de aquellas zanjas que Irene Gal descubrió un día en la loma de Vega, cerca de Piedras Blancas, repleta de campesinos muertos. En la zanja que los veinte años de diferencia —tal vez sólo la cárcel— ha abierto entre ellos, hay también un montón de cadáveres. Cadáveres de ideales. Quizá sólo de *puntos de vista.*

Máximo Sáenz lo sabe. Irene Gal aún no se ha percatado de ello.

Él dice: ·

—Te agradezco el almuerzo, Irene, pero... no es necesario que te molestes. Esa mujer ha dicho que, antes de una hora, pasará por aquí el correo de Pravia. En Avilés podré tomar el tren de regreso esta misma tarde.

Bien, eso dice Máximo Sáenz, pero Irene Gal sospecha que no lo hará. Que ella tiene argumentos suficientes para retenerle.

Piensa:

(—Venceré su orgullo... No es más que orgullo... Bien decía yo. Le molesta que una mujer le mantenga. No comprende que soy yo quien le necesita... Que en el pueblo le aguarda una gran labor. Que... bueno, ya lo irá comprendiendo. Entonces...)

Máximo Sáenz chupa su pipa, con insistencia. Está claro que sus nervios bien templados están a prueba en este momento. No es fácil, en verdad, razonar con Irene sobre un asunto tan importante.

Tantea el terreno:

—Las cosas han cambiado[103] bastante, Irene... Bien, te harás cargo... Lo digo porque tú... las mujeres... os aferráis a una idea... Te aseguro que tus cartas me abrumaban... En fin, no sabía cómo contestarlas... Demasiado infantiles, demasiado ingenuas... No pareces enterada de los cambios que las guerras traen a los pueblos y a los hombres... Razonas como si tuvieras ahora dieciocho años y creyeras que la vida... ¡qué sé yo!... Que tú o yo podemos cambiarla... Las cosas suceden, porque suceden... La realidad se impone brutalmente y hay que encerrarse en el marco de ella. No es posible pasar la vida soñando con utopías, ni paraísos artificiales...

¿Qué está diciendo Máximo Sáenz? El lenguaje de Máximo Sáenz es nuevo. Por lo menos, es un lenguaje desconocido para Irene Gal. No entiende una palabra de todo esto.

—¿Comprendes?

Y ella desconcertada:

—¡No, Max! No comprendo nada... No sé de qué utopías ni de qué paraísos artificiales me estás hablando. Yo

---

103. Sobre este punto dice Dolores Medio: "han cambiado tanto las cosas que se casa con una mujer muy rica y de derechas" (Entrevista).

he procurado vivir en la realidad. Aquí la vida es sencilla... La gente buena... Tienen defectos, claro... Todos los tenemos. Pero son nobles. Hay menos vicio que en las ciudades. Se puede hacer entre ellos una gran labor. ¿Sabes?... Yo pienso que los campesinos son nuestra mejor reserva. Ya han encajado el golpe de la guerra. Cada uno trata de reconstruir su vida... También nosotros, Max... Tengo un gran proyecto.

Máximo Sáenz comprende que es peligroso dejar hablar a Irene. Las cosas pueden complicarse de tal manera, que resulte cada vez más difícil desenredarlas.

La ataja:

—Bien, bien... espero que tu proyecto sea tan disparatado como tus cartas. Sacrificarte y sacrificarme en aras de un estúpido amor al pueblo... ¡A la Humanidad! —añade con ironía.

Y después, casi grita:

—Pero, ¿qué es la Humanidad?... Vamos a ver... Una palabra tonta y vacía, que sólo sirve para hinchar discursos... ¡La Humanidad!... ¡El pueblo!... Suena bien. Ensancha el pecho.

Máximo Sáenz suelta una carcajada. Después se golpea el pecho con los dos puños.

—¡La Humanidad!... La Humanidad somos nosotros, Irene Gal... Cada uno de nosotros, con nuestra vida privada y nuestros problemas. ¡Nosotros, que somos de carne y hueso, y no palabras y palabras en los papeles!... Y ¿a quién importan nuestros problemas? ¡A nadie más que a nosotros mismos!... Y tenemos derecho a ser felices...

Rectifica:

—...a vivir tranquilos. Y esto es lo que interesa. Por mi parte, estoy decidido a resolver mi vida sin ocuparme de los problemas ajenos. Y espero que tu buen juicio me dé la razón en esto...

Y después de una pausa, sin reparar en el asombro doloroso de ella:

—He venido a hablarte personalmente, porque... es difícil explicar estas cosas en una carta. Además, personalmente te hice una promesa... No la he olvidado... Antes de la guerra... Fue la primavera en que nos conocimos... El primer día que... en fin... Más tarde, en el Albergue de la Sierra. ¿Recuerdas, pequeña?

La voz de Máximo Sáenz se hace caliente y confidencial, como una caricia. Torpemente ha removido recuerdos que trataba de soslayar y los recuerdos le han traicionado. Están a punto de destruir sus planes. Todo ello hace más difícil su posición, porque él sabe que no ha venido a remover recuerdos, sino a enterrarlos, a saldar, de acuerdo con Irene Gal, un pasado que ahora no tiene razón para ser presente.

Le pesa haber venido y tener que afrontar, cara a cara, las consecuencias de su decisión. Lo creyó un deber y ahora...

(—Más fácil por carta —se dice—, pero hubiera sido una cobardía... Bien, en un momento desagradable, pero hay que afrontarlo. Ella dirá lo que piensa.)

Irene no dice nada. No se atreve a pensar nada. Algo no marcha bien, indudablemente. Pero ¿qué es lo que ha cambiado en Máximo Sáenz? Al hablar del Albergue se ha conmovido, su voz la acariciaba como entonces, cuando la tenía desnuda entre sus brazos...

Ahora recoge velas:

—Uno pensaba de otro modo antes de la guerra, ¿no es así, Irene?... Ahora todo ha cambiado. Cuando se lanza el "sálvese quien pueda", es preciso agarrarse a lo que sea para vivir...

Acaba, rabiosamente:

—¡Vivir es agradable, cuando se ha estado enterrado

vivo durante años!... Tú no lo comprendes. Tú no podrás comprenderlo nunca.

Máximo habla con prisa. El tiempo apremia. Por otra parte, desea aclarar cuanto antes la situación:

—Bueno, ¡qué sabes tú de estas cosas!... Siempre aquí, a tus anchas, con tu vida pequeña, sin problemas... Lo que tú deseabas.

Piensa un momento si no será injusto al afirmar esto. Irene Gal no es una mujer vacía y egoísta. Lo ha demostrado. Pero hay una cosa cierta: cuando él le propuso que lo abandonara todo para ir a Madrid a terminar sus estudios, a abrirse camino, a situarse bien en la vida y... a acompañarle, ella prefirió quedarse, sometida a la vida tonta y monótona de la aldea. ¿Entonces...?

Apoyándose en esto, insiste, para justificar su decisión:

—¡Lo que tú deseabas! ¿No es así? Pero yo no me resigno a vegetar. No podría soportar esta vida idiota.

Y después de una larga pausa, siguiendo en voz alta el curso de su pensamiento:

—...conocí a su hermano en la cárcel. Gente de dinero...

¿A su hermano? ¿Al hermano de quién? ¿A qué gente de dinero se refiere Máximo Sáenz? Todo está bastante confuso. Irene Gal cree haber perdido el hilo del razonamiento. ¿De qué habla Max que no le comprende?

Empieza a sentir vagamente la sensación de que Máximo Sáenz se le escapa por un camino por el que ella no puede seguirle, de que empieza a ser para ella un desconocido que muy poco, o nada, tiene que ver con el hombre que conoció antes de la guerra. El hombre que la enseñó a pensar y a sentir, que le descubrió el mundo maravilloso del amor y del dolor humano, de los derechos y los deberes de los hombres, de la justicia, de la igualdad, de la comprensión, de la tolerancia, de la convivencia...

Irene Gal recuerda sus palabras: "Fieles a nosotros mismos, a nuestras ideas. Defenderlas con el ejemplo, con la propia vida. Todos tenemos una misión que cumplir y sería desleal faltar a ella." Verdad que Máximo Sáenz mostraba también su lado egoísta —comprensiblemente humano— cuando defendía: "El hombre, el individuo, tú, yo, cualquiera... tiene también su vida privada, que no es incompatible con sus deberes de ciudadano". ¿Es, pues, en nombre de esa vida privada, de ese derecho, al parecer respetable, en el que recurre ahora al "sálvese quien pueda" y piensa sólo, egoístamente, en resolver su vida?

Bien, si es así, ella se verá obligada a renunciar a su trabajo, a su pequeña labor social, para seguirle, para restañar con amor sus heridas, para ser su fiel compañera en el ambiente que él haya elegido, donde y como Máximo Sáenz desee.

Pero... ¡no! Parece que tampoco esto es posible. ¿De qué está hablando ahora Máximo Sáenz que no le comprende? ¿A qué mujer se refiere?...

En medio de su abstracción, Irene Gal creyó percibir algo que la inquieta. "...solución... mujer rica... negocios..."

Mira a Máximo Sáenz, tratando de comprender.

Máximo Sáenz vacila. Le tiembla ligeramente la mano que sostiene la pipa.

—...un hombre —dice él ahora— soy un hombre y no puedo pensar en sacrificarte. Vivir como un parásito a costa tuya, compartiendo una vida de miseria.

Ahora sí, ahora comprende Irene lo que Máximo Sáenz proyecta. Y una corriente eléctrica le recorre el cuerpo. No... Como un escalofrío... Como si dentro de ella se le hiciese el vacío. Siente una sensación que sólo experimentó dos veces en su vida. La primera, cuando Máximo Sáenz deshizo el lazo azul de su blusa y la besó en los pechos desnudos, cuando sintió el corazón del hombre latir violentamente encima del suyo... Otra vez, en el Hospital de

Oviedo cuando alguien le dijo que Máximo Sáenz estaba condenado a muerte.

También ahora la emoción inesperada la paraliza, y las ideas se revuelven en su cerebro, montándose unas sobre otras, atropellándose, impidiéndola razonar con serenidad... Y es cada vez más fuerte la sensación de vacío. Le nubla la vista una nube negra. Las piernas le tiemblan y se le doblan. Algo desde dentro tira hacia abajo, como en los sueños de angustia en los que se cae y se cae por un abismo, sin llegar al fondo.

Desde arriba, desde la luz, llega la voz de Máximo Sáenz que dice algo. Algo que llega claro, perceptible a sus sentidos.

—...si no decides otra cosa, Irene. He venido a poner mi vida en tus manos, a someterme a tu decisión. Que me quede o que me vaya de ti depende.

Que me quede o que me vaya, de ti depende. Eso ha dicho Máximo Sáenz. Irene Gal lo ha oído perfectamente. Luego ¿de ella depende que Max se vaya o se quede?...

La sangre empieza a circular con normalidad por su cuerpo. La cara, blanca, vuelve a colorearse. Respira fuerte.

(—Que me quede o que me vaya, de ti depende... ¡Querido Max!)

Pero en seguida:

(—..."solución... mujer rica... vida de miseria..." Vida de miseria a mi lado. Eso ha querido decir.)

No cabe engañarse. No es orgullo. No es temor a vivir parásito a costa de ella. El trabajo en común no puede humillarle. Es...

(—...sí... otra cosa.)

La verdad empieza a abrirse paso en la confusión producida en el cerebro de Irene Gal por el golpe inesperado.

(—...La verdad es otra... otra mujer en su vida... Todo

339

resuelto al lado de esa mujer... Yo, el deber... Su obra... ¡Mi pobre y cobarde Pigmalión!... Si pudiera destruirla antes de alejarse, para no dejar nada tras de sí... Pero esto es imposible... ¿Y ahora?... Espera que yo decida. ¿Puedo retenerle?)

Al llegar a esta conclusión, Irene Gal no siente ya ninguna sacudida nerviosa, ningún trallazo sobre su sensibilidad. Ahora es un dolor sordo, que, sin localizarse, la oprime hasta asfixiarla. Tiene que hacer un esfuerzo para seguir caminando al lado del hombre. De este hombre que no es el hombre que ella esperaba. Tiene que repetírselo muchas veces para tratar de conservar la serenidad. Máximo Sáenz ha muerto en el 37, cuando le condenaron. Ella lloró su muerte. Bien llorada. Máximo Sáenz murió entonces... Lo que ahora pierde es sólo una ilusión que alimentó artificialmente durante años y años. El fantasma de un amor. Un espejismo que era sólo reflejo de su propio amor. Lo que de Máximo Sáenz vivía aún en ella y en su trabajo. Y ahora...

—Bien, ¿qué dices, Irene?... Puedes pensarlo... Me escribes.

Irene Gal se sobresalta al oír la voz del hombre. Le llega desde otro plano.

—¿Eh?... ¿Cómo dices?... ¡Ah, sí... te escucho!... Claro, Max... Tienes razón. Esto... esto no es para ti. Estamos de acuerdo. Yo... yo...

La voz está a punto de quebrársele en la garganta. Teme que todo esfuerzo resulte inútil, que va a empezar a gritar, a suplicarle que no se vaya...

Se sorprende cuando oye sus palabras, pronunciadas en tono indiferente.

—...yo creo que es lo mejor. Lo mejor para todos, Max. No podrías adaptarte ya a esta vida. Allá, en Madrid, otra cosa. Yo, tú lo has dicho, vivo aquí sin problemas, sin preocupaciones...

Esto dice Irene Gal. Y hasta sonríe.

Máximo está contento. Temía una escena desagradable. No hay escena desagradable. Irene es inteligente. Una gran muchacha. Una excelente compañera.

Se apresura a besar las manos de Irene para agradecerle la libertad que tan sencillamente le devuelve. Y al hacerlo, otra vez los recuerdos le procuran una mala jugada. Siempre besaba así las manos de Irene. Las palmas hacia arriba, para que ella pudiera acariciarle. Irene besaba también sus manos, justificándose ingenuamente: "Quiero a tus manos, Max, quiero mucho a tus manos".

(—Bien, sí... agradable... Todo fue muy agradable. Irene una gran muchacha. Pero la vida... Sin la guerra por medio —justifica su cobardía— las cosas hubieran sucedido de otra manera. Ahora... Bueno, ya está decidido. Mejor será no pensar en ello.)

Sin embargo, hay que pensar en ello. Hay que hablar de algo. Hasta que llegue el coche. Es un fastidio que el coche no llegue ahora. Ni antes, ni más tarde. ¡Ahora! Cuando ya se ha dicho todo lo que debía decirse y no es necesario añadir palabras.

Pero el autobús no llega y Máximo Sáenz dice las palabras que no necesitaba ya decir.

—Esto... bien, las cosas son las cosas... A veces, uno hace planes, ¿no es así, Irene?... Después, la vida, ¡zas!, se encarga de deshacerlos... Yo, claro está, no podré olvidarte nunca. No diré que hayas sido tú mi primer amor, el único amor... Has sido para mí mucho más que eso.

"Has sido". Otra vez el escalofrío, tomándola toda en una sacudida angustiosa... "Has sido"... Irene Gal rechaza con suavidad las manos del hombre que tratan de apoderarse de las suyas.

—Max... lo pasado, pasado. No hablemos de ello. Antes de la guerra... tienes razón, otra vida, otros proyectos...

Intenta sonreír:

—...bueno, las cosas pasan. Es su destino. La vida puede ofrecernos siempre algo agradable.

—De acuerdo, Irene. Siempre se puede empezar a vivir mañana. No obstante, insisto que hay cosas que no pueden olvidarse... Y está también tu ternura, tu abnegación, durante el tiempo que estuve en la cárcel... No soy un ingrato, Irene. Me gustaría poder pagarte algún día...

El orgullo de Irene Gal se subleva. Grita:

—¿Pagarme?... ¿Cómo puedes pensar en pagar algo que no tiene precio?

En seguida, suavizando la violencia de su rebeldía:

—Nada tienes que agradecerme, Max. Tú me enseñaste que ayudarnos unos a otros es un deber. Justo es que los que estábamos en la calle os ayudáramos a vosotros. A ti y a los demás compañeros presos. Me he limitado a cumplir con mi obligación. Repito que nada tienes que agradecerme.

—De todos modos, Irene...

—No insistas, Max. No concedas importancia a cosas que no la tienen. Tú, en mi caso, lo hubieras hecho... Cualquiera, ¿no es así? Cualquiera... Ahora me alegro cuando algunos de vosotros sale a la calle y vuelve a empezar su vida.

—¡Empezar la vida!...

Hay una sonrisa amarga en la boca del hombre.

(—Empezar la vida... ¡Mentira! ¡Mentira! La vida no se empieza más que una vez.)

Máximo Sáenz sabe que la vida no puede empezarse todos los días, aunque así lo haya afirmado hace unos momentos. Para Máximo Sáenz la vida es como un cohete. Nace en un chispazo. Ascensión vertical. Rápida. Limpia... El ideal arriba. Un ideal cualquiera. Lo que sea. Pero arriba... Maravillosos años de adolescencia y de juventud. Los conductores de masas, los políticos, conocen el valor de esta fuerza y saben emplearla. Pero la vida, estalle o no en la altura en cataratas de luz, traza una curva más o menos amplia y vuelve a la tierra.

Verdad biológica. Verdad histórica. Verdad social... ¡Pobre grande e ingenua Humanidad!

Esto piensa Máximo Sáenz que tiene sus pies ya firmes sobre la tierra. ¿Empezar mañana? No. No empezará mañana. Pero ¡vivirá mañana!

—Max... Tu autobús.

Máximo Sáenz se vuelve hacia Irene.

—¿Eh?... ¿Cómo?

¡Ah, sí! El coche. La liberación. El punto final de esta situación difícil. Pero ¿dónde está el coche?

Máximo sigue con la mirada la línea de la carretera, hasta que se le pierde en un recodo. No hay coche en la carretera.

Irene le señala un punto amarillo que se mueve sobre la loma de Vega. Es el correo de Pravia.

En silencio, vuelven sobre sus pasos, encaminándolos hacia El Parador.

Máximo Sáenz tiene que hacer un esfuerzo para disimular su satisfacción. En fin, el asunto enojoso ya está despachado.

Irene Gal tiene, también que esforzarse para ocultar el dolor de su decepción. Para mostrarse serena, se repite una vez y otra vez que este hombre al que va a separar de su vida con un adiós amistoso, no es el hombre que esperaba. No es el hombre que la enseñó a pensar y a sentir. El hombre que soñaba un mundo mejor para la Humanidad. "Tal vez ni tú ni yo podamos verlo... Nuestra generación no recogerá el fruto de la siembra..."

(—Máximo Sáenz, el hombre extraordinario... Máximo Sáenz, el Conductor...)

Irene Gal sonríe con amargura.

E intenta imaginarse a Máximo Sáenz encajado en su nueva vida, arrellanado cómodamente en una butaca del Casino o del Club, fumando su pipa, escuchando cuentos eróticos, hablando de negocios, tal vez especulando con el hambre del pueblo, y, ¡naturalmente!, hablando mal del Gobierno.

(—Ha dicho, "quiero vivir"... ¡Vivir!... ¿Eso es vivir?)

El autobús se detiene ante El Parador.

Cuando recoge a Máximo Sáenz y éste le dice el último adiós desde la ventanilla, Irene Gal le despide con aparente serenidad, como despediría a un desconocido con el que hubiera cruzado, casualmente, cuatro palabras.

Después, sin pensarlo apenas, sin proponérselo, de modo automático, empieza a caminar en dirección al acantilado.

Avanza por el sendero, con los brazos caídos, como colgados de los hombros un poco inclinados hacia adelante, con las manos vacías, abiertas, en el gesto más elocuente. Las manos vacías de Irene Gal, sólo cargadas con el peso de su inutilidad, tropiezan al andar contra los muslos y se apartan para volver a chocar contra ellos...

Termina el sendero. Los pies de Irene Gal se detienen al borde mismo del acantilado. Tantas veces lo ha medido con sus pasos, que si Irene Gal estuviese ciega —hoy camina ciega— sus pies se detendrían, exactamente, al borde del abismo.

Otras tardes, este era el término de su paseo. Aquí se sentaba sobre una roca para recordar, para hacer nuevos proyectos.

(—Bien, ¿y ahora?...)

Ahora, nada. Todo ha terminado. Poco era, en realidad, lo que poseía la maestra de La Estrada: sólo una esperanza. Pero esto le bastaba para vivir. Ahora la ha perdido. La vida no tiene ya ningún aliciente para Irene Gal.

(—Entonces, ¿para qué...? ¡Cristo! ¿Para qué?)

A medida que se va sensibilizando, que se recobra del aturdimiento producido por el golpe inesperado, se hace su dolor más vivo. Y empieza a sentir la necesidad de gritar para calmar su angustia, de llorar, hasta rendirse.

Apoya la cabeza sobre las manos, oculta la cabeza entre las manos. Los dedos se le enredan en el pelo, rasgan ligeramente la piel al resbalar, crispados, sobre la cara...

(—¡Para qué...! ¡Para qué...! ¿Qué me importa ya la vida? ¿Qué me importa nada? ¡Nada!)

Se golpea la cabeza con los puños.

(—¡Nada! ¡No me importa nada!... ¡Cristo, qué amargura...! ¡No puedes exigirme que resista! Si sabes que no soy fuerte... ¡Que no puedo soportarlo!... ¡No puedo!... ¿Para qué quiero ya esta vida inútil? ¿Para qué?)

Gritando, desahoga su rabia, su desesperación. Acaba por calmarse. Pero el dolor sigue vivo.

(—Antes, era diferente... Cuando le esperaba... Pero ahora, ¿para qué?...)

Se levanta. Da un paso hacia adelante...

Alguien la retiene, agarrándola por la falda.

—¡Irene!

Irene Gal se vuelve lentamente. Tras ella está Bibiana, en difícil equilibrio sobre sus muletas, agarrándose a su falda para no caer, jadeando todavía por el esfuerzo que ha hecho para seguirla.

—¡Irene!

Durante unos momentos, Irene Gal la mira sin comprender. *Carita de Mona* estaba fuera de su pensamiento, fuera de su vida, formando parte de un mundo que había olvidado. Y ahora ese mundo viene a buscarla, a reclamarla para situarla otra vez en el centro de él. En el lugar que le corresponde.

Irene Gal tarda unos momentos en comprender. Tarda

unos momentos en reaccionar. Al fin, acaricia la cabeza de Bibiana...

...y sonríe.

—Bien, *Carita*... ¡Los remos!... Otra vez los remos... El Gran Barquero[104] no me permite soltarlos.

Ahora es *Carita de Mona* quien no comprende.

—¿Qué remos? ¿Es un cuento?

Irene dice:

—Un cuento.

Y después de una pausa:

—Se hace tarde. ¿Vamos, *Carita*?... Así, despacio, para no cansarte... Despacio... Despacio... Yo también estoy cansada.

Madrid, octubre de 1959

104. *El Gran Barquero*: metáfora de Dios.

Índice de láminas

ESTE LIBRO
SE TERMINÓ DE IMPRIMIR
EL DÍA 13 DE OCTUBRE DE 1993

TÍTULOS PUBLICADOS